Manfred H. Bobke

Lexikon für Arbeitnehmer

Recht von A bis Z

Manfred H. Bobke

Lexikon für Arbeitnehmer

Bund-Verlag

Bibliografische Information Der Deutschen Bibliothek
Die Deutsche Bibliothek verzeichnet diese Publikation in der Deutschen Nationalbibliografie;
detaillierte bibliografische Daten sind im Internet über http://dnb.ddb.de abrufbar.

© 2003 by Bund-Verlag GmbH, Frankfurt am Main
Herstellung: Inga Tomalla, Frankfurt am Main
Lektorat: Kerstin Wilke, Frankfurt am Main
Umsschlag: Atelier Warminski, Büdingen
Satz: Dörlemann Satz, Lemförde
Druck: freiburger graphische betriebe
Printed in Germany 2003
ISBN 3-7663-3229-5

Alle Rechte vorbehalten,
insbesondere die des öffentlichen Vortrags,
der Rundfunksendung
und der Fernsehausstrahlung,
der fotomechanischen Wiedergabe,
auch einzelner Teile.

www.bund-verlag.de

Vorwort

Einen bedeutenden Teil unseres Lebens verbringen wir am Arbeitsplatz. »Verbringen« wir nur unsere Zeit dort? Nein, sicher geht es um mehr. Wir bringen dort unsere Kenntnisse und Fähigkeiten, unsere Ideen und Initiativen ein und wir ernten dort Anerkennung oder Kritik – je nachdem! Vor allem verdienen wir dort unseren Lebensunterhalt.
Mit der Arbeit verbinden wir Erfüllung oder Frustration, wir erwarten Förderung und Aufstiegsmöglichkeiten und wir stellen uns den Anforderungen, den veränderten Kundenwünschen, den Markt- und konjunkturabhängigen Schwankungen.
Wenn wir abhängig beschäftigt sind, dann sind wir – im Gegensatz zur selbstständigen Existenz, bei der Kundenbewegungen und Marktschwankungen sich direkt durchschlagen – in gewisser Weise besser abgesichert. Unser **Arbeitsvertrag** sichert ein Einkommen trotz wirtschaftlicher Schwierigkeit, in die unser Unternehmen, bei dem wir beschäftigt sind, geraten kann – jedenfalls zunächst. Wir sind aber auch auf Gedeih und Verderb dem Management ausgeliefert, das vor Fehleinschätzungen und auch Fehlentscheidungen nicht gefeit ist. Wir sind organisatorischen und personalpolitischen Änderungen ausgesetzt, deren Sinnhaftigkeit sich uns nicht immer erschließt – kurz: wir erleben betriebliche Herrschaft.
Doch der Anspruch des **Arbeitgebers** gilt nicht uneingeschränkt. Als Schutzrecht für **Arbeitnehmer** wirkt das **Arbeitsrecht** (und in einigen Feldern kompensiert das **Sozialrecht** in gewisser Weise). Das Arbeitsrecht legt **Spielregeln** fest, von der Einstellung bis zur Entlassung, vom Arbeits- und Gesundheitsschutz über das Arbeitszeitmanagement. Arbeitsrechtliche Grundsätze und Regeln beeinflussen die Entgeltfindung und die Urlaubsabgeltung, die Beschwerdemöglichkeiten bei Mobbing und Diskriminierung am Arbeitsplatz, den betrieblichen Datenschutz. Das Arbeitsrecht ist in Deutschland (trotz zahlreicher Bemühungen) seit der Weimarer Republik und des unter anderen wirtschaftlichen und gesellschaftlichen Bedingungen zustande gekommenen Arbeitsgesetzbuches der DDR nicht in einem einheitlichen Gesetzeswerk zusammengefasst, sondern findet sich verstreut in zahlreichen Einzelgesetzen. Zur Interpretation der Gesetze und zur Schlie-

Vorwort

ßung von Lücken hat sich eine umfangreiche Rechtsprechung etabliert, gelegentlich auch mit Einzelentscheidungen, die sich widersprechen können. Wichtiger als Gesetze sind im konkreten Fall häufig die Tarifverträge, die von Gewerkschaften und Arbeitgebern bzw. Arbeitgeberverbänden ausgehandelt werden. Im Betrieb und Unternehmen gelten darüber hinaus Betriebsvereinbarungen, in der Verwaltung Personalvereinbarungen.

Im Konfliktfall kann es also darauf ankommen, nicht nur Recht zu haben, sondern auch Recht zu bekommen, d.h. seine Rechte durchzusetzen. Im Arbeitsrecht hat die alte Erkenntnis durchaus noch Gültigkeit, dass Rechtsfragen auch Machtfragen sind!

Zur Durchsetzung der Rechte im Konfliktfall wird dieses kleine Lexikon nicht ausreichen. Rechtsberatung oder Rechtsvertretung kann es nicht ersetzen. Es soll aber helfen, sich eine schnelle Orientierung zu verschaffen, Begriffe zu klären und auf Zusammenhänge hinzuweisen. Wer sich darüber hinaus genauer informieren will, sei auf Wolfgang Däublers Ratgeber »Arbeitsrecht« hingewiesen, der in 4. überarbeiteter Auflage im Jahre 2002 ebenfalls im Bund-Verlag erschienen ist, sowie seine zweibändige Darstellung »Däubler, Das Arbeitsrecht I« und »Däubler, Arbeitsrecht II«, die 1998 in Neuauflage bei rororo aktuell erschienen sind. Als Nachschlagewerk geeignet sind die Handbücher von Michael Kittner/Bertram Zwanziger (Herausgeber), das im Frühjahr 2003 in 2. Auflage im Bund-Verlag erscheint sowie Günter Schaub, Arbeitsrechtshandbuch, 10. Auflage, C. H. Beck-Verlag, München 2002.

Noch ein Wort zur **Sprache**. Unternehmer, Vorgesetzte, Chefs sind in dieser Darstellung – der Gesetzessprache folgend durchgängig Arbeitgeber; Beschäftigte, Mitarbeiter, Arbeitskollegen durchweg Arbeitnehmer. Obwohl wir mit guten Gründen fragen könnten, wer denn gibt und wer denn nimmt im Arbeitsleben. Die weibliche Form wird immer dann gewählt, wenn tatsächlich **Arbeitnehmerinnen** gemeint sind, ansonsten steht – wie in den allermeisten Gesetzestexten – die männliche Fassung für die Gattung Mensch. In der Gesetzessprache deutet sich allerdings ein allmählicher Wandel an, so spricht z.B. das Schwerbehindertenrecht inzwischen von Männern und Frauen zusammengefasst als Menschen.

Gesetzgebung und Rechtsprechung sind auf dem neuesten Stand verarbeitet, allerdings deuten sich zum Zeitpunkt der Drucklegung des Werkes bereits entscheidende Neuerungen im Bereich der Arbeitslosenversicherung (Umsetzung der Ergebnisse der Harz-Kommission) und im Rentenversicherungsrecht sowie im Gesundheitswesen (die Arbeit der so genannten Rürup-Kommission) an. In späteren Auflagen wird auf die Ergebnisse einzugehen sein.

Bonn, im Januar 2003   Manfred H. Bobke

Inhaltsverzeichnis

Vorwort 5
Abkürzungsverzeichnis 9

A. Lexikon für Arbeitnehmer von A bis Z 11

B. Checklisten, Muster, Formuare 169
1. Bewerbung und Lebenslauf 169
2. Arbeitsvertrag 180
3. Arbeitszeugnis 201
4. Kündigung/Änderungskündigung 202

Literaturverzeichnis 203

Abkürzungsverzeichnis

Abs.	Absatz
ArbSchG	Arbeitsschutzgesetz
Art.	Artikel
AT	außertariflich
BBiG	Berufsbildungsgesetz
BDSG	Bundesdatenschutzgesetz
BErzGG	Bundeserziehungsgeldgesetz
BetrVG	Betriebsverfassungsgesetz
BGB	Bürgerliches Gesetzbuch
BUrlG	Bundesurlaubsgesetz
BVA	Bahnversorgungsanstalt
d.h.	das heißt
EG	Europäische Gemeinschaft
EU	Europäische Union
EWG	Europäische Wirtschaftsgemeinschaft
GG	Grundgesetz
ggf.	gegebenenfalls
HAG	Heimarbeitsgesetz
HGB	Handelsgesetzbuch
i.d.R.	in der Regel
InsO	Insolvenzordnung
JAV	Jugend- und Auszubildendenvertretung
KAPOVAZ	kapazitätsorientierte variable Arbeitszeit
KSchG	Kündigungsschutzgesetz

Abkürzungsverzeichnis

MuSchG	Mutterschutzgesetz
TzBfG	Teilzeit- und Befristungsgesetz
u.a.	unter anderem
u.U.	unter Umständen
VAP	Versorgungsanstalt Post
VBL	Versorgungsanstalt des Bundes und der Länder
z.B.	zum Beispiel
z.T.	zum Teil
zzt.	zurzeit

A. Lexikon für Arbeitnehmer von A bis Z

Abfindung

Die Abfindung ist Gegenstand des → *Aufhebungsvertrages* zwischen Arbeitnehmer und Arbeitgeber. Für den Arbeitnehmer kommt es entscheidend darauf an, die als Folge der Auflösung des Arbeitsverhältnisses entstehenden wirtschaftlichen Nachteile möglichst genau zu beziffern und sie in angemessener Form ausgleichen zu lassen. Es gibt keinen Rechtsanspruch des Arbeitnehmers auf Abfindung, es sei denn, dass aus Anlass einer Betriebsänderung ein Sozialplan abgeschlossen wurde, nachdem der betroffene Arbeitnehmer Anspruch auf Zahlung einer Abfindung hat. Die Abfindung ist bis zu der in § 3 Nr. 9 Satz 1 und 2 Einkommenssteuergesetz genannten Höchstgrenze steuerfrei.
Ist die Kündigung des Arbeitnehmers unwirksam, aber eine Fortsetzung des Arbeitsverhältnisses unzumutbar, so hat das → *Arbeitsgericht* auf Antrag des Arbeitnehmers das Arbeitsverhältnis aufzulösen und den Arbeitgeber zur Zahlung einer Abfindung zu verurteilen.

Abgruppierung

Das regelmäßige Einkommen des Arbeitnehmers (Lohn oder Gehalt) kann
- durch Herabstufung auf einen niedriger dotierten Arbeitsplatz,
- durch technische Veränderungen des Arbeitsplatzes mit der Folge, dass geringere Anforderungen gestellt werden, für die dann auch ein geringerer Lohn oder Gehalt zu erzielen ist oder
- durch Wegfall des Arbeitsplatzes aufgrund von Rationalisierungen mit der Folge der Kündigung aus betriebsbedingten Gründen und dem Angebot eines anderen, niedriger entlohnten Arbeitsplatzes

abgesenkt werden.
Gegen diese Abgruppierung gibt es keinen gesetzlichen Schutz. Der Arbeitgeber hat das Recht zur Änderungskündigung, sei es aus personen- oder betriebsbedingten Gründen.
Der unzureichende gesetzliche Schutz wird vielfach durch tarifvertragliche

Abgruppierung

Regelungen (so genannter Abgruppierungsschutz) verbessert. So können Tarifverträge vorsehen, dass vor der Abgruppierung die Möglichkeit einer Umschulung angeboten wird. Darüber hinaus können im Tarifvertrag die Kündigungsfristen verlängert werden. Diese verlängerten Kündigungsfristen – insbesondere für ältere Arbeitnehmer – gelten dann auch für die Änderungskündigung.
Tarifverträge können Bestimmungen zur Verdienstsicherung für ältere Arbeitnehmer oder verbindliche Qualifikationsangebote vorsehen.

Abmahnung

Eine Abmahnung – ganz gleich wie sie im Anschreiben des Arbeitgebers an den Arbeitnehmer genannt wird – liegt dann vor, wenn der Arbeitgeber sein Recht auf vertragsgemäßes Verhalten des Arbeitnehmers geltend macht und individualrechtliche Konsequenzen für den Wiederholungsfall androht. Dies schließt nicht aus, dass der Arbeitgeber die Schwere der Vertragspflichtverletzung zum Ausdruck bringt oder eine wiederholte Verletzung vertraglicher Pflichten besonders kennzeichnet. Die Abmahnung spricht jedoch nicht eine Strafe oder Buße aus (Betriebsbußen sind mitbestimmungspflichtig!), und sie gibt keine Wert- oder Unwerturteile über die Person des Arbeitnehmers ab.
Die Abmahnung bedarf keiner bestimmten Form, sie gewinnt aber zunehmend an Bedeutung als Vorstufe und Wirksamkeitsvoraussetzung für die außerordentliche und ordentliche verhaltensbedingte Kündigung. Die Rechtsprechung verlangt sogar, dass bei häufiger Unpünktlichkeit oder unbefugtem frühzeitigem Verlassen des Arbeitsplatzes, unzulässiger Nebenbeschäftigung, bei der Weigerung, Mehrarbeit zu leisten, bei unerlaubtem Alkoholgenuss usw. vor der ungleich schwereren Sanktion der Kündigung das Verhalten des Arbeitnehmers durch Abmahnung sanktioniert wird.
Für den Arbeitnehmer empfiehlt sich vor einer Klage die Einschaltung des Betriebsrats, der über die Beschwerde mit dem Arbeitgeber verhandeln kann. Der Betriebsrat muss darauf achten, dass nach Ablauf einer gewissen Zeit Abmahnungen aus der Personalakte entfernt werden. Einige Tarifverträge legen fest, dass vor Aufnahme einer Abmahnung in die Personalakte eine Anhörung des Arbeitnehmers stattfindet.
Die bloße Ermahnung ist eine Abmahnung ohne Warnfunktion. Sie soll den Arbeitgeber lediglich an die Einhaltung seiner arbeitsvertraglichen Pflichten erinnern. Der Ermahnung kommt keine Sanktionsfunktion zu.

Abrufarbeit

Wenn Arbeit stundenweise je nach wechselndem Bedarf geleistet wird, ohne dass der Arbeitnehmer zum Arbeitsantritt verpflichtet wäre, so spricht man von Arbeit auf Abruf. Auch beim Abrufarbeitsverhältnis kann ein Anspruch auf Feiertagsvergütung bestehen. Dabei ist auf den normalen Geschehensablauf in anderen Zeiträumen abzustellen. Wurde etwa jeweils Freitags Arbeit auf Abruf verrichtet, steht dem Arbeitnehmer ein Feiertagsentgelt auch für einen Arbeitsausfall an Karfreitag zu.

Abwicklung des Arbeitsverhältnisses

Der Arbeitgeber ist zur Erteilung eines Arbeitszeugnisses verpflichtet (→ *Zeugnis*).

Änderungskündigung

Die Änderungskündigung stellt nicht das gesamte Arbeitsverhältnis in Frage, sondern soll das für den Beschäftigten mildere Mittel sein, bevor zu einer Kündigung gegriffen wird. Der Arbeitgeber kündigt aber auch hier das Arbeitsverhältnis, um dann dem Arbeitnehmer anzubieten, das Arbeitsverhältnis zu neuen, d.h. in der Regel schlechteren Arbeitsbedingungen fortzusetzen. Der Arbeitnehmer kann die Annahme »unter Vorbehalt« erklären, sich zunächst auf die geänderten Arbeitsbedingungen (geringere Bezahlung, längere Arbeitszeiten etc.) einlassen und dennoch durch Klage beim Arbeitsgericht eine gerichtliche Klärung herbeiführen lassen. Er muss dabei allerdings eine Frist von drei Wochen einhalten (→ *Kündigung, Arbeitsgericht*).

Alkohol im Betrieb

Alkoholismus hat in der Regel nicht nur betriebliche Ursachen, betriebliche Verhältnisse können ihn jedoch verstärken. Aus diesem Grunde wird auch im Betrieb über Alkohol und andere Suchtgefahren informiert. Vorgesetzte und Arbeitnehmer, die unter Einfluss von Alkohol stehen, gefährden sich selbst und andere und beeinträchtigen das Arbeitsergebnis in nicht unerheblichem Maße. Die deutsche Hauptstelle gegen Suchtgefahren vermutet, dass bei 10–30 % der Betriebsunfälle Alkohol eine Rolle spielt.

Alkohol im Betrieb

Alkoholismus muss als Krankheit angesehen werden und gehört deshalb auf die Tagesordnung von Gesundheitszirkeln, denen neben Vertretern des Arbeitgebers und des Betriebsrates in der Regel Fachkräfte für Arbeitssicherheit und Sozialberater angehören. Im Einzelfall empfiehlt es sich sogar, im Interesse der Arbeitssicherheit, der Gesunderhaltung der Belegschaft und der Wiederherstellung der Gesundheit von abhängig erkrankten Arbeitnehmern spezielle Arbeitskreise »Alkohol im Betrieb« zu bilden.

Abmahnungen und juristische Maßnahmen allein sind in der Regel unwirksam – aber ohne wirksamen Druck wird der Leidensweg von Alkoholikern noch verlängert. Neben Aufklärung, Einrichtung eines Helfernetzes und Schulungen ist deshalb Konsequenz angezeigt.

Für den Alkoholiker bieten Selbsthilfegruppen einen guten Rahmen zur Bewältigung des Problems.

Der hochgradige private Alkoholgenuss allein reicht in der Regel nicht zur Begründung einer Kündigung (Ausnahme: Verlust des Führerscheins bei beruflicher Fahrtätigkeit).

Altersteilzeit

Die Altersteilzeit gehört zu den Maßnahmen der Erleichterung des gleitenden Übergangs vom Erwerbsleben in den Ruhestand und der Schaffung von Beschäftigungsmöglichkeiten auf den frei werdenden Arbeitsplätzen. Altersteilzeit wird daher durch Erstattung der Aufstockungsbeiträge, die der Arbeitgeber leistet (auf den Verdienst und auf die Rente) bezuschusst. Grundsätzlich gibt es zwei Modelle für die Altersteilzeit

- Verkürzung der regelmäßigen Arbeitszeit bis zur Erreichung der Arbeitsgrenze

oder

- das »Blockmodell«, in dem auf bis zu drei Jahre Vollzeitarbeit eine bis zu dreijährige Freistellung von der Arbeitsleistung erfolgt.

Es gibt keinen Rechtsanspruch auf Altersteilzeit. Erforderlich ist eine Vereinbarung zwischen Arbeitgeber und Arbeitnehmer. Der Arbeitnehmer muss dabei das 55. Lebensjahr vollendet haben.

Es ist zulässig, Altersteilzeitvereinbarungen nur mit Mitarbeitern solcher Abteilungen abzuschließen, in denen Personal abgebaut werden soll.

Sozialversicherungsrechtlich liegt Altersteilzeit auch dann vor, wenn der frei gewordene Arbeitsplatz nicht wieder besetzt wird. Für die Gewährung von Leistungen an den Arbeitgeber ist jedoch Voraussetzung, dass der frei werdende Arbeitsplatz wieder besetzt wird. Für den ausgeschiedenen Arbeitnehmer ist ein anderer Arbeitnehmer einzustellen. Dies bedeutet allerdings nicht, dass die frei werdende Stelle zwingend mit einem neu eingestellten Arbeitnehmer besetzt werden muss. Ausreichend ist, wenn am Ende einer Umsetzungskette ein Arbeitsplatz frei gemacht wird. Weil durch Altersteilzeitarbeit älteren Arbeitnehmern ein gleitender Übergang vom Erwerbsleben in die Altersrente ermöglicht werden soll, fördert der Staat durch Leistungen nach dem Altersteilzeitgesetz ältere Arbeitnehmer, die ihre Arbeitszeit ab Vollendung des 55. Lebensjahres spätestens ab 31. Dezember 2009 vermindern und damit die Einstellung eines arbeitslosen Arbeitnehmers möglich machen. Der Gesetzgeber hat auf die Praxis der Frühverrentung reagiert, die die finanziellen Lasten des vorzeitigen Ausstiegs aus dem Arbeitsleben auf die Bundesanstalt für Arbeit verlagert hat (→ *Arbeitsmarktpolitik*).

Voraussetzung für den Abschluss eines Altersteilzeitvertrages zwischen Arbeitgeber und Arbeitnehmer ist der Abschluss eines Tarifvertrages in der Branche oder im Einzelunternehmen (Haustarifvertrag).

Die Teilzeitvereinbarung kann auch als so genanntes Blockmodell erfolgen, dann wird in der ersten Hälfte des Verteilzeitraumes voll und in der zweiten Hälfte gar nicht gearbeitet.

Wegen der Rentenabschläge ist das Teilzeitmodell für viele Arbeitnehmer nicht attraktiv. Tarifverträge sehen daher im Einzelnen eine Beteiligung des Arbeitgebers vor, die diesen Nachteil ausgleicht.

Altersversorgung, betriebliche

Das Alterssicherungssystem in der Bundesrepublik Deutschland besteht aus drei Säulen. Es sind dies die
- gesetzliche Rentenversicherung (→ *gesetzliche Rentenversicherung*),
- betriebliche Altersvorsorge als Zusatzversicherung und
- private Altersvorsorge

Bei der betrieblichen Altersversorgung handelt es sich in der Privatwirtschaft um eine freiwillige Leistung, also nicht um ein Pflichtsystem.

Die Zusatzversorgung des öffentlichen Dienstes ist weitgehend tarifvertraglich vereinbart (vgl. z.B. Versorgungsanstalt des Bundes und der Länder – VBL oder Versorgungsanstalt Post – VAP bzw. Bahnversorgungsanstalt – BVA, Abt. B), aber wie alle Systeme der betrieblichen Altersversorgung einem Wandel unterworfen. Als Folge der Privatisierung öffentlicher Dienstleistungen können Zusatzversorgungen des öffentlichen Dienstes geschlossen werden, d.h. sie leisten in der Ausfallphase nur noch an erfasste Mitglieder bzw. rentennahe Jahrgänge.

Altersversorgung, betriebliche

Die Finanzierung der betrieblichen Altersversorgung kann durch Umlageverfahren – wie in der ersten Säule – erfolgen, dann werden die aktuellen Einnahmen dazu verwendet, die Ansprüche der heutigen Rentner bzw. Pensionäre zu bedienen. Dieses Verfahren erweist sich zunehmend als problematisch, da die nachfolgende Generation wegen der sinkenden Geburtenrate bzw. der sinkenden Beschäftigung im jeweiligen Sektor rein quantitativ die Versorgungslasten nicht mehr vollständig tragen kann. In der privaten und zumeist in der betrieblichen Altersversorgung kommt das Kapitaldeckungsverfahren zur Anwendung. Hier wird aus den eingehenden Beitragszahlungen ein Kapitalstock angespart.

Mit der so genannten »Riester-Rente« wurde das Rentenniveau in der Säule 1 abgesenkt, um dann durch den Aufbau einer zusätzlichen kapitalgedeckten Altersversorgung, die unter bestimmten Bedingungen staatlich gefördert wird, einen Ausgleich zu schaffen. Dies ist der Einstieg in eine breite kapitalgedeckte Zusatzversorgung, die die betriebliche Altersversorgung insgesamt attraktiver macht.

Die betriebliche Altersversorgung war zunächst eine freiwillige Sozialleistung des Arbeitgebers. Sie diente der Bindung von Mitarbeitern an das Unternehmen. Eine gesetzliche Regelung erfolgte bereits im Jahre 1974. Sie war nötig geworden, weil das Bundesarbeitsgericht trotz des Freiwilligkeitsprinzips bestimmte Regeln angemahnt hatte, z.B. für den Fall, dass der Arbeitnehmer aus dem Unternehmen ausscheidet. Die Unverfallbarkeit seiner Rentenansprüche konnte so sichergestellt werden. Dafür ist aber wiederum eine bestimmte Anzahl von Beschäftigungsjahren in dem Unternehmen die notwendige Vorbedingung.

Bei der betrieblichen Altersvorsorge gibt es mehrere Durchführungswege. Dies sind:

- Die Direktzusage, bei der der Arbeitgeber Pensionsrückstellungen für die Arbeitnehmer bildet und dafür haftet, dass die zugesagte Leistung auch erfolgt.
- Die betriebliche oder überbetriebliche Unterstützungskasse, bei der ein oder mehrere Arbeitgeber als Trägerunternehmen eine Versorgungseinrichtung schaffen, die als Verein oder GmbH organisiert ist. Der Anspruch des Arbeitnehmers richtet sich bei dieser Form gegen den Arbeitgeber und nicht gegen die Unterstützungskasse.
- Die Pensionskasse, die vom einzelnen Unternehmen unabhängig ist und Regelungen für die Anlage der eingezahlten Beiträge treffen kann. Die Pensionskasse unterliegt der Versicherungsaufsicht. Arbeitnehmer haben einen unmittelbaren Anspruch gegen die Pensionskasse.
- Die Direktversicherung, bei der der Arbeitgeber für den Arbeitnehmer

bei einer Versicherungsgesellschaft einen Vertrag als Gruppenversicherungsvertrag abschließt.
- Der neue Weg der Pensionsfonds, bei dem die Sicherheit der Pensionskasse mit der größeren Anlagefreiheit des Investmentfonds verbunden wurde. Für die eingezahlten Beiträge gibt es eine Mindestauszahlungsverpflichtung.

Die Pensionskasse, die Direktversicherung und der Pensionsfonds sind förderfähig nach der so genannten »Riester-Rente«. Sehr wichtig ist die Unterscheidung zwischen der Leistungszusage *(defined contribution)* und der Beitragszusage *(defined benefit)*. Im ersten Fall ist der Arbeitgeber verpflichtet, dem Arbeitnehmer eine bestimmte Auszahlung zu garantieren. Er trägt also das Anlagerisiko. Im zweiten Fall wird auf die eingezahlten Beiträge ein gewisser Prozentsatz gezahlt, der sich aber nach Anlageerfolg bzw. den Schwankungen des Kapitalmarkts richtet.

Ab Januar 2002 haben alle Arbeitnehmer das Recht, von ihrem Arbeitgeber zu verlangen, dass vom Gehalt bis zu maximal 4% der Beitragsbemessungsgrenze der Rentenversicherung der Arbeiter und Angestellten zum Aufbau einer betrieblichen zusätzlichen Altersvorsorge aufgewendet werden. Dieser Anspruch auf Entgeltumwandlung ist in der Regel in Tarifverträgen ausgestaltet.

Der Arbeitgeber hat für Direktzusage, Unterstützungskasse, Direktversicherung und Pensionsfonds Beiträge zur Insolvenzsicherung zu leisten. Bei Insolvenz des Arbeitgebers tritt der Pensions-Sicherungs-Verein (PSV) anstelle des Arbeitgebers für die Verpflichtungen ein. Die staatliche Förderung gilt für versicherungspflichtige Arbeitnehmer und Selbstständige, für Kindererziehende ohne Einkommen, für Kindererziehungszeiten, für Pflegepersonen, Wehr- und Zivildienstleistende und arbeitslos gemeldete Personen. Sie gilt nicht für Arbeitnehmer und Beamte des öffentlichen Dienstes sowie für Versicherte in berufsständischen Versorgungswerken (Ärzte, Rechtsanwälte, Architekten).

Bei gemeinsamer Veranlagung gilt für Ehepaare, dass die Grundzulage auch dem Ehepartner zusteht, der selbst nicht zum Kreis der Begünstigten gehört.

Angestellte

Die Trennung zwischen Angestellten und Arbeitern hat eine lange Geschichte, jedoch kaum noch eine praktische Bedeutung, ausgenommen bei
- der Organisation der gesetzlichen Rentenversicherung (Bundesversiche-

Angestellte

rungsanstalt für Angestellte und Landesversicherungsanstalten für Arbeiter),
- einzelnen Vorschriften in der Gewerbeordnung und
- immer noch bestehenden Unterscheidungen in Tarifverträgen.

Das Bundesverfassungsgericht hat die letzten Unterschiede im Kündigungsrecht (unterschiedliche Kündigungsfristen) beseitigt.
Zu Beginn der industriellen Produktionsweise waren die Angestellten diejenigen, deren sich die Fabrikbesitzer als Aufsichtspersonen oder in der kaufmännischen Abteilung bedienten. Die »Privatbeamten« oder »Handlungsgehilfen« galten als diejenigen, die nicht körperlich arbeiten. Diese Unterscheidungsmerkmale haben heute nahezu keine Bedeutung mehr (Automatisierung in der Produktion). Mit der wachsenden Zahl der Angestellten im Zuge der Vermehrung der Dienstleistungsfunktionen sind die außertariflichen Angestellten zu der Gruppe im Unternehmen geworden, die aufgrund von Spezialisierung der Tätigkeit oder der Weigerung von Arbeitgebern und Arbeitgeberverbänden aus dem persönlichen Geltungsbereich von Tarifverträgen ausgeschlossen sind. In vielen Unternehmen werden jedoch für diesen Personenkreis (AT-Angestellte, die keine leitenden Angestellten sind) Betriebsvereinbarungen abgeschlossen. Gehaltsgestaltung, Mehrarbeitsvergütung, Urlaubs- und Arbeitszeitregelungen können somit auch für außertarifliche Angestellte kollektiv geregelt werden.

Angestellte, leitende

Der Gesetzgeber hat den Personenkreis der leitenden Angestellten aus der Vertretungsvollmacht des Betriebsrates als der einheitlichen Interessenvertretung herausgelöst. Leitende Angestellte sind Arbeitnehmer, die allerdings regelmäßig zumindest in einem gewissen Umfang Arbeitgeberfunktionen mit einem eigenen erheblichen Entscheidungsspielraum wahrnehmen. Der Begriff des leitenden Angestellten ist vom Gesetzgeber nicht einheitlich definiert.
Leitende Angestellte sollen bei selbständigen Einstellung und Entlassung von Arbeitnehmern berechtigt sein und Generalvollmacht oder Prokura haben.
Die Interessenvertretung der leitenden Angestellten ist der Sprecherausschuss.
Leitende Angestellte sind von der Geltung des Arbeitszeitgesetzes ausgenommen, daher besteht kein Anspruch auf gesonderte Überstundenvergütung.

Organmitglieder juristischer Personen sind keine Arbeitnehmer. Streitigkeiten zur Feststellung des Status eines leitenden Angestellten können in einem arbeitsrechtlichen Beschlussverfahren geklärt werden.

Annahmeverzug

Grundsätzlich gilt im Arbeitsrecht, dass ohne geleistete Arbeit kein Anspruch auf Lohn oder Gehalt entstehen kann. Bietet der Arbeitnehmer seine Arbeitskraft an, so kann der Arbeitgeber nach zivilrechtlichen Grundsätzen in Annahmeverzug geraten, mit der Folge, dass das Arbeitsentgelt weiter zu zahlen ist. Der Arbeitgeber kann lediglich den Betrag anrechnen, der dem Arbeitnehmer in Folge der Nichterbringung der Arbeitsleistung erspart bliebe (Anreise, Arbeitskleidung usw.). Die Voraussetzungen des Annahmeverzuges bestimmen sich nach dem Recht der Leistungsstörungen im Bürgerlichen Gesetzbuch.

Nach Ausspruch einer unwirksamen Kündigung gerät der Arbeitgeber nach Ablauf der Kündigungsfrist gewissermaßen automatisch in Annahmeverzug. Die Unterscheidung zwischen Arbeitern und Angestellten ist im Wesentlichen historisch überholt (→ *Angestellte*).

Anrechnung

Von Arbeitgeberseite wird in Krisensituationen häufig versucht, übertarifliche Zulagen, betriebliche Zuschläge und andere variable Entgeltbestandteile auf Tariferhöhungen anzurechnen. Diese Anrechnung kann u.U. zulässig sein, es kommt aber jeweils darauf an, wo die eigentliche Zahlung ihre Grundlage hat. Ist sie im Arbeitsvertrag vereinbart, kann der Arbeitgeber die Anrechnung nur durch → *Änderungskündigung* herbeiführen. Lediglich eine Leistungsgewährung unter ausdrücklichem Freiwilligkeitsvorbehalt kann die Entstehung eines Rechtsanspruchs verhindern. Eine Anrechnung kann durch Arbeitsvertrag ausdrücklich ausgeschlossen sein, z.B. Erschwerniszulagen oder besondere Leistungszulagen. Umgekehrt kann im Arbeitsvertrag ausdrücklich ein Anrechnungsvorbehalt ausgesprochen werden, der dann schon im Voraus die Möglichkeit der Anrechnung arbeitsvertraglich absichert.

Anzeigepflichten

Der Arbeitnehmer hat die Pflicht, dem Arbeitgeber unverzüglich einen drohenden Schaden anzuzeigen. Dies kann der Fall sein, wenn er bestimmte Defekte an Arbeitsmitteln oder Geräten entdeckt. Neben der Schadensanzeigepflicht hat der Arbeitnehmer weitere Anzeige- und Auskunftspflichten, z.B.

- die Anzeige einer voraussehbaren Arbeitsverhinderung,
- die Meldung eines Krankheitsfalls,
- die Auskunft bei Geschäftsbesorgung und
- die Anzeige von Nebentätigkeiten, wenn der Arbeitgeber daran ein berechtigtes Interesse hat.

Arbeitgeber

Der Begriff des Arbeitgebers ist ebenso derjenige des Arbeitnehmers (→ *Arbeitnehmer*) nicht gesetzlich definiert. Der Arbeitgeber ist Vertragspartei des Arbeitnehmers. Arbeitgeber können natürliche, aber auch juristische Personen oder nicht rechtsfähige Personenverbände sein. Der Arbeitgeber muss nicht identisch sein mit dem Unternehmer und muss schon gar nicht Eigentümer des Unternehmens oder Betriebes sein.
Ein Arbeitgeberwechsel kann erfolgen durch Betriebsübergang oder Umwandlung aber auch durch Outsourcing (→ *Outsourcing*).
Ein Sonderfall des Arbeitgeberwechsels ist die Privatisierung (→ *Privatisierung*) bisher öffentlicher Leistungen. Dabei werden staatliche Aktivitäten auf privatrechtlich verfasste Träger überführt. Besondere gesetzliche Regelungen gibt es zur Privatisierung der früher öffentlichen Bundesunternehmen Bahn und Post.
Während man im Arbeitsrecht vom Arbeitgeber spricht, bezeichnet man im Wirtschaftsrecht die gleiche natürliche oder juristische Person als Unternehmer oder Unternehmen.
Das Direktionsrecht des Arbeitgebers folgt aus der Stellung als Unternehmer (in der privaten Wirtschaft) bzw. der Organisationsgewalt (im öffentlichen Dienst).
Mit der Stellung als Arbeitgeber sind Arbeitgeberpflichten verbunden (Hauptpflichten, z.B. Entgeltzahlung (→ *Arbeitsentgelt*), Nebenpflichten, z.B. Fürsorgepflicht).
Arbeitgeber ist, wer mindestens einen Arbeitnehmer beschäftigt (→ *Arbeitnehmer*). Arbeitgeber kann eine natürliche, aber auch eine juristische Person sein. Der Begriff des Arbeitgebers ist nicht gleichzusetzen mit

dem Begriff des Unternehmers. Während der Unternehmer sich wirtschaftlich und auch wirtschaftsrechtlich definiert, ist der Arbeitgeber in erster Linie der Vertragspartner des Arbeitnehmers. Die Tätigkeit des Arbeitgebers wie des Arbeitnehmers fußt auf Art. 12 Abs. 1 GG. Hier ist die Berufs- und Gewerbefreiheit geregelt und damit auch die Vertragsfreiheit des Arbeitgebers zum Abschluss von Arbeitsverträgen mit Arbeitnehmern. Das Recht des Arbeitgebers zur Organisation des Arbeitsablaufes und zur Erteilung von Weisungen an die Arbeitnehmer, auch als Direktionsrecht bezeichnet, folgt aus der Betriebsleitungsbefugnis des privaten Arbeitgebers bzw. der Organisationsgewalt der öffentlichen Hand (im öffentlichen Dienst). Zu den Hauptpflichten des Arbeitgebers gehört die Zahlung von Arbeitsentgelt. Zu den Nebenpflichten des Arbeitgebers gehört z.b. die Wahrung schutzwürdiger Interessen des Arbeitnehmers (Fürsorgepflicht) sowie die Achtung der Gleichbehandlung aller Arbeitnehmer.

Wenn eine juristische Person, z.B. eine GmbH, als Arbeitgeber auftritt, so hat der Geschäftsführer dieser GmbH die Arbeitgebereigenschaft, und ihm obliegt die oberste Weisungsbefugnis.

Arbeitgeberanteil

Mit dem Arbeitgeberanteil bezeichnet man den Teil des Beitrages zur Sozialversicherung des Arbeitnehmers, der vom Arbeitgeber für die gesetzliche Kranken- und Rentenversicherung und für die Arbeitslosenversicherung aufzubringen ist. Der Arbeitgeber hat den vollen Beitrag zu leisten, wenn das monatliche Bruttoentgelt des Arbeitnehmers $^{1}/_{10}$ der Beitragsbemessungsgrenze nicht übersteigt, sowie bei der Leistung eines freiwilligen sozialen Jahres, bei der Nachversicherung in der Rentenversicherung, außerdem bei Personen, die in Einrichtungen der Jugendhilfe durch Beschäftigung für eine Erwerbstätigkeit befähigt werden sollen oder in Einrichtungen für behinderte Menschen an berufsfördernden Maßnahmen teilnehmen.

Arbeitgeberdarlehen

Normalerweise sind Darlehen eines Arbeitgebers an den Arbeitnehmer mit anderen banküblichen Darlehen gleichzusetzen. Etwas anderes ergibt sich bei unechten Darlehen, d.h. bei Gehaltsbestandteilen. Hier besteht Lohnsteuerpflicht zum Zeitpunkt der so genannten Darlehenshergabe.

Arbeitgeberhaftung

Der Arbeitgeber haftet gegenüber dem Finanzamt für die richtige Einbehaltung und Abführung der Lohnsteuer. Dies gilt selbst dann, wenn ihn kein eigenes Verschulden trifft. Es reicht lediglich die Feststellung, dass Lohnsteuer unrichtig einbehalten wurde.
Der Arbeitgeber haftet auch für den Schaden, der dann entsteht, wenn er beispielsweise seiner Pflicht zur ordnungsgemäßen Ausstellung oder Aushändigung der Arbeitspapiere nicht nachkommt. Verweigert der Arbeitgeber dem Arbeitnehmer ein qualifiziertes Zeugnis, so haftet er dem Arbeitnehmer auf Schadensersatz, d.h. er ist zum Ersatz des Verdienstausfalls verpflichtet. Ebenso können unrichtige Auskünfte gegenüber anderen Arbeitgebern Schadensersatzansprüche auslösen.

Arbeitgeberverband

Zusammenschlüsse von Arbeitgebern zur Wahrnehmung ihrer gemeinsamen Interessen arbeitsrechtlicher und sozialpolitischer Hinsicht nennt man Arbeitgeberverbände. Auch Arbeitgeber fallen nach Art. 9 GG unter das Recht, zur Wahrung und Förderung der Arbeits- und Wirtschaftsbedingungen Vereinigungen zu bilden.
Auf Arbeitgeberseite können sowohl der einzelne Arbeitgeber als auch der Arbeitgeberverband Tarifverträge abschließen (→ *Tarifvertrag*).

Arbeitgeberzuschuss

Zur freiwilligen oder privaten Krankenversicherung kann der Arbeitgeber einen Zuschuss leisten. Wenn der Arbeitgeberanteil (→ *Arbeitgeberanteil*) bei Krankenversicherungspflicht nicht übertroffen wird, so ist der Arbeitgeberzuschuss steuerfrei. Übersteigt der Betrag jedoch diese Grenze, so sind für den übersteigenden Betrag Steuern zu entrichten.

Arbeitnehmeraktie → *Mitarbeiterbeteiligung*

Arbeitnehmerähnliche Person

Arbeitnehmerähnliche Personen sind typischerweise nicht in die innerbetriebliche Organisation des Arbeitgebers eingegliedert. Sie unterliegen ferner keinen Restriktionen bei der zeitlichen Lage der Arbeit. Anders als selbstständige Unternehmer befinden sie sich aber in wirtschaftlicher Abhängigkeit vom Arbeitgeber. Sie sind sozial schutzbedürftig.
Zu den arbeitnehmerähnlichen Personen zählen die Hausgewerbetreibenden, Einfirmenhandelsvertreter und die freien Mitarbeiter.
Arbeitnehmerähnliche Personen sind teilweise den Arbeitnehmern gleichgestellt, so z. B. im Bundesurlaubsgesetz, im Tarifvertragsgesetz und bei der Zuständigkeit der Arbeitsgerichte für Arbeitskonflikte (→ *Arbeitsgericht*, → *Heimarbeit* sowie → *Telearbeit*).
Zu den arbeitnehmerähnlichen Personen gehören auch die so genannten »Scheinselbstständigen«. Scheinselbstständige arbeiten formal wie selbstständige Unternehmer, bleiben aber sozialversicherungs- und lohnsteuerpflichtig, weil sie weisungsabhängige Arbeit verrichten und unselbstständig handeln, d. h. in die Arbeitsorganisation eines Arbeitgebers eingebunden sind.
Der Gesetzgeber hat fünf Merkmale entwickelt, die bei der Abgrenzung helfen sollen:
- »Scheinselbstständige« beschäftigen selbst keine versicherungspflichtigen Arbeitnehmer,
- sie sind nur für einen Auftraggeber tätig,
- der Auftraggeber lässt regelmäßig die entsprechende Tätigkeit ansonsten durch von ihm beschäftigte Arbeitnehmer verrichten,
- die Tätigkeit des »Scheinselbstständigen« lässt die typischen Merkmale unternehmerischen Handelns nicht erkennen und
- der »Scheinselbstständige« befand sich zuvor in einem abhängigen Beschäftigungsverhältnis.

Arbeitnehmeranteil

Der Arbeitnehmeranteil ist der Teil des Beitrages zur Sozialversicherung, der vom Arbeitnehmer selbst geleistet wird (→ *Arbeitgeberanteil*). In der gesetzlichen Kranken- und Rentenversicherung beträgt dieser Anteil 50 % des gesamten Beitrages. In der Arbeitslosenversicherung gilt für Arbeitgeber und Arbeitnehmer der gleiche Beitragssatz. Beamte leisten diesen Beitrag nicht.

Arbeitnehmerdatenschutzgesetz → *Recht auf informationelle Selbstbestimmung*

Arbeitnehmererfindung → *Vorschlagswesen, betriebliches*

Arbeitnehmerüberlassung → *Zeitarbeit*

Arbeitsbefreiung

Zu einer Befreiung von der Arbeitsleistungspflicht kommt es dann, wenn der Arbeitnehmer zum Grundwehrdienst oder zu einer Wehrübung einberufen ist. Entsprechendes gilt für den Zivildienst. Während der Inanspruchnahme von Elternzeit ruhen die wechselseitigen Hauptpflichten aus dem Arbeitsverhältnis.
Der Arbeitnehmer ist grundsätzlich von der Arbeitsleistung befreit, wenn ihm die Leistungserbringung unmöglich ist, z.B. bei Unfall und Krankheit. Für Betriebsrats- und Personalratstätigkeit gibt es gesetzliche Arbeitsbefreiungstatbestände.

Arbeitsbereitschaft

Unter arbeitszeitrechtlichen Aspekten bedeutet Arbeitsbereitschaft die Bereitschaft, im Ereignisfall eine Arbeit aufzunehmen. Tätigkeiten im Zusammenhang mit ärztlicher Bereitschaft und Unfallopferversorgung, Feuerwehr, Dienstleistungen auf Großveranstaltungen u.Ä. können die Bereitschaft des Arbeitnehmers abfordern, im Ereignisfall zum Einsatz zu kommen. Der jeweilige Arbeitsvertrag und die konkrete Arbeitszeitregelung muss auf die Besonderheiten der Arbeitszeit des Arbeitnehmers in Arbeitsbereitschaft Rücksicht nehmen. Bei der Rufbereitschaft hat der Arbeitnehmer in seiner Freizeit die Erreichbarkeit sicherzustellen und erforderlichenfalls die Arbeit aufzunehmen.
Im sozialversicherungsrechtlichen Sinne bedeutet Arbeitsbereitschaft die Bereitschaft, eine versicherungspflichtige Beschäftigung von mindestens 15 Stunden pro Woche aufzunehmen oder an Eingliederungsmaßnahmen des Arbeitsamtes teilzunehmen. Diese Arbeitsbereitschaft ist Voraussetzung für die Gewährung von Arbeitslosengeld. Für die sozialversiche-

rungsrechtliche Arbeitsbereitschaft gibt es bestimmte Einschränkungen bei Kindererziehung und Pflegebedürftigkeit.

Arbeitsbeschaffungsmaßnahme

Arbeitsbeschaffungsmaßnahmen (ABM) ermöglichen es, dass die Arbeitsverwaltung Lohnkostenzuschüsse für zusätzliche Arbeiten im öffentlichen Interesse leistet. Die Leistungen werden an Träger von Arbeitsbeschaffungsmaßnahmen gezahlt, die damit vom Arbeitsamt zugewiesene Arbeitnehmer entlohnen. Die Förderungsdauer beträgt im Normalfall 12 Monate. Zwischen einem Arbeitgeber und einem ihm aufgrund von Arbeitsbeschaffungsmaßnahmen zugewiesenen Arbeitnehmer besteht ein normales Arbeitsverhältnis. Ein ABM-Arbeitsverhältnis darf allerdings aus dem Geltungsbereichs des allgemeinen Flächentarifvertrages ausgenommen werden. Die Dauer der Befristung kann von der Dauer der Förderung abhängig gemacht werden. ABM-Beschäftigte können aus der betrieblichen Altersversorgung ausgenommen werden.

Arbeitsbescheinigung

Die Arbeitsbescheinigung gibt Auskunft über alle Tatsachen, die für den Anspruch des Arbeitnehmers auf Arbeitslosengeld erheblich sein können. Anzugeben sind insbesondere die Art der Tätigkeit des Arbeitnehmers, Beginn, Ende, Unterbrechung und Grund der Beendigung des Beschäftigungsverhältnisses sowie die Höhe des Arbeitsentgelts (→ Zeugnis).

Arbeitsdirektor

Der Arbeitsdirektor ist ein gleichberechtigtes Mitglied des zur Vertretung des Unternehmens befugten Organs (Vorstand, Geschäftsführung) (→ *Mitbestimmung*). In der → *Montanmitbestimmung* gibt es neben dem kaufmännischen und dem technischen Direktor ein gleichberechtigtes Vorstandsmitglied (Eisen- und Stahlerzeugende Industrie sowie Bergbau), das nicht gegen die Stimme der Arbeitnehmervertreter im Aufsichtsrat berufen werden kann.

Arbeitsentgelt

Das Arbeitsentgelt umfasst sämtliche Gegenleistungen für die erbrachte Arbeitsleistung des Arbeitnehmers. Dies können sogar Geld und Naturalleistungen sein. Zum Arbeitsentgelt im engeren Sinne gehört der Lohn oder das Gehalt, die Mehrarbeitsvergütung (Überstunden, Sonn- und Feiertags- oder Nachtarbeit), alle Zuschläge und Zulagen sowie vom Arbeitgeber zu leistende Entgeltfortzahlung bei Krankheit. In bestimmten Fällen zählen dazu Provisionen und Gewinnanteile (Tantiemen). Zu den Naturalleistungen können Bekleidung, Werkzeuge oder Unterkünfte gehören. Arbeitsentgelt umfasst auch das Urlaubsgeld, die Weihnachtsgratifikation (Jahressonderzahlungen) sowie Jubiläumszuwendungen. Einen Sonderfall stellen Wertguthaben wie z. B. Arbeitszeit oder Guthaben aus einem Arbeitszeitkonto dar, die in Geldbeträge umgerechnet werden können.

Arbeitserlaubnis

Ausländer, also Personen, die keine deutsche Staatsangehörigkeit besitzen, benötigen zur Arbeitsaufnahme in der Bundesrepublik Deutschland eine Arbeitserlaubnis. Die erstmalige Zulassung zum deutschen Arbeitsmarkt steht unter dem generellen Vorbehalt, dass keine deutschen bzw. EU-Beschäftigten für die angestrebte Beschäftigung zur Verfügung stehen. Eine Arbeitserlaubnis kann grundsätzlich befristet werden und ist von der Lage am Arbeitsmarkt abhängig. Für türkische Arbeitnehmer ergeben sich Sonderbestimmungen aus dem Assoziationsabkommen zwischen der EU und der Türkei.
Unionsbürger, d. h. Staatsangehörige aus EU-Mitgliedstaaten und Personen aus dem europäischen Wirtschaftsraum genießen Freizügigkeit i. S. eines freien Zuganges zu jedem nationalen Arbeitsmarkt innerhalb der Europäischen Union.
Für Werkvertragsarbeitnehmer kann eine Arbeitserlaubnis erteilt werden, wenn sie im Rahmen von Subunternehmerverträgen in Deutschland tätig sind.
Für Saisonarbeitskräfte (Landwirtschaft, Tourismus) kann eine beschränkte Arbeitserlaubnis für drei Monate ausgestellt werden.
Sonderbestimmungen gibt es auch für IT-Spezialisten durch die so genannte »Greencard«. Die IT-Arbeitserlaubnis ist an bestimmte Voraussetzungen geknüpft (Hoch- bzw. Fachhochschulstudium oder ein Jahresgehalt von mindestens 50 000,- €).

Arbeitsförderung

Die Arbeitsförderung hat eine wichtige Unterstützungsfunktion für den Ausgleich am Arbeitsmarkt. Sozialversicherungspflichtige Beschäftigte leisten einen Beitrag zur Arbeitslosenversicherung mit dem Tag des Eintritts in das Beschäftigungsverhältnis. Die Versicherungspflicht endet mit der Beendigung des Arbeitsverhältnisses. So genannte versicherungsfreie Zeiten gelten etwa für den Wehrdienst.

Im Fall der Arbeitslosigkeit beziehen Arbeitslose Leistungen wie Arbeitslosengeld, Arbeitslosenhilfe und Unterhaltsgeld von der Arbeitsverwaltung (künftig Bundesagentur für Arbeit). Neben dem arbeitslosen Arbeitnehmer können auch Arbeitgeber und Träger von Maßnahmen Bezieher von Leistungen sein.

Zur Arbeitsförderung gehört auch die Arbeitsvermittlung und die Beratung der Arbeit Suchenden.

Arbeitsgericht

Die Arbeitsbeziehungen sind in der Bundesrepublik Deutschland in hohem Maße verrechtlicht. Das Arbeitsrecht ist stark zersplittert (Gesetz, Rechtsprechung, Tarifverträge) und daher für den einzelnen Arbeitnehmer oft unübersichtlich. Der Schutzfunktion des Arbeitsrechts (→ *Arbeitnehmer*) entspricht die gegenüber Zivil- und Strafjustiz unabhängige und selbstständige Arbeitsgerichtsbarkeit. Arbeitsgerichte sind durch den erleichterten Zugang, die Kostengünstigkeit gegenüber der ordentlichen Gerichtsbarkeit, die kürzeren Verfahrensdauer und die besondere Sachkunde der Richter näher am Arbeitsleben.

Die selbstständige Arbeitsgerichtsbarkeit wurde 1927 durchgesetzt und gegen vielfältige Versuche der Eingliederung in die allgemeine Gerichtsbarkeit bis heute erhalten. Sie ist dreigliedrig aufgebaut: Arbeitsgerichte, Landesarbeitsgerichte und das Bundesarbeitsgericht in Erfurt. Die Arbeitsgerichte bestehen aus mehreren Kammern, die mit einem Berufsrichter und je einem ehrenamtlichen Richter aus Arbeitnehmer- und Arbeitgeberkreisen besetzt sind. Die Senate des Bundesarbeitsgerichtes sind mit drei Berufsrichtern und je einem Arbeitgeber-/Arbeitnehmerbeisitzer besetzt. Vor einer so genannten streitigen Verhandlung findet im Urteilsverfahren ein so genanntes Güteverfahren statt. In diesem soll der Richter auf eine gütliche Beilegung der Streitigkeiten hinwirken. Der Arbeitnehmer kann sich durch einen Gewerkschaftssekretär vertreten lassen. Für den gewerk-

Arbeitsgericht

schaftlich organisierten Arbeitnehmer übernimmt die zuständige Gewerkschaft den Rechtsschutz. Gegen Entscheidungen der Arbeitsgerichte kann Berufung oder Beschwerde beim zuständigen Landesarbeitsgericht eingelegt werden, hier ist ein Gewerkschaftsvertreter oder ein Rechtsanwalt unbedingt erforderlich. Gegen eine Entscheidung des Landesarbeitsgerichts kann das Bundesarbeitsgericht angerufen werden, wenn das Landesarbeitsgericht dies zugelassen hat. Vor dem Bundesarbeitsgerichts besteht Anwaltszwang.

Der Große Senat des Bundesarbeitsgerichtes tritt zusammen, wenn ein Senat von der Meinung des anderen Senats abweichen will.

Es gibt zwei Verfahrensarten, nämlich das Urteils- und das Beschlussverfahren. Das Urteilsverfahren behandelt Streitigkeiten zwischen Arbeitgeber und Arbeitnehmer, während das Beschlussverfahren ein rein kollektivrechtliches Verfahren ist, vor allem in Angelegenheit aus der Betriebsverfassung und dem Insolvenzverfahren.

Streitigkeiten der Tarifvertragsparteien untereinander oder Fragen die sich aus dem Arbeitskampfrecht (→ *Arbeitskampf*) ergeben, werden ebenfalls im Urteilsverfahren behandelt. Anders als in der Zivilgerichtsbarkeit, bei der die streitenden Parteien alleine die Tatsachen liefern sollen, auf die sie ihre Ansprüche stützen (so genannter Beibringungsgrundsatz), soll das Arbeitsgericht stark aufklärend wirken. In jedem Stadium des Verfahrens soll eine gütliche Einigung möglich sein (Vergleich).

Für Arbeitsgerichtsverhandlungen gilt der Grundsatz der Öffentlichkeit, die allerdings auch vom Gericht ausgeschlossen werden kann. Die ehrenamtlichen Richter sind für die Praxis und das Selbstverständnis der Arbeitsgerichtsbarkeit von besonderer Bedeutung. Sie werden von Gewerkschaften und Arbeitgeberverbänden benannt und vom Land bzw. vom Bundesarbeitsministerium für fünf Jahre berufen.

Richter können von der Entscheidung ausgeschlossen werden, wenn sie befangen sind. Ein Richter ist dann befangen, wenn ein Grund vorliegt, der geeignet ist, Misstrauen in seine Unabhängigkeit zu rechtfertigen.

Eine Klage kann beim Arbeitsgericht schriftlich eingereicht werden, allerdings ist es auch möglich, sie mündlich zu Protokoll der Geschäftsstelle aufzugeben. Wichtig ist die Beachtung der Fristen. Kostenvorschüsse sind nicht zu leisten. Der Arbeitnehmer muss für die Kosten nur dann eintreten, wenn endgültig feststeht, dass der Prozess verloren ist oder das Verfahren sechs Monate nicht betrieben wurde. Als Gewerkschaftsmitglied kommt der Arbeitnehmer in den Genuss des gewerkschaftlichen Rechtsschutzes, für alle anderen Arbeitnehmer besteht die Möglichkeit, eine Rechtsschutzversicherung abzuschließen. Die Kostenrisiken werden darüber hinaus im arbeitsgerichtlichen Verfahren durch die Möglichkeit der Inanspruchnahme der Prozesskostenhilfe gemindert. Wer durch seine persönlichen Verhältnisse nicht in der Lage ist, die Prozesskosten aufzubringen, kann nach Feststellung des Einkommens unter Abzug von Belastungen und Freibeträgen Prozesskostenhilfe gewährt bekommen. Für den Antrag gibt es amtliche Vordrucke.

Ist eine Partei im arbeitsgerichtlichen Verfahren der deutschen Sprache nicht mächtig, hat das Gericht einen Dolmetscher heranzuziehen. Die daraus entstehenden Kosten sind Kosten des gerichtlichen Verfahrens. Örtlich zuständig ist das Gericht, an dem der Arbeitgeber seinen Wohnsitz hat. Würde vom Arbeitnehmer ein örtlich unzuständiges Gericht angerufen, so ist der Rechtsstreit von Amts wegen an das zuständige Gericht zu verweisen. Das Gericht kann durch Einbeziehung von Sachverständigen wissenschaftliche Erfahrungssätze für eine Streitentscheidung nutzbar machen. In der Regel wird ein schriftliches Sachverständigengutachten abgegeben, das im Verfahren mündlich erläutert werden kann.

Erscheint eine der beiden Parteien nicht zum Termin, so kann auf Antrag der anderen Partei ein Versäumnisurteil ergehen. Das Gericht entscheidet dann nach Lage der Akten. Neben dem normalen Verfahren gibt es das einstweilige Verfügungsverfahren bei besonderer Eilbedürftigkeit.

Arbeitskampf

Das Streikrecht folgt aus der Koalitionsfreiheit des Art. 9 Abs. 3 GG. Da kein Gesetz Regeln für Arbeitskämpfe aufstellt, gilt für die Praxis die Rechtsprechung des Bundesarbeitsgerichts als Orientierungslinie, die dem Streikrecht eine Reihe von Schranken auferlegt und die Aussperrung als Gegenreaktion der Arbeitgeberseite unter bestimmten Umständen zulässt.

Das Grundgesetz gewährt in Art. 9 Abs. 3 für jedermann und alle Berufe »das Recht, zur Wahrung und Förderung der Arbeits- und Wirtschaftsbedingungen, Vereinigungen« zu bilden. Zwar ist das Streikrecht nicht wörtlich erwähnt, dennoch war man sich im Parlamentarischen Rat bei der Abfassung des Grundgesetzes einig, dass es garantiert sein sollte. Inhalt und Grenzen der Koalitionsfreiheit wurden in der Bundesrepublik Deutschland nicht durch Gesetz, sondern durch die Rechtsprechung, insbesondere die Rechtsprechung des Bundesarbeitsgerichtes bestimmt:
- Im Jahre 1955 hat der Große Senat des Bundesarbeitsgerichtes seine »einheitliche kollektivrechtliche Theorie« des Arbeitskampfes begründet, nach der Streiks, wenn sie »sozialadäquat« sind, nicht mehr als kollekti-

Arbeitskampf

ver Arbeitsvertragsbruch zu werten sind, d.h. der von der Gewerkschaft geschlossene Streik um die Arbeitsbedingungen berechtigt den Arbeitgeber nicht mehr zu fristlosen Einzelentlassungen.
- Im Jahre 1971 hat das Bundesarbeitsgericht schließlich ein enges System von arbeitskampfrechtlichen Regelungen geschaffen, nach denen nur noch der gewerkschaftlich getragene Streik um bessere Lohn- und Arbeitsbedingungen legal ist, sofern ihm »maßvolle« Forderungen zugrunde liegen und alle Verhandlungsmöglichkeiten ausgeschöpft sind.
- Im Jahre 1980 hält das Bundesarbeitsgericht zunächst grundsätzlich an der Befugnis der Unternehmerseite zur Aussperrung fest. Es hat aber die prinzipielle Ungleichheit von Streik und Aussperrung betont und quantitative Beschränkungen wie »Abwehraussperrung« entwickelt, die nun nur noch als Antwort auf den Streik und nicht mehr als »Angriffsaussperrung« zulässig ist. Ebenfalls 1980 entschied das BRG, dass die Arbeitnehmerseite das so genannte Arbeitskampfrisiko zu tragen hat, nachdem Produktionsstörungen in Betrieben außerhalb des umkämpften Tarifgebietes zum Verlust von Beschäftigungs- und Vergütungsansprüchen führen. Die Gewerkschaften kritisieren dies als Zulassung der »kalten« Aussperrung.

(→ *Streik* und → *Aussperrung*)

Arbeitskleidung

Es gibt keinen generellen Anspruch auf die Übernahme der Kosten für die Arbeitskleidung. Für die Übernahme muss eine ausdrückliche oder konkludente Kostenübernahmevereinbarung getroffen werden. Konkludentes Handeln bedeutet hier die Hinnahme einer Praxis, nach der die Arbeitskleidung gestellt wird oder die Kosten übernommen werden.
In einigen Fällen gibt es aber gesetzliche Vorschriften oder vertragliche Vereinbarungen (Arbeitsvertrag, Betriebsvereinbarung, Tarifvertrag), die ausdrücklich regeln, dass die Kosten für Arbeitskleidung vom Arbeitgeber übernommen werden oder eine Berufs- oder Dienstbekleidung gestellt wird. Auf jeden Fall ist der Arbeitgeber verpflichtet, Schutzkleidung zur Verfügung zu stellen, wenn sich aus den Umständen der Arbeit Gefahren für Leben und Gesundheit des Arbeitnehmers ergeben können. Unfallverhütungsvorschriften und andere Arbeitsschutzvorschriften sehen z.B. Sicherheitsschuhe vor. Diese Bestimmungen sind zu beachten.

Arbeitslose

Die amtliche Statistik registriert als Arbeitslose solche Personen, die sich bei einem Arbeitsamt gemeldet haben, nicht arbeitsunfähig erkrankt sind und mehr als 19 Wochenstunden arbeiten wollen.

Arbeitslosenversicherung

Die Versicherungspflicht in der Arbeitslosenversicherung knüpft grundsätzlich an das entgeltliche Beschäftigungsverhältnis an. Alle versicherungspflichtig beschäftigten Arbeitnehmer erwerben einen Anspruch auf Arbeitslosengeld bzw. -hilfe (→ *Beschäftigungspolitik*). Der Begriff der Arbeitslosigkeit umfasst sowohl das Merkmal der Beschäftigungslosigkeit als auch das der Beschäftigungssuche. Als beschäftigungssuchend gilt derjenige, der zum einen der Arbeitsvermittlung zur Verfügung steht und zum anderen auch Eigenbemühungen zur Beendigung seiner Beschäftigungslosigkeit unternimmt. Hat der Arbeitslose einen Anspruch auf Arbeitslosengeld aufgebraucht, kommt, wenn er bedürftig ist, ein Anspruch auf Arbeitslosenhilfe in Betracht. Zzt. gibt es eine Diskussion über die mögliche Zusammenlegung von Arbeitslosenhilfe und Sozialhilfe (→ *Beschäftigungspolitik*).

Mindestvoraussetzungen für das Arbeitslosengeld ist, dass der Anspruchsteller in den letzten drei Jahren vor der Arbeitslosmeldung (Rahmenfrist) mindestens zwölf Monate (oder genauer gesagt 360 Kalendertage) in einem Versicherungspflichtverhältnis gestanden hat. Eine Sonderregelung besteht für Beschäftigte, etwa im Bauwesen, deren Arbeitsverhältnis aufgrund saisonaler Schwankungen regelmäßig unterbrochen wird. So kann in einigen Fällen innerhalb der Rahmenfrist von drei Jahren nur an 180 Tagen bzw. sechs Monaten ein Versicherungsverhältnis bestanden haben. Bei Saisonbeschäftigung ist es also möglich, innerhalb von sechs Monaten einen Arbeitslosengeldanspruch zu erwerben.

Eine weitere Sonderregelung besteht für versicherungspflichtige Wehrdienstleistende und Zivildienstleistende. Sie erfüllen die Anwartschaftszeit durch eine mindestens sechsmonatige Wehr- oder Zivildienstzeit.

Wird eine Teilzeitkraft, die kontinuierlich vergütet wurde, arbeitslos, so erhält sie Arbeitslosengeld. Berechnet wird das auf der Grundlage des bisherigen Durchschnittsverdienstes. Teilzeitkräfte, die immer nur in den Arbeitsperioden, also diskontinuierlich bezahlt wurden, werden in der Arbeitslosenversicherung dagegen wie Saisonkräfte behandelt.

Arbeitsmarktpolitik

Die Aufgaben der Arbeitsförderung und der Arbeitslosenversicherung werden wahrgenommen von der Bundesanstalt für Arbeit, den Landesarbeitsämtern und den örtlichen Arbeitsämtern. Die gesetzlichen Grundlagen werden zum Zeitpunkt der Drucklegung dieses Buches gerade geändert, geplant ist die Umwandlung der Bundesanstalt für Arbeit in eine Bundesagentur für Arbeit und eine Abkehr von den typischen Strukturmerkmalen des öffentlichen Dienstes. Neben der schlichten Arbeitslosenversicherung hat die Arbeitsmarktpolitik die Aufgabe, dazu beizutragen, dass

- weder Arbeitslosigkeit noch Beschäftigung unter Wert noch ein Mangel an Arbeitskräften eintreten oder fortdauern,
- die berufliche Mobilität der Erwerbstätigen gesichert und verbessert wird,
- nachteilige Folgen aus der technischen Entwicklung oder aus wirtschaftlichen Strukturveränderungen für die Erwerbstätigen vermieden, ausgeglichen oder beseitigt werden,
- die berufliche Eingliederung körperlich, geistig oder seelisch behinderter Menschen gefördert wird,
- der geschlechtsspezifische Ausbildungsstellen- und Arbeitsmarkt überwunden wird und Chancengleichheit durchgesetzt wird,
- ältere und andere Erwerbstätige mit erschwerten Beschäftigungsbedingungen beruflich integriert werden,
- die Struktur der Beschäftigung nach Gebieten und Wirtschaftszweigen verbessert wird und
- illegale Beschäftigung (Schwarzarbeit) bekämpft wird.

Daneben gehören zur Arbeitsmarktpolitik noch folgende Leistungsangebote:

- Berufsberatung einschließlich der Beratung über Ausbildungsfragen sowie Vermittlung in berufliche Ausbildungsstellen,
- Arbeitsberatung und Arbeitsvermittlung,
- Zuschüsse und Darlehen zur Förderung der beruflichen Ausbildung, Fortbildung und Umschulung, der Arbeitsaufnahme, der beruflichen Eingliederung behinderter Menschen, des Winterbaus und von Maßnahmen zur Arbeitsbeschaffung,
- Kurzarbeit und Schlechtwettergeld,
- Arbeitslosengeld, Arbeitslosenhilfe, Arbeitsausfallgeld sowie
- ergänzende Leistungen, insbesondere Beiträge zur gesetzlichen Kranken- und Rentenversicherung.

Die Versicherten der Arbeitslosenversicherung sind Pflichtversicherte im Sinne einer Zwangsversicherung, die nicht ausgeschlossen werden kann. Eine freiwillige Versicherung ist nicht möglich. Pflichtversichert sind Arbeitnehmer, nicht aber Selbstständige, Beamte und Rentner wegen Erwerbsunfähigkeit.

Zu den Maßnahmen der Arbeitsförderung zählen
- die Arbeitsmarkt- und Berufsforschung,
- die Arbeitsvermittlung und Berufsberatung,
- die Förderung der beruflichen Bildung,
- die Förderung der Arbeitsaufnahme und
- die berufliche Rehabilitation.

Unter Arbeitsvermittlung war früher die Monopoltätigkeit der Bundesanstalt für Arbeit und der Arbeitsämter zu verstehen. Arbeitssuchende können seit dem 27. März 2002 auch auf Kosten des Arbeitsamtes einen privaten Arbeitsvermittler einschalten. Jeder, der nach drei Monaten Arbeitslosigkeit immer noch ohne Stelle ist, hat jetzt Anspruch auf einen staatlichen Vermittlungsgutschein. Damit kann man im Einzelfall den Privatvermittler bezahlen. Der Wert des Gutscheins hängt von der Dauer der Arbeitslosigkeit ab: Wer drei Monate ohne Stelle ist, bekommt für eine private Vermittlung über 1500 €, nach mehr als neun Monaten den Höchstbetrag von 2500 €. Ein Eigenbeitrag wird dem zu Vermittelnden nicht abverlangt. Der Vermittelte wird allerdings dann an den Kosten beteiligt, wenn er als Arbeitsloser sich vor Ablauf der ersten drei Monate an einen Privatvermittler gewendet hat. In diesem Fall muss der Jobsuchende das Vermittlungshonorar von 1500 € selbst übernehmen.

Für Führungskräfte galt bereits zuvor eine Durchbrechung des Vermittlungsmonopols der Bundesanstalt für Arbeit. Hier nehmen Personalberater (so genannte Headhunter) die Aufgabe wahr.

Arbeitsmittel

Wenn der Arbeitnehmer verpflichtet ist, sich Arbeitsmittel und Arbeitsgeräte oder auch nur die Materialien, die für die Durchführung der ihm übertragenen Arbeiten erforderlich sind zu beschaffen, bzw. sie sich auf Anweisung des Arbeitgebers selbst beschafft, so sind ihm die Auslagen zu erstatten.

Arbeitsordnung

Fragen der Ordnung des Betriebes und des Verhaltens der Arbeitnehmer im Betrieb werden in der mitbestimmungspflichtigen Arbeitsordnung geregelt. Der Arbeitgeber soll berechtigt sein, in betriebsratslosen Betrieben die Arbeitsordnung einseitig vorzugeben. In Arbeitsordnungen werden i.d.R. folgende Probleme behandelt bzw. geregelt:
- Alkoholverbot am Arbeitsplatz,
- Bekleidungsvorschriften,
- Regeln für Parkplatz, Garage oder Einstellplätze,
- Rauchen am Arbeitsplatz,
- Torkontrollen und andere Einlasskontrollen,
- Werks- bzw. Dienstausweis oder andere elektronische Formen des Zuganges zu Betriebsstätten,
- Benutzung von Zeiterfassungsgeräten,
- Telefonnutzung und Internetnutzung für dienstliche/geschäftliche oder private Zwecke,
- Erledigung von privaten Arbeiten im Betrieb,
- Zutrittsverbote zu Betriebsstätten,
- Sauberkeit und Ordnung am unmittelbaren Arbeitsplatz,
- betrieblicher Umweltschutz,
- Verhalten in Notfällen, z.B. Brand oder Überschwemmung,
- Verfahren der Antragstellung für Dienstreisen/Geschäftsreisen oder Urlaub und Sonderurlaub.

(→ *Betriebsvereinbarung*)

Arbeitsorganisation

Die Einbindung in die Arbeitsorganisation ist neben anderen Merkmalen (z.B. Weisungsgebundenheit) ein wichtiges Kriterium für die Arbeitnehmereigenschaft im Gegensatz zur selbstständigen Tätigkeit, z.B. als Berater. Für die Einbindung in eine Arbeitsorganisation spricht die Aufnahme in Telefon- oder E-Mail-Verzeichnisse, die Zurverfügungstellung eines eigenen Arbeitsplatzes in der Betriebsstätte des Arbeitgebers und die regelmäßige Zusammenarbeit mit anderen Arbeitnehmern im Betriebsablauf. Auch die Notwendigkeit der Abstimmung von Urlaub und anderen Abwesenheiten spricht für eine Einbindung in die Arbeitsorganisation.

Arbeitspapiere

Der Arbeitgeber hat bei Beendigung des Arbeitsverhältnisses die Arbeitspapiere herauszugeben. Dazu gehören neben dem Zeugnis (→ *Zeugnis*) die Versicherungs- und Lohnsteuerkarte, die Krankenkassen- und Arbeitsbescheinigung und unter Umständen eine so genannte Ausgleichsquittung. In diesem Formular soll der Arbeitnehmer bestätigen, dass er seine Arbeitspapiere erhalten hat und alle dem Arbeitgeber gehörenden Gegenstände abgegeben hat. In der Regel findet sich dort die Formulierung, dass der Arbeitnehmer »keine Ansprüche aus dem Arbeitsverhältnis« mehr hat. Hier ist vor der Unterzeichnung des Schriftstückes Vorsicht geboten. Will der Arbeitnehmer wirklich auf künftige Ansprüche verzichten? Unwirksam ist ohnehin der Verzicht auf tarifvertraglich abgesicherte Ansprüche sowie auf gesetzliche Urlaubsansprüche und weitere Ansprüche aus Betriebsvereinbarungen. Es sollte aber zwischen beiden Parteien klar sein, ob hier unter Umständen auf bestimmte Jahresleistungen oder Abfindungsansprüche, Treueprämien o.Ä. verzichtet werden soll.

Arbeitspflicht

Die Arbeitspflicht des Arbeitnehmers ist eine Hauptleistungspflicht aus dem Arbeitsverhältnis. Der Arbeitnehmer ist aus dem Arbeitsvertrag verpflichtet, die Arbeitsleistung zu erbringen. Unter bestimmten Umständen kann er von der Arbeitspflicht befreit werden (→ *Arbeitsverhinderung*).

Arbeitsplatzbeschaffung → *betriebliche Arbeitsmarktpolitik*

Arbeitsplatzsicherheit → *betriebliche Arbeitsmarktpolitik*

Arbeitsrecht, Geschichte

Das heute in der Bundesrepublik Deutschland geltende Arbeitsrecht hat sich erst im 19. und 20. Jahrhundert entwickelt. Die industrielle Revolution und die damit verbundene Umgestaltung der Agrargesellschaft in die Industriegesellschaft brachten die Industrialisierung und eine Ausweitung des Handels, des Dienstleistungsgewerbes und der Verwaltungen mit sich. Arbeits-

Arbeitsrecht, Geschichte

verhältnisse traten an die Stelle von Arbeitsbeziehungen, in denen trotz der absoluten Verfügungsgewalt des Arbeitgebers bis hin zur Leibeigenschaft die persönliche Verbundenheit von Arbeitgeber und Beschäftigten noch möglich war und mehr oder weniger verwirklicht wurde (Treuedienstvertrag des germanischen Rechts, Zunftordnung des späten Mittelalters, Gesindeordnungen).

Abschluss und Inhalt der Arbeitsverträge waren rechtlich nun zwar Gegenstand freier Übereinkunft, doch wirkte sich die wirtschaftliche Überlegenheit der Arbeitgeberseite und das hierdurch entstehende Machtgefälle so aus, dass Arbeitsverhältnisse begründet wurden, in welchen die Arbeitnehmer weitgehend recht- und schutzlos gestellt waren.

Insbesondere waren elementare Rechtsgüter der Beschäftigten wie Leben und Gesundheit nicht geschützt. Die vom Bürgertum errungenen Freiheitsrechte gegenüber dem Staat wurde den Beschäftigten im Arbeitsverhältnis nicht zugestanden. Die im letzten Drittel des 19. Jahrhunderts immer bedeutender werdende Arbeiter- und Gewerkschaftsbewegung kämpfte deshalb darum, dass die bezeichneten höchsten Rechtsgüter auch für die arbeitende Bevölkerung Wirklichkeit wurden. Kinderarbeit, überlange Arbeitszeiten, fehlender Unfallschutz, keine Existenzsicherung bei Krankheit, Invalidität und Alter, Hungerlöhne, aber auch Untertanengeist, fehlende Bildung, kulturelle Unterdrückung usw. boten ein breites Betätigungsfeld, um die Rechtstellung der Beschäftigten im Arbeitsleben zu verbessern. Der Kampf um die Erweiterung des Schutzes der Beschäftigten brachte auch nach und nach Verbesserungen, wobei diese in den unterschiedlichen Branchen je nach wirtschaftlicher Lage, Leistungsdruck bei den Beschäftigten, staatlichen Interessen an menschenwürdiger Behandlung usw. zu ganz unterschiedlichen Zeitpunkten erreicht wurden. Die Vorschriften des Arbeitsrechts finden sich deshalb auch in den verschiedenen Gesetzen, Verordnungen, Urteilen usw., die jeweils aus den Zeiten stammen, in denen die Verbesserung erreicht wurde.

- Im Jahre 1828 meldete General von Horn dem preußischen König Friedrich Wilhelm III., dass wegen der in der Industrie verbreiteten Kinderarbeit der Erfolg der Aushebung für das Militär in Frage gestellt bleibe. Folge war das 1839 erlassene preußische »Regulativ über die Beschäftigung jugendlicher Arbeiter in Bergwerken und Fabriken«. Danach betrug das zulässige »Tagwerk« eines 9 – 16-jährigen Fabrikkindes 10 Stunden Arbeit, 1½ Stunden Pause und 5 Stunden Schule: das ergibt insgesamt 16½ Stunden in der Zeit von 5–21 Uhr. Kinder vor dem 9. Lebensjahr durften nicht in Fabriken arbeiten.
- 1853 wurde durch das preußische Fabrikgesetz die Kinderarbeit unter 12

Arbeitsrecht, Geschichte

Jahren verboten. Die Arbeitszeit wurde auf 6 Stunden für Kinder bis zum 14. Lebensjahr und auf 10 Stunden für die bis zu 16-Jährigen begrenzt. Die Regelung blieb freilich wirkungslos, weil keine Kontrollen stattfanden.
- Im Jahre 1855 wurde die Kinderarbeit in Preußen erneut beschränkt. Für unter 12-Jährige wurde sie ganz verboten, für über 12-Jährige auf 6 Stunden begrenzt.
- Weitere Verbesserungen wurden durch die Gewerbeordnung für den norddeutschen Bund aus dem Jahre 1869 erreicht. Alle Koalitionseinschränkungen wurden für Fabrikarbeiter, Gewerbetreibende und Handwerksgesellen aufgehoben, allerdings nicht für Landarbeiter, Gesinde und Dienstboten. In der Einleitung zu § 105 Gewerbeordnung heißt es: »Die Festsetzung der Verhältnisse zwischen den selbstständigen Gewerbetreibenden und den gewerblichen Arbeitern ist, vorbehaltlich der durch Reichsgesetz begründeten Beschränkungen, Gegenstand freier Übereinkunft.«
- Am 7.6.1871 wurde das Reichshaftpflichtgesetz erlassen. Der Schutz von Arbeits- und Betriebsunfällen beruhte allgemein auf dem Gedanken der Unternehmerhaftung. Nach dem Gesetz betreffend die Verbindlichkeit zum Schadensersatz für die bei den Betrieben, Eisenbahnen, Bergwerken, Fabriken, Steinbrüchen und Gräbereien hervorgerufenen Tötungen und Körperverletzungen haftete der Unternehmer allerdings nur, wenn ihn ein eigenes Verschulden oder das eines Angestellten traf. Die Beweislast lag beim Verletzten oder dessen Hinterbliebenen. Verschiedene Bereiche, z.B. das Baugewerbe waren vom Gesetz nicht erfasst.
- Im Jahre 1878 wurde in einer Novelle zur Gewerbeordnung der Mutterschutz erstmals gesetzlich geregelt. Die Vorschrift enthält ein Beschäftigungsverbot für die Dauer von drei Wochen nach der Niederkunft, allerdings ohne Anspruch auf Lohn. Wochengeld auf der Basis des Krankengeldes brachte erst das Krankenversicherungsgesetz von 1883. Später, nämlich im Jahre 1908, wurde die Schutzfrist auf acht Wochen ausgedehnt.
- Die Fabrikinspektion (heute: Gewerbeaufsicht) sollte als Kontrollinstanz vornehmlich sicherstellen, dass die erkämpften Arbeitsschutzrechte eingehalten werden. Dies galt insbesondere, im Hinblick auf die Beschäftigungsverbote und -beschränkungen für Jugendliche und Frauen.
- Mit der kaiserlichen Botschaft über die Einführung einer Arbeiterversicherung vom 17.11.1881 wurde die deutsche Sozialversicherung eingeleitet.
- Am 1.6.1891 trat eine Novelle zur Gewerbeordnung in Kraft, die Verbesserungen auf den Gebieten der Arbeitsordnung, der Betriebsvertretung und der Strafbestimmungen brachte, mit denen die innerbetriebliche

Arbeitsrecht, Geschichte

Ordnung nicht mehr allein dem Willen des Arbeitgebers überlassen blieb. Ferner regelte sie die Sonntagsruhe, die Höchstarbeitszeit für Jugendliche und Frauen (10 bzw. 11 Stunden), das Verbot der Nachtarbeit für Frauen, Jugendliche und Wöchnerinnen sowie Gesundheits- und Unfallschutz. Sie brachte ferner das Verbot für Kinderarbeit unter 13 Jahren und erweiterte die Befugnis der Gewerbeaufsichtsbeamten.

- 1896 wurde dann das Bürgerliche Gesetzbuch verkündet, das 1900 in Kraft trat. Dies regelte erstmalig einheitlich Personenrecht, Sachenrecht, Schuldrecht, Familienrecht, Erbrecht und auch die aus Dienstverträgen sich ergebenden Rechte und Pflichten von Arbeitnehmern und Arbeitgebern.
- Durch die im Jahre 1908 neu verabschiedete Gewerbordnung wurde der Schutz der Kinder erheblich verbessert. Die Gewerbordnung legte danach fest, dass Kinder unter 13 Jahren nicht beschäftigt werden dürfen, Kinder über 13 Jahren nur dann, wenn sie nicht mehr volksschulpflichtig waren. Die Beschäftigung von Kindern unter 14 Jahren durfte sechs Stunden nicht überschreiten, die Nacht- und Feiertagsarbeit wurde verboten. Die Bestimmungen hatten allerdings noch nicht für alle Betriebe Gültigkeit.
- Im Jahre 1908 ereignet sich das bis dahin schwerste Unglück im Bergbau, das 344 Bergleute das Leben kostete. Die Erregung bei den Bergleuten und in der Öffentlichkeit veranlasste die Regierung, in einer Novelle zum Berggesetz die Mitwirkung der Arbeiter bei der Grubensicherheit festzulegen.
- In den Jahren 1910 und 1911 gab es dann noch weitere Verbesserungen auf dem Gebiet der Arbeitszeit und des Mutterschutzes sowie der Alterssicherung der Angestellten. Die Altersgrenze wurde auf 65 Jahre festgelegt.
- Entscheidende Veränderungen brachte der 1. Weltkrieg. Bereits das Hilfsdienstgesetz vom 5.12.1916, das eine umfängliche Dienstpflicht im Interesse der Kriegswirtschaft anordnete, schuf zugleich Vorkehrungen gegenüber sozialen Spannungen. Das Gesetz ordnete Arbeiter- und Angestelltenausschüsse an und sah eine staatliche Schlichtung von Arbeitsstreitigkeiten vor. Außerdem nannte es ausdrücklich die Gewerkschaften, die damit zum ersten Mal vom Staat anerkannt wurden.
- In einem Aufruf vom 12.11.1918 stellte der Rat der Volksbeauftragten als damalige Revolutionsregierung sein sozialpolitisches Programm vor: der 8-Stunden-Tag und ein neues Sozialrecht (Erwerbslosenfürsorge) waren in ihm weitere Verbesserungen.
- Am 15.11.1918 gründeten die Spitzenverbände der Unternehmerschaft und der Gewerkschaften eine Arbeitsgemeinschaft. Im Abkommen hie-

Arbeitsrecht, Geschichte

rüber wurden die Gewerkschaften als die berufenen Vertreter der Arbeitnehmerschaft anerkannt. Die Arbeitsgemeinschaft billigte das Prinzip des Tarifvertrages, wurde aber bald nicht mehr praktiziert.

- Die Reichsverfassung vom 11.8.1919 brachte die verfassungsrechtliche Absicherung des zuvor schon im Arbeitsgemeinschaftsabkommen anerkannten Prinzips der kollektiven Gestaltung von Arbeitsbedingungen und garantierte die Koalitionsfreiheit. Sie sah außerdem einen Stufenbau von Arbeiter- und Wirtschaftsräten vor. Die Gesetzgebung schützte die Rechtsgüter der Beschäftigten in der Folgezeit unmittelbar bzw. mittelbar über folgende Regelungen:
- Die Tarifvertragsordnung vom 23.12.1918 legte fest, dass die Tarifvertragsbestimmungen unmittelbar und zwingend auf die einzelnen Arbeitsverhältnisse einwirken. Die Verordnung regelte ferner das Schlichtungswesen und gab auch den Betriebsvertretungen eine vorläufige Rechtsgrundlage.
- Durch die »Verordnung über die Arbeitszeit vom 23.11.1918« wurde der Arbeitsschutz dahingehend erweitert, dass für Arbeiter der 8-Stunden-Tag vorgeschrieben wurde. Die Regelung wurde in einer Verordnung vom 18.3.1919 auch auf die Angestellten erweitert. Noch eingehender wurde der Arbeitszeitschutz durch die Arbeitszeitverkürzung vom 21.12.1923 geregelt.
- Mit dem »Betriebsrätegesetz vom 4.2.1920« wurden Vertretungen der Arbeiter und Angestellten in den Betrieben geschaffen und ihnen Aufgaben bei der Mitgestaltung der betrieblichen Ordnung zugewiesen.
- Als staatliche Schutzeinrichtung, welche die Einhaltung der bis dahin erkämpften Rechte gewährleisten sollte, wurde durch Arbeitsgerichtsgesetz vom 23.12.1926 eine einheitliche und umfassende Arbeitsgerichtsbarkeit errichtet (→ *Arbeitsgericht*).
- Darüber hinaus wurde eine Arbeitsverwaltung (→ *Arbeitsmarktpolitik*) eingerichtet, welche auf dem Gebiet der Arbeitsvermittlung und der Fürsorge für erwerbslose Beschäftigte Vorsorge für diese Fälle der Existenzbedrohung von Beschäftigten zu treffen hatte (Gesetz über die Arbeitsvermittlung und Arbeitslosenversicherung vom 17.7.1927).
- In der Zeit des Nationalsozialismus von 1933 bis 1945 wurden die Gewerkschaften aufgelöst und an ihre Stelle die »Deutsche Arbeitsfront« als politische Einheitsorganisation von Arbeitnehmern und Arbeitgebern gesetzt. Die meisten der in den zwanziger Jahren ergangenen arbeitsrechtlichen Gesetze wurden aufgehoben, Arbeitskämpfe waren ausgeschlossen, statt des Tarifprinzips wurde das Amtslohnprinzip eingeführt. Danach wurden die Tarifverträge durch Tarifordnungen abgelöst, welche

Arbeitsrecht, Geschichte

von einem »Treuhänder der Arbeit« erlassen wurden. Die Betriebsräte wurden durch »Vertrauensräte« abgesetzt und auf das Führerprinzip ausgerichtet. Den Vorsitz der Vertrauensräte hatte der »Betriebsführer«.
- Im Zuge der Kriegswirtschaft wurden auch diese Rechte noch eingeschränkt.
- Nach dem Zusammenbruch des nationalsozialistischen Regimes wurden in den Ländern bzw. den Besatzungszonen unterschiedliche Rückgriffe auf die unterbrochene Entwicklung aus der Weimarer Republik unternommen.
- 1946 erließ der Alliierte Kontrollrat ein Betriebsrätegesetz (Nr. 22) und hob das Gesetz zur Ordnung der Nationalen Arbeit von 1934 auf. Das neue Gesetz ging in seinen Bestimmungen weit über das Betriebsrätegesetz von 1924 hinaus. In West und Ost setzen nun eine unterschiedliche Entwicklung der arbeitsrechtlichen Gesetzgebung ein.

Arbeitsschutz

Die Generalklausel des betrieblichen Arbeitsschutzes ist bereits seit 100 Jahren die Gewerbeordnung, die den Arbeitgeber verpflichtet, alle erforderlichen Maßnahmen zum Schutz der Beschäftigten »gegen Gefahr für Leben und Gesundheit« durchzuführen, allerdings nur, soweit es »die Natur des Betriebes gestattet«. Diese Bestimmung ist allerdings zu ungenau, um den im Betrieb beschäftigten Arbeitnehmern konkrete Rechte und dem Arbeitgeber konkrete Pflichten aufzuerlegen. Das System des Arbeitsschutzes ist daher in einer ganzen Reihe von Gesetzen und Verordnungen konkretisiert worden. Das Arbeitsschutzgesetz befasst sich allgemein mit der Verbesserung der Sicherheit und des Gesundheitsschutzes der Arbeitnehmer. Die Arbeitsstättenverordnung regelt die Anforderungen an den Arbeitsplatz, die Arbeitsstoffverordnung bestimmt zulässige Werte beim Umgang mit giftigen, gesundheitsschädlichen Stoffen (so genannte MAK-Werte = maximale Arbeitsplatzkonzentration). Das Gesetz über technische Arbeitsmittel (Maschinenschutzgesetz) soll einen wirksamen Schutz im Umgang mit Maschinen herstellen. Die Unfallverhütungsvorschriften, die von der paritätisch zusammengesetzten Vertreterversammlung der Berufsgenossenschaften verabschiedet werden, regeln die spezifischen Anforderungen der Branche. Das Arbeitssicherheitsgesetz schreibt die Bestellung von Betriebsärzten und Fachkräften für Arbeitssicherheit vor.
Die Einhaltung des Arbeitsschutzes wird in erster Linie von den Gewerbeaufsichtsämtern überwacht. Daneben stehen die technischen Aufsichts-

beamten der Berufsgenossenschaften, die die spezielle Aufgabe haben, die Einhaltung der Unfallverhütungsvorschriften zu überwachen. Beide besitzen das Recht zur (auch unangemeldeten Betriebsbesichtigung) und zum Erlass verbindlicher Anordnungen. Bei Gefahr im Verzuge können sie sofort vollziehbare Anordnungen treffen. Ziel des gesetzlichen Arbeitsschutzes ist die Vermeidung für nach dem Stand der Wissenschaft objektiv feststellbaren arbeitsbedingten körperlichen und psychischen Schädigungen und Beeinträchtigungen der Gesundheit einschließlich vorbeugender Maßnahmen.

Arbeitssicherheit → *Arbeitsschutz*

Arbeitsstätte

In der Regel ist die Arbeitsstätte der Betrieb. Wenn ein Arbeitnehmer als Außendienstmitarbeiter oder Techniker unterwegs ist oder bei vereinbarter → *Telearbeit* in seinem häuslichen Arbeitszimmer arbeitet, so sind ihm die Kosten vom Arbeitgeber zu erstatten.

Arbeitsstoffe → *Gesundheitsschutz*

Arbeitsunfähigkeit → *Arbeitsverhinderung*

Arbeitsunfall

Erleidet der Arbeitnehmer einen Arbeitsunfall, so hat er grundsätzlich einen Anspruch auf Fortzahlung seines Entgelts. Ein Entgeltfortzahlungsanspruch besteht allerdings dann nicht, wenn der Arbeitnehmer vorsätzlich oder grob fahrlässig Unfallverhütungsvorschriften nicht beachtet hat und dadurch einen Arbeitsunfall oder sogar eine Berufserkrankung provoziert hat. Ansprüche gegen die gesetzliche Unfallversicherung können dennoch selbst bei verbotswidrigem Handeln bestehen.
Schuldhaftes Verhalten kann auch dann vorliegen, wenn der gesundheitlich angeschlagene Arbeitnehmer sich entgegen einem ärztlichen Verbot heilungswidrig verhält und dadurch den Heilungsprozess beeinträchtigt. Für Arbeitsunfälle besteht ein Versicherungsschutz. Unversichert sind so

Arbeitsunfall

genannte eigenwirtschaftliche Tätigkeiten, bei denen private und persönliche Belange im Vordergrund stehen. Übt der Arbeitnehmer allerdings eine Nebentätigkeit aus, kann ein Anspruch auf Entgeltfortzahlung gegen den Arbeitgeber des ersten (Haupt-) Arbeitsverhältnisses durchaus bestehen, wenn die Arbeitsunwilligkeit die Folge eines Unfalls ist, den der Arbeitnehmer in einem zweiten Arbeitsverhältnis erlitten hat. Zu prüfen ist aber, ob andere Bestimmungen, z.B. Arbeitszeitbestimmungen verletzt worden sind. Der Arbeitnehmer hätte dann gegen gesetzliche Bestimmungen verstoßen und auch seine Gesundheit gefährdet.

Arbeitsverhinderung

Für alle Arbeitnehmer besteht ein unabdingbarer gesetzlicher Entgeltanspruch von sechs Wochen bei Krankheit. Die durch Krankheit verursachte Arbeitsunfähigkeit wird gewöhnlich durch ein ärztliches Attest nachgewiesen. In der Regel muss dieses vor Ablauf von drei Kalendertagen nach Beginn der Arbeitsunfähigkeit vorgelegt werden (es sei denn, es bestehen andere tarifliche oder betriebliche Regelungen). Ein Entgeltfortzahlungsanspruch besteht nur bei »unverschuldeter« Krankheit, d.h. dem Arbeitnehmer darf kein leichtfertiges Verhalten vorgeworfen werden können. Dies spielt immer dann eine Rolle, wenn Sportunfälle oder Verkehrsunfälle zur Arbeitsunfähigkeit führen. Der Arbeitnehmer darf seine Kräfte nicht unverhältnismäßig überschätzt haben oder offensichtlich leichtsinnig gewesen sein. Die Beweislast für ein Verschulden des Arbeitnehmers hat in jedem Fall der Arbeitgeber.

Wird der Arbeitnehmer infolge verschiedener Krankheiten wiederholt arbeitsunfähig, so hat er immer wieder einen neuen Entgeltfortzahlungsanspruch von sechs Wochen.

Arbeitsvermittlung

Die Vermittlertätigkeit zwischen Arbeitnehmer, die einen neuen Arbeitsplatz suchen, und Arbeitgebern, die Arbeitskräfte suchen, wurde bis zum In-Kraft-Treten des Beschäftigungsförderungsgesetzes im Jahre 1994 allein von der Bundesanstalt für Arbeit ausgeübt. Das Vermittlungsmonopol der staatlichen Arbeitsvermittlung besteht seither nicht mehr.

(→ *Arbeitsmarktpolitik*)

Arbeitsvertrag

Der individuelle Arbeitsvertrag bezeichnet in der Regel nur den Beginn der Tätigkeit für den neuen Arbeitgeber und die genaue Bezeichnung der Tätigkeit. Neben diesen grundsätzlichen Fragen des »Ab wann?« und »Als was?« regeln Gesetze, Tarifverträge und Betriebsvereinbarungen eine ganze Reihe von Fragen, die im individuellen Arbeitsvertrag nicht geregelt sind. Der Arbeitnehmer sollte darauf achten, dass ein Verweis auf tarifvertragliche Bestimmungen, betriebliche Arbeitszeitregelungen, variable Vergütungssysteme etc. erfolgt. Bei außertariflichen Arbeitnehmern ist jeder Problemkomplex einzeln zu regeln. Bei der Einstellung sollte der Arbeitnehmer Formularverträge genauestens prüfen, da nach Unterzeichnung in der Regel geringe Chancen bestehen, einvernehmlich bestimmte Positionen wieder zu ändern. Selbst wenn im Einzelfall Änderungen durchzusetzen sind, hat der Arbeitgeber Reaktionsmöglichkeiten wie Aufschub einer Beförderung oder Versetzung auf einen anderen Arbeitsplatz (unter Beachtung der Mitbestimmungsrechte).

Der Arbeitgeber behält sich meist vor, den Arbeitnehmer nach seinen betrieblichen Bedürfnissen auf einen anderen Arbeitsplatz einzusetzen und nach dem gültigen Entgeltsystem zu entlohnen. Hier kann es im Interesse des Arbeitnehmers sein, den Arbeitsplatz zu beschreiben und den Ist-Lohn bzw. das Ist-Gehalt zu definieren.

Soweit Angestellte in Leitungsfunktionen nicht von Tarifverträgen erfasst werden, haben sie theoretisch eine größere Verhandlungsmöglichkeit. Faktisch gelten aber auch für diese Personenkreise Funktionsbewertungssysteme, denen Gehaltsgruppen oder Gehaltsbänder zugeordnet sind.

Arbeitsvertrag, befristeter

Die Befristung von Arbeitsverhältnissen ist rechtlich möglich und gewinnt immer größere Bedeutung. Die rechtliche Grundlage bildet heute das Gesetz über Teilzeitarbeit und befristete Arbeitsverträge. Die Befristung ist möglich und zulässig, wenn die Befristung einmalig erfolgt und nicht länger als zwei Jahre dauern soll.

Die Befristung kann kalendermäßig bestimmt werden (zeitliche Befristung) oder aus Art, Zweck oder Beschaffenheit der Arbeitsleistung herrühren (zweckbefristeter Arbeitsvertrag). Ein befristet beschäftigter Arbeitnehmer darf wegen der Befristung des Arbeitsvertrages nicht schlechter behandelt werden als ein vergleichbarer unbefristet beschäftigter Arbeitnehmer, es sei denn, dass sachliche Gründe eine unterschiedliche Behandlung recht-

Arbeitsvertrag, befristeter

fertigen. Zulässig ist die Befristung, wenn ein sachlicher Grund vorliegt. Dieser liegt insbesondere dann vor, wenn

- der betriebliche Bedarf an der Arbeitsleistung nur vorübergehend besteht,
- die Befristung im Anschluss an eine Ausbildung oder ein Studium erfolgt, um den Übergang des Arbeitnehmers in eine Anschlussbeschäftigung zu erleichtern,
- der Arbeitnehmer zur Vertretung eines anderen Arbeitnehmers beschäftigt wird,
- die Eigenart der Arbeitsleistung die Befristung rechtfertigt,
- die Befristung zur Erprobung erfolgt,
- in der Person des Arbeitnehmers liegende Gründe die Befristung rechtfertigen,
- der Arbeitnehmer aus Haushaltsmitteln vergütet wird, die haushaltsrechtlich für eine befristete Beschäftigung bestimmt sind und entsprechend beschäftigt wird oder
- die Befristung auf einem gerichtlichen Vergleich beruht.

Diese gesetzliche Aufzählung sachlicher Gründe ist nicht abschließend. Wird das Arbeitsverhältnis nach Ablauf der Zeit, für die es eingegangen ist, oder nach Zweckerreichung oder nach Eintritt der auflösenden Bedingung mit Wissen des Arbeitgebers fortgesetzt, so gilt es als auf unbestimmte Zeit verlängert, wenn der Arbeitgeber nicht unverzüglich widerspricht oder dem Arbeitnehmer die Zweckerreichung bzw. den Bedingungseintritt nicht unverzüglich mitteilt.

Liegen die Voraussetzungen für die Befristung nicht vor, so gilt der befristete Arbeitsvertrag als auf unbestimmte Zeit geschlossen. Die Rechtsunwirksamkeit einer Befristungsabrede kann vom Arbeitsgericht festgestellt werden. Die Klagefrist beginnt dabei mit dem vereinbarten Ende des befristeten Arbeitsvertrages. Bei der Zweckbefristung beginnt die Klagefrist mit Zugang der schriftlichen Unterlagen über den Zeitpunkt der Zweckerreichung.

Arbeitsvertrag, fehlerhafter

Einzelne Bestimmungen eines Arbeitsvertrages können nichtig sein, weil sie gegen Grundrechte, Gesetze oder Tarifverträge verstoßen. In diesen Fällen ist nicht der gesamte Arbeitsvertrag nichtig, sondern nur einzelne Bestimmungen. An ihre Stelle treten dann die gesetzlichen oder tariflichen Bestimmungen. Hat der Arbeitnehmer z.B. eine einschlägige Vorstrafe verschwiegen und sich als Kassierer beworben, so liegt eine arglistige Täuschung vor. Ein zur Anfechtung durch den Arbeitgeber berechtigender rechtserheblicher Eigenschaftsirrtum über eine Person liegt vor, wenn ganz bestimmte, unbekannt gebliebene Eigenschaften des Arbeitnehmers vorliegen, die nach allgemeiner Auffassung den Arbeitgeber berechtigen, am Arbeitsvertrag nicht festzuhalten.

Arbeitsverweigerung

Wie bei jedem anderen schuldrechtlichen Vertrag kann auch der Arbeitnehmer dem Arbeitgeber gegenüber seine Leistung, nämlich die Arbeit, verweigern, bis ihm die gebührende Gegenleistung (Entgelt und Nebenpflichten) zukommt. Hier sind Arbeitnehmer und Arbeitgeber so gestellt wie Schuldner und Gläubiger. Grundsätzlich besteht deshalb ein Zurückbehaltungsrecht des Arbeitnehmers an seine Arbeitsleistung, wenn der Arbeitgeber ihm nach Arbeitsvertrag, Betriebsvereinbarung oder Tarifvertrag zustehende Ansprüche nicht erfüllt. Die Rechtsprechung stellt jedoch Hürden, die dieses Recht kaum praktisch werden lassen. So müssen Arbeitnehmer erklären, dass sie ein Zurückbehaltungsrecht ausüben und den Grund dafür angeben. Das Zurückbehaltungsrecht soll dann nicht bestehen, wenn es sich nur um geringfügige Differenzen handelt, dem Arbeitgeber bei der Ausübung ein unverhältnismäßiger Schaden entstehen würde oder der Anspruch auf andere Weise duchzusetzen ist. Der Arbeitnehmer, der sich auf sein Zurückbehaltungsrecht beruft, geht also auf jeden Fall ein Risiko ein. Er sollte sich unbedingt durch Betriebsrat und Gewerkschaft beraten lassen. Ggf. gibt es andere wirksamere Durchsetzungsmöglichkeiten. Geht es z.B. um die Durchsetzung tarifvertraglicher Ansprüche, ist der Arbeitgeberverband durch die Gewerkschaft als Tarifvertragspartei an seine Durchführungspflicht zu erinnern. Er hat dann auf den einzelnen Arbeitgeber einzuwirken, der sich nicht tariftreu verhält.

Arbeitszeit

Die Arbeitszeit ist i.d.R. im → *Tarifvertrag* geregelt und in → *Betriebsvereinbarungen* näher ausgestaltet. Das gesetzliche Arbeitszeitrecht ist Mindestschutzrecht.
Dauer und Verteilung der Arbeitszeit waren seit Beginn der industriellen Entwicklung zentraler Bestandteil der gewerkschaftlichen Forderungen und der staatlichen Arbeitsschutzgesetzgebung. Tagesarbeitszeiten von 10, 12 und mehr Stunden führten und führen zu einem frühzeitigen Verschleiß

Arbeitszeit

der Arbeitskraft, verhindern eine Teilnahme am politischen und kulturellen Leben und reduzieren familiäre und soziale Kontakte während der Woche auf ein Minimum.

Das Preußische Regulativ von 1839 beschränkte – verbot nicht etwa – Kinderarbeit z.B. von 9- bis 13-Jährigen auf acht Stunden täglich, von 13- bis 18-Jährigen auf zwölf Stunden täglich. Aber nicht der Schutz der Beschäftigten, sondern die Sorge um die Wehrtauglichkeit der Rekruten war der Motor dieser Arbeitszeitverkürzung. Bis zum ersten Weltkrieg wurde die durchschnittliche Arbeitszeit auf 9½ Stunden täglich reduziert.

Erst durch die Novemberrevolution von 1918 wurde der 8-Stunden-Tag eingeführt, bei sechs Arbeitstagen in der Woche. Die in der Wirtschaftskrise 1923 erstarkten Unternehmer konnten die Straflosigkeit der Annahme »freiwilliger« Mehrarbeit durchsetzen, so dass bald der 8-Stunden-Tag die Ausnahme und der zehnstündige Arbeitstag die Regel wurde.

1927 wurde dies wieder rückgängig gemacht und für die über acht Stunden hinausgehende Arbeit ein Lohnzuschlag von 25 % festgelegt. Die unter dem Nationalsozialismus 1938 eingeführte Arbeitszeitordnung regelte im Wesentlichen die tägliche bzw. wöchentliche Höchstarbeitszeit, die Zahlung eines Mehrarbeitszuschlages, die Lage der Arbeitspausen sowie die Dauer der Ruhezeiten, die Möglichkeit der Schichtarbeit sowie besondere Schutzvorschriften für Frauen. Sie galt im Wesentlichen unverändert noch mehrere Jahrzehnte nach dem Ende des Zweiten Weltkrieges fort.

Besondere Arbeitszeitvorschriften finden sich in der Gewerbeordnung, dem Mutterschutz und Jugendschutzgesetz, dem Ladenschlussgesetz, dem Teilzeit- und Befristungsgesetz sowie in zahlreichen Branchenregelungen (Luftfahrt, Seeschifffahrt, Eisenbahn, Bäckereien etc.).

Der Betriebsrat hat, soweit eine gesetzliche oder tarifliche Regelung nicht besteht, mitzubestimmen – notfalls über die → *Einigungsstelle* – bei

- Beginn und Ende der täglichen Arbeitszeit einschließlich der Pausen,
- der Verteilung der Arbeitszeit auf die einzelnen Wochentage sowie
- vorübergehender Verkürzung oder Verlängerung der betriebsüblichen Arbeitszeit.

Das Mitbestimmungsrecht besteht bei der Einführung von Überstunden, die einen generellen Bezug haben, auch in Einzelfällen und unabhängig von der Frage, ob die Überstunden freiwillig oder nur nach Anordnung geleistet werden. Die Durchführung von Überstunden ist ein ständiger Streitpunkt der betrieblichen Arbeitszeitpolitik, denn regelmäßige Überstunden in bestimmten Bereichen deuten auf Mängel in der Arbeitsorganisation und ggf. die Erforderlichkeit von Neueinstellungen.

Besonders belastende Arbeitszeiten sind die Nacht- und die Schichtarbeit.

Arbeitszeit, flexible

Durch Tarifvertrag und Betriebsvereinbarung kann die Nacht- und Schichtarbeit eingedämmt werden, oder es können – solange Nacht- und Schichtarbeit geleistet wird – die Konsequenzen für die Betroffenen gemildert werden, indem sie Zusatzurlaub oder Freischichten als Kompensation erhalten. Nacht- und Schichtarbeit erhöhen die Anforderungen an eine gute arbeitsmedizinische Betreuung.

Neben der belastenden Form der Nacht- und Schichtarbeit gibt es zahlreiche betriebliche Arbeitszeitmodelle, die jeweils Vor- und Nachteile für Unternehmen und Beschäftigte beinhalten. Dies sind:

- Die gleitende Arbeitszeit, bei der zwar die Dauer der täglichen Arbeitszeit feststeht, der Arbeitnehmer aber Beginn und damit auch Ende unter Berücksichtigung einer bestimmten Kernarbeitszeit selbst bestimmen kann.
- Die → *Teilzeitarbeit* in all ihren Formen.
- Jobsharing, dabei teilen sich zwei oder mehr Arbeitnehmer einen Arbeitsplatz.
- KAPOVAZ, darunter versteht man die kapazitätsorientierte variable Arbeitszeit. Es ist eine Form der Arbeit auf Abruf, bei der ein Bezugszeitraum feststeht, jedoch nicht die konkrete Lage der Arbeitszeit.

Nach dem heute geltenden Arbeitszeitgesetz ist die werktägliche Arbeitszeit im Grundsatz auf 8 Stunden festgelegt, sie kann jedoch auf 10 Stunden ausgedehnt werden, sofern innerhalb eines Ausgleichszeitraumes von 6 Monaten durchschnittlich 8 Stunden werktäglich nicht überschritten werden. Die früher in der Arbeitszeitordnung für Männer und Frauen unterschiedliche Pausenregelung wurde vereinheitlicht. Die Mindestdauer der Ruhepausen beträgt bei einer Arbeitszeit von mehr als 6 bis zu 9 Stunden 30 Minuten, bei einer Arbeitszeit über 9 Stunden rund 40 Minuten. Nach Beendigung der täglichen Arbeitszeit müssen Arbeitnehmer eine ununterbrochene Ruhezeit von mindestens 11 Stunden haben.

Unterschiedliche Behandlung von Männer und Frauen, deren Begründung neben der Schutzfunktion auch immer in umstrittenen »sittlichen« Erwägungen lag, wird durch das heutige Arbeitszeitgesetz aufgehoben. Das Bundesverfassungsgericht hatte das Nachtarbeitsverbot für Frauen in der alten Arbeitszeitordnung beanstandet.

Arbeitszeit, flexible

Die Auseinandersetzung um die Arbeitszeitverkürzung und den Einstieg in die 35-Stunden-Woche endete 1984 mit einem bedeutsamen Kompromiss. Die von den Gewerkschaften geforderte Verkürzung der Arbeitszeit wurde

Arbeitszeit, flexible

nach den Arbeitskämpfen in der Metall- und Druckindustrie durchgesetzt, dafür wurde aber auch die von den Arbeitgeberverbänden geforderte Flexibilisierung der Arbeitszeit akzeptiert. Seither ist nicht nur die Flexibilisierung der Wochenarbeitszeit, sondern insgesamt die Entkopplung der Laufzeit der Maschinen und Anlagen von der persönlichen Anwesenheitszeit der Arbeitnehmer gängige betriebliche Praxis. Tarifverträge und Betriebsvereinbarungen regeln dabei die Chancen und Risiken flexibler Arbeitszeitsysteme.

Arbeitszeitflexibilisierung setzt ein Zeitkonto voraus, das die tägliche, wöchentliche oder saisonale Arbeitszeit festhält. Der Arbeitgeber hat ein Interesse daran, bei geringerem Arbeitsanfall Arbeitskraft nicht abzurufen, um dann bei erhöhtem Auftragsvolumen überstunden- und zuschlagsfrei Arbeit abrufen zu können. Arbeitnehmer setzen eine bestimmte Kontinuität voraus, profitieren aber auch von den Dispositionsspielräumen, die eine variable Gestaltung des Beginns und Endes der täglichen Arbeitszeit einschließlich der Pausen ermöglichen.

In einem klassischen Gleitzeitsystem kann innerhalb eines Arbeitszeitrahmens die individuelle Arbeitszeit unterschiedlich lang sein, es wird allerdings die Anwesenheit während einer Kernarbeitsphase verbindlich geregelt. Eine Erweiterung dieses Prinzips ist das so genannte Ampelkonto. Hier kann Arbeitszeit angesammelt und abgebaut werden, die jeweiligen Grün- und Rot-Phasen signalisieren die Notwendigkeit des zeitlichen Entgegensteuerns. Nur beim Über- oder Unterschreiten einer Null-Linie in einem bestimmten Abstand ist gezieltes Gegensteuern erforderlich. Vergütete Überstunden entstehen dann nur noch bei Überschreitung von definierten Arbeitszeitrahmen. Wird die Null-Marke nur einmal im Jahr erreicht und sind ansonsten Schwankungen innerhalb des langen Ausgleichszeitraumes von einem Jahr möglich, so spricht man von Jahrearbeitszeit. Konsequent ausgeweitet führt das Arbeitszeitkontenmodell zur Erfassung von Lebensarbeitszeiten. Dies ermöglicht den vorzeitigen Ausstieg aus dem Arbeitsleben (durch gezieltes Ansparen), aber auch die längere Unterbrechung durch Langzeiturlaub *(sabbatical)*.

Bei allen diesen Arbeitszeitmodellen gibt es trotz der unterschiedlichen Dauer der Arbeitszeit ein definiertes Gesamtvolumen, das innerhalb eines definierten Rahmens (Ausgleichszeitraum) zu leisten ist. Davon abweichend ist bei der kapazitätsorientierten variablen Arbeitszeit (z.B. im Einzelhandel) allein die abgerufene Arbeitszeit auch bezahlte. Hier gilt es auf die Entgeltzusagen zu achten und im Interesse des Arbeitnehmers bestimmte Mindestzeiten und damit Mindesteinkommen nicht zu unterschreiten sowie Ankündigungsfristen festzulegen.

Vertrauensarbeitszeit bedeutet Abschied von der genauen zeitlichen Erfassung und setzt ein hohes gegenseitiges Vertrauen und vereinbarte betriebliche Spielregeln voraus. Hier werden nur noch Krankheits- und Urlaubstage registriert. Allenfalls ist eine verbindliche Kernarbeitszeit normiert. Die formale Disziplin des »Stundenplans« und der Takt der Uhr werden hier durch Führungssysteme ersetzt, die den Mitarbeiter so in die Abläufe einbinden, dass der Erfolg garantiert ist. Dies kann z.B. durch individuelle oder kollektive Zielvereinbarungen erfolgen. Neben der zeitlichen Flexibilität gibt es die räumliche (Mobilität) und die arbeitsorganisatorische Flexibilität. Produktionsschwankungen können auch dadurch ausgeglichen werden, dass aus einem Pool oder Personaleinsatzbetrieb Arbeitskräfte abgerufen werden, um Arbeitsgruppen, -schichten etc. zu verstärken. Gelegentlich erfolgt dies unter Hinzunahme externer Dienstleister.

Im Interesse der Arbeitnehmer sollten flexible Arbeitszeitmodelle in → *Tarifverträgen* und → *Betriebsvereinbarungen* konkret ausgestaltet werden. Bei auftretenden Problemen kann der Arbeitnehmer dann den Betriebsrat einschalten.

Arbeitszeit, Teilzeit

Arbeitnehmer, deren Arbeitszeit kürzer ist als die der Vollzeitarbeitnehmer, sind teilzeitbeschäftigt. Das Teilzeitarbeitsverhältnis ist ein reguläres Arbeitsverhältnis, und es gelten alle gesetzlichen und tariflichen Regeln zum Schutz des Arbeitnehmers. Teilzeitbeschäftigte dürfen wegen ihrer verkürzten Arbeitszeit nicht diskriminiert werden. Mit dem Teilzeit- und Befristungsgesetz vom 1. Januar 2001 können nunmehr alle Arbeitnehmer (einschließlich der leitenden Angestellten) einen Anspruch auf Teilzeitarbeit geltend machen. Der Arbeitgeber muss dann aber mehr als 15 Vollzeitarbeitnehmer beschäftigen, und der Arbeitnehmer muss länger als sechs Monate beschäftigt sein. Der Teilzeitarbeit dürfen darüber hinaus keine betrieblichen Gründe entgegenstehen (wie z.B. eine Beeinträchtigung der Organisation, des Arbeitsablaufes oder der Sicherheit). Auch unverhältnismäßig hohe Kosten gelten als Sperre für einen Teilzeitwunsch.

Da Teilzeitarbeit immer mit Gehaltseinbußen verbunden ist, ist die angestrebte Teilzeit häufig Wunsch des Arbeitnehmers, das verminderte Entgelt steht jedoch zu einer Realisierung entgegen.

Eine besondere Variante der Teilzeitbeschäftigung ist die geringfügige Beschäftigung. Bei kurzfristiger Beschäftigung von bis zu zwei Monaten oder fünfzig Arbeitstagen im Jahr (vertraglich vereinbart) besteht keine Beitrags-

Arbeitszeit, Teilzeit

pflicht zur Sozialversicherung. Für Arbeitnehmer, deren Arbeitsentgelt insgesamt 325 Euro nicht übersteigt, werden vom Arbeitgeber pauschale Beiträge abgeführt.

Arbeitszeitkonto → *flexible Arbeitszeit*

Arbeitszimmer

Wenn der Arbeitnehmer Muster, Werbematerialien oder Arbeitsmittel zu Hause lagert oder in seinem häuslichen Arbeitszimmer Tätigkeiten für das Unternehmen verrichtet, so ist der Arbeitgeber zur Erstattung der Aufwendungen verpflichtet. Dies gilt auch für die → *Telearbeit*, bei der der Ort der Erbringung der Arbeitsleistung in den häuslichen Bereich verlagert wird.

Arzt

Beschäftigte in Krankenhäusern und Pflegeeinrichtungen erbringen ihre Arbeitsleistungen unter Umständen nicht in einem Arbeitsverhältnis, sondern in einem mitgliedschaftlichen Verhältnis (z.B. katholische Orden, evangelische Diakonie). Die angestellten Ärzte und die Angehörigen des so genannten Pflegepersonals im Anstellungsverhältnis unterliegen zweifelsfrei dem Arbeitsrecht. Das arbeitsrechtliche Weisungsrecht ist für Ärzte eingeschränkt, da nur fachliche Vorgesetzte (ärztliche Direktoren) medizinische Eingriffe anordnen können. Die Krankenhaus- oder Pflegeheimleitung hat nur disziplinarische Vorgesetztenfunktion.
Betriebsärzte können als Arbeitnehmer oder freiberuflich beschäftigt werden.
Die Tätigkeit eines Chefarztes steht der Annahme eines Arbeitsverhältnisses nicht entgegen, ein Chefarzt wird aber häufig leitender Angestellter sein. Das Liquidationsrecht des Chefarztes mit bestimmten Patienten folgt dem medizinischen Behandlungsvertrag und berührt nicht den Arbeitsvertrag.
Die Schweigepflicht des Arztes, die sich aus dem Behandlungsvertrag mit dem Patienten ergibt, hat ihren Grund im Schutz der Individualsphäre des Patienten. Sie gilt auch für den Betriebsarzt.

Arztbesuch

Für den Arztbesuch oder die ambulante Behandlung besteht Anspruch auf Entgeltfortzahlung, wenn der Arbeitnehmer während dieser Zeit arbeitsunfähig erkrankt ist. Es kann auch ein Einspruch wegen vorübergehender Dienstverhinderung aus persönlichen Gründen in Betracht kommen.

Aufhebungsvertrag

Ein Aufhebungsvertrag, der die einvernehmliche Beendigung des Arbeitsverhältnisses regelt, ist grundsätzlich jederzeit möglich und bedarf der Schriftform. Der Aufhebungs- oder Auflösungsvertrag beendet einvernehmlich das Arbeitsverhältnis ohne Kündigung, während der Abwicklungsvertrag nach vorausgegangener Kündigung geschlossen wird und lediglich die Folgen regelt. Rechtlich gilt der Grundsatz der Vertragsfreiheit. Bedingt durch die strukturelle Überlegenheit des Arbeitgebers kann der einzelne Arbeitnehmer ein Abfindungsangebot mit einem formularmäßigen Aufhebungsvertrag, der ihm zur Unterzeichnung vorgelegt wird, als Druck empfinden und sollte sich deshalb an den Betriebsrat oder seine Gewerkschaft wenden.

Aufsichtsrat → Mitbestimmungsgesetz 1976 und → Montanmitbestimmung

Ausbildung → Berufsausbildung

Ausgleichsquittung

Bei der Aufhebung (→ *Aufhebungsvertrag*) oder → *Kündigung* des Arbeitsvertrages regeln Arbeitgeber und Arbeitnehmer die zwischen ihnen bestehenden Beziehungen i.d.R. so, dass durch eine Ausgleichsquittung Folgestreitigkeiten vermieden werden sollen. Die Ausgleichsquittung ist daher für die Abwicklung des Arbeitsverhältnisses von großer Bedeutung. Mit der Schuldrechtsreform, nach der wesentliche Bestimmungen des BGB geändert wurden, wird man die Ausgleichsquittung aber künftig in einem anderen Licht betrachten. Der Arbeitnehmer ist wie der Kunde beim

Ausgleichsquittung

Haustürgeschäft in der Situation des unterlegenen Verbrauchers, der dem überlegenen Arbeitgeber u.U. ohne gründliche Überlegung Inhalte bestätigt oder bescheinigt, die er eigentlich überdenken möchte. Soweit der Ausgleichsquittung eine Verzichtsfunktion oder eine negative Schuldanerkenntnis zukommt, so wird auch hier – wie etwa nach einem Verkehrsunfall – die in der Kündigungssituation akzeptierte Haltung des Arbeitnehmers möglicherweise nach reichlicher Überlegung oder rechtlicher Beratung überdacht.

Der Arbeitnehmer bestätigt mit der Ausgleichsquittung den Erhalt der Entgeltabrechnung und der Arbeitspapiere sowie den Erhalt eines Zeugnisses. Der Arbeitgeber kann etwa Firmenunterlagen oder Dienstwagen, Werkzeug und Büroschlüssel erhalten und den Erhalt quittieren. Während diese Inhalte unproblematisch sein sollten, so kommt der Ausgleichsquittung immer dann der bedenkliche Beigeschmack der Handlung unter Druck zu, wenn Aussagen zum Verzicht auf Kündigungsschutzklage oder gar zum Verzicht auf Rechte aus Betriebsvereinbarungen und Tarifverträgen gemacht werden. Wichtig ist deshalb, eine Wiederrufsklausel in die Ausgleichsquittung aufzunehmen, nach der der Arbeitnehmer das Recht hat, die Ausgleichsquittung nach einer bestimmten Frist zu widerrufen. Grundsätzlich sollten Auslegungsunklarheiten durch Aufzählung der geregelten Gegenstände vermieden werden. Bestimmte Ansprüche gelten als unverzichtbar, so z.B. der Urlaubsanspruch oder der Zeugnisanspruch.

Es ist nach wie vor streitig, wie weit die Aufklärungspflicht des Arbeitgebers geht. Es sollte jedoch außer Zweifel stehen, dass in besonderen Situationen (Schwangerschaft) oder beim Fehlen bestimmter Qualifikationen (Sprachkompetenz bei ausländischen Arbeitnehmern) ein hoher Maßstab anzulegen ist.

Eine Anfechtung der Ausgleichsquittung kommt dann in Betracht, wenn der Arbeitgeber mit widerrechtlichen Drohungen oder arglistiger Täuschung gearbeitet hat. Ausländische Arbeitnehmer könnten etwa auch wegen Irrtums anfechten, weil sie wegen sprachlicher Schwierigkeiten nicht in der Lage waren, weitreichende Konsequenzen zu erkennen.

Aushilfskräfte

Aushilfskräfte sind zur Deckung eines vorübergehenden Mehrbedarfs an Arbeitskräften eingestellt. Das Arbeitsverhältnis ist daher nicht auf Dauer angelegt. Die nur vorübergehend beabsichtigte Beschäftigung ist dem Arbeitsvertrag durch die so genannte »Aushilfsklausel« deutlich auszuweisen. Wird das Aushilfsarbeitsverhältnis über die Dauer von drei Monaten hinaus fortgesetzt, werden Vereinbarungen über Kündigungsfristen unwirksam, wenn sie den gesetzlichen Kündigungsfristen widersprechen.

Ausländer → *Arbeitserlaubnis*

Auslandsentsendung

Bei der Entsendung eines Arbeitnehmers in eine Niederlassung oder in ein Tochterunternehmen des gleichen Arbeitgebers im Ausland wird kein Arbeitsverhältnis mit der ausländischen Tochtergesellschaft begründet. Die Auslandsentsendung ist vorübergehend und i.d.R. zeitlich befristet. Neben der Auslandsentsendung (für eine längere Dauer) gibt es den befristeten Einsatz des Arbeitnehmers (i.S. einer Abordnung) für eine kurze Zeit im Rahmen von Projekt- oder Montagearbeiten. Die Grenzen zwischen Auslandsentsendung und Kurzeinsätzen werden in Unternehmen unterschiedlich definiert. Bei der Auslandsentsendung ist i.d.R. eine Vereinbarung über zusätzliche Bezüge oder Auslandszulagen zu treffen. I.d.R. erleichtert der Arbeitgeber den Auslandseinsatz durch Übernahme von Mietkosten und sonstigen regelmäßigen Ausgaben im Heimatland und hilft bei der Unterbringung und der schulischen Integration der Kinder und in einigen Fällen auch bei der beruflichen Integration des Partners. Zu regeln ist ferner das Rückkehrrecht sowie der Sonderfall der vorzeitigen Beendigung des Auslandseinsatzes. Außerhalb des Euro-Gebietes ist darüber hinaus festzulegen, in welcher Währung das Arbeitsentgelt ausgezahlt wird und ob die weiteren Sachleistungen der Auslandstochter oder die des entsendenden Unternehmens für die Dauer des Auslandseinsatzes zur Anwendung kommen.

Außertarifliche Angestellte → *Angestellte*

Aussperrung → *Arbeitskampf*

Aussperrung, kalte → *Arbeitskampf*

Auszubildende → *Berufsausbildung*

Beamte

Im öffentlichen Dienst kann der Arbeitgeber bzw. Dienstherr zur Erfüllung der Aufgaben das Personal entweder als Beamte oder als Angestellte bzw. Arbeiter beschäftigen. Art. 33 Abs. 4 GG bestimmt, dass mit der Durchführung hoheitlicher Aufgaben Personen beauftragt werden, die in einem »öffentlich-rechtlichen Dienst- und Treueverhältnis« stehen. Eine gesetzliche Definition, was Hoheitsaufgaben sind, fehlt jedoch.
Die Rechtsverhältnisse der Beamten sind in Bund und Ländern durch spezielle Beamtengesetze ausgestaltet. Daneben gilt das deutsche Richtergesetz für Richter und das Soldatengesetz für Soldaten.
Bei der Einstellung in den öffentlichen Dienst ist nur nach Eignung, Befähigung und fachlicher Leistung zu entscheiden. Das Abstellen auf politische, religiöse bzw. weltanschauliche Bekenntnisse oder auf rassische bzw. Geschlechtsmerkmale ist ausdrücklich untersagt. Die Bewerber sollen sich durch ihr gesamtes Verhalten zur freiheitlich demokratischen Grundordnung bekennen.

Beförderung

Im Beamtenrecht und in einigen am Beamtenrecht orientierten Tarifverträgen wird der Aufstieg in höhere Positionen durch Beförderungsregeln bestimmt. Voraussetzung für eine Beförderung ist Eignung, Befähigung und fachliche Leistung. Eine so genannte Regelbeförderung, nach der Inhaber des Eingangsamtes einen Anspruch auf Beförderung genießen, gibt es schon seit längerem nicht mehr (beseitigt durch Haushaltsstrukturgesetz aus dem Jahre 1975). Führungspositionen werden i.d.R. heute auch im öffentlichen Dienst auf Probe eingeräumt. Entscheidend für die Beförderung ist die Beurteilung durch den Vorgesetzten. Sie soll sich auf geistige Veranlagung, Charakter, Bildungsstand, Arbeitsleistung, soziales Verhalten und Belastbarkeit beziehen.

Belegschaftsaktie → *Mitarbeiterbeteiligung*

Bereitschaftsdienst → *Arbeitsbereitschaft*

Berufsausbildung

Die Berufsausbildung ist neben der beruflichen Fortbildung und der beruflichen Umschulung im Berufsbildungsgesetz geregelt. Kennzeichnend für das deutsche System der Berufsausbildung ist das duale Prinzip, d.h. die Aufteilung auf den schulischen Teil und auf den betrieblichen Teil. Der betriebliche Teil beruht auf einer privatrechtlichen Vertragsbeziehung zwischen Auszubildenden und Ausbildenden. Der schulische Teil ist durch die Schulgesetze der Bundesländer geregelt.
Sonderbestimmungen für Handwerksberufe finden sich in der Handwerksordnung.
Auszubildende sind in der Kranken-, Renten-, Pflege- und Unfallversicherung kraft Gesetzes versichert. Sie sind ebenfalls in der Arbeitslosenversicherung (→ *Arbeitslose*) versichert.
Alle staatlich anerkannten Ausbildungsberufe werden vom Bundesinstitut für Berufsbildung regelmäßig veröffentlicht. Ausbilder müssen persönlich und fachlich geeignet sein, d.h. die erforderlichen beruflichen und arbeitspädagogischen Fertigkeiten und Kenntnisse besitzen.
Zwingend erforderlich für den Abschluss der Ausbildung sind mindestens eine bestandene Zwischenprüfung sowie eine bestandene Abschlussprüfung. Nach bestandener Prüfung ist ein Zeugnis auszustellen. Bei Nichtbestehen kann die Abschlussprüfung zweimal wiederholt werden. Auszubildende können die Berufsberatung und die Ausbildungsvermittlung der Bundesanstalt für Arbeit in Anspruch nehmen.

Berufsausbildungsvertrag

Nach dem Berufsbildungsgesetz (BBiG) hat derjenige, der einen anderen zur Berufsausbildung einstellt, mit dem Auszubildenden einen Berufsausbildungsvertrag zu schließen. Auf dem Berufsausbildungsvertrag sind, soweit sich aus seinem Wesen und Zweck und aus dem BBiG nichts anderes ergibt, die für den → *Arbeitsvertrag* geltenden Rechtsvorschriften und Rechtsgrundsätze anzuwenden. Eine Vereinbarung, die den Auszubildenden für die Zeit nach Beendigung des Berufsausbildungsverhältnisses in der Ausübung seiner beruflichen Tätigkeiten beschränkt, ist nichtig.

Berufsausbildungsvertrag

Der Ausbildende hat dafür zu sorgen, dass dem Auszubildenden die Fertigkeiten und Kenntnisse vermittelt werden, die zum Erreichen des Ausbildungszieles erforderlich sind, und die Berufsausbildung in einer durch ihren Zweck gebotenen Form planmäßig, zeitig und sachlich gegliedert so durchzuführen, dass das Ausbildungsziel in der vorgesehenen Ausbildungszeit auch erreicht werden kann. Dem Auszubildenden sind die Ausbildungsmittel kostenlos zur Verfügung zu stellen und der Besuch der Berufsschule zu ermöglichen. Dem Auszubildenden dürfen nur Verrichtungen übertragen werden, die dem Ausbildungszweck dienen und die körperlichen Kräfte nicht übersteigen. Für die Teilnahme am Berufsschulunterricht und an den Prüfungen ist der Auszubildende freizustellen.

Der Ausbildende hat dem Auszubildenden eine angemessene Vergütung zu gewähren.

Das Berufsausbildungsverhältnis beginnt mit der Probezeit. Diese muss mindestens einen Monat und darf höchstens drei Monate betragen. Das Berufsausbildungsverhältnis endet mit dem Ablauf der Ausbildungszeit.

Eine Ausbildungsordnung kann festlegen, dass die Berufsausbildung in geeigneten Einrichtungen außerhalb der Ausbildungsstätte durchgeführt wird, wenn und soweit es die Berufsausbildung erfordert.

In den anerkannten Ausbildungsberufen werden Abschlussprüfungen durchgeführt. Über die Zulassung zur Abschlussprüfung entscheidet ein Prüfungsausschuss.

Berufskrankheit → *Gesundheit*

Berufsunfähigkeit → *Erwerbsfähigkeit, verminderte*

Beschäftigung, geringfügige

Es gilt nunmehr einheitlich in Ost- und Westdeutschland eine Geringfügigkeitsgrenze von 325 € monatlich. Der Arbeitgeber muss bei Beschäftigungsverhältnissen unterhalb dieser Arbeitsentgeltgrenze pauschal 12 % des Arbeitsentgelts an die Renten- und grundsätzlich pauschal 10 % an die Krankenversicherung als Beiträge einzahlen. Wenn der Arbeitnehmer nur Arbeitsentgelt aus geringfügiger Beschäftigung erhält, für das der Arbeitgeber den Pauschalbeitrag zur Rentenversicherung zahlt, ist dies steuerfrei, sofern die Summe der anderen Einkünfte des Arbeitnehmers im Kalenderjahr nicht positiv im steuerrechtlichen Sinn ist. Der Arbeitnehmer hat dem Arbeitgeber dafür eine Freistellungsbescheinigung vorzulegen. Alle geringfügigen Arbeitsverhältnisse müssen wie andere Arbeitsverhältnisse auch der Sozialversicherung gemeldet werden, d.h. auch für geringfügige Beschäftigungen mit einem monatlichen Verdienst bis zu 325 € gilt das normale Meldeverfahren (An-, Ab- und Jahresmeldungen).

Die Meldungen sind bei der Krankenkasse einzureichen, bei der der Arbeitnehmer versichert ist oder zuletzt versichert war. Auch geringfügig beschäftigte Arbeitnehmer in privaten Haushalten sind in das allgemeine Meldeverfahren einbezogen.

Beschwerderecht

Die Beschwerde eines Arbeitnehmers kann vom Betriebsrat zum Anlass genommen werden, die Einigungsstelle anzurufen, um die Meinungsverschiedenheiten zwischen Arbeitgeber und Arbeitnehmer zu beseitigen. Jeder Arbeitnehmer hat das Recht, sich bei den zuständigen Stellen des Betriebes zu beschweren, wenn er sich vom Arbeitgeber oder vom Arbeitnehmer des Betriebes benachteiligt oder ungerecht behandelt oder in sonstiger Weise beeinträchtigt fühlt. Wegen der Erhebung einer Beschwerde dürfen dem Arbeitnehmer keine Nachteile entstehen.

Betrieb

Im produzierenden Gewerbe ist der Begriff des Betriebes leichter abzugrenzen als in der Dienstleistungsbranche. Im betriebsverfassungsrechtlichen Sinne kommt es auf die Zuordnung zu Wahlbetrieben an, die für die → *Betriebsratswahl* maßgeblich sind.

Betriebsänderung

In Betrieben mit in der Regel mehr als zwanzig wahlberechtigten Arbeitnehmern hat der Arbeitgeber den Betriebsrat über »geplante Betriebsänderungen«, die wesentlichen Nachteile für die Belegschaft oder erhebliche Teile der Belegschaft zur Folge haben können, rechtzeitig und umfassend zu unterrichten und die geplanten Betriebsänderungen mit dem Betriebsrat zu beraten. Das BetrVG zählt in § 111 Satz 3 folgende Fälle auf:

Betriebsänderung

- Einschränkung und Stilllegung des ganzen Betriebes oder von wesentlichen Betriebsteilen,
- Verlegung des ganzen Betriebes oder von wesentlichen Betriebsteilen,
- Zusammenschluss mit anderen Betrieben oder Spaltung von Betrieben,
- grundlegende Änderungen der Betriebsorganisation, des Betriebszwecks oder der Betriebsanlagen sowie
- Einführung grundlegend neuer Arbeitsmethoden und Fertigungsverfahren.

Betriebsbuße

Die Betriebsbuße ist eine Sanktionsmaßnahme bei Pflichtverletzungen des Arbeitnehmers, die heute an Bedeutung verloren hat. Sie ist in manchen → *Arbeitsordnungen* noch vorgesehen.

Betriebsjustiz

Will der Arbeitgeber eine Strafe verhängen, die über eine Abmahnung hinaus geht, also z.B. einen Verweis oder eine Geldbuße, so ist dies nur unter Einhaltung bestimmter Voraussetzungen möglich:

- Es muss eine → *Arbeitsordnung* oder Betriebsordnung bestehen, die auf einem Tarifvertrag fußt oder zwischen Arbeitgeber und Betriebsrat als → *Betriebsvereinbarung* vereinbart ist.
- Die Tatbestände, die eine Betriebsbuße rechtfertigen sollen, müssen genau bezeichnet sein.
- Der Rahmen der Betriebsbuße muss genau bestimmt sein.
- Es muss ein recht staatliches Verfahren vorgesehen und eingehalten werden, in dem insbesondere rechtliches Gehör gewährt wird und eine Vertretung zugelassen wird.
- Das schuldhafte Verhalten muss zweifelsfrei nachgewiesen werden und wegen desselben Sachverhaltes dürfen nicht mehrere Verfahren durchgeführt werden.
- Die Geldbuße darf einen halben, in schweren Fällen einen vollen Tagesverdienst nicht überschreiten.
- Hinweis auf Sanktionen sind nach spätestens zwei Jahren aus der Personalakte zu tilgen.
- Der Betriebsrat muss auch bei der Verhängung der einzelnen Betriebsbußen zustimmen, z.B. die Hälfte der Sitze in einem Entscheidungsgremium einnehmen.

- Die Sanktion darf nicht gegen die Menschenwürde verstoßen, z.B. Veröffentlichung am schwarzen Brett oder im hauseigenen Intranet
- Die Anfechtung der Sanktion vor dem → *Arbeitsgericht* muss möglich bleiben.

Fehlt es an einer dieser Voraussetzungen, so ist die Maßnahme unzulässig. Berücksichtigt man, dass der größte Teil der geahndeten Verstöße Diebstähle sind, so würde ein strafrechtliches Verfahren wie folgt ablaufen: Vernehmung durch die Polizei, Aufklärung und Anklage durch die Staatsanwaltschaft, Gerichtsverfahren mit Urteil. Die Betriebsjustiz kann für Arbeitgeber und Arbeitnehmer bei innerbetrieblicher Lösung eine im Betrieb begangene Tat »entkriminalisieren«. Unternehmen vermeiden eine negative Wirkung in der Außendarstellung. Die Überlegenheit des Arbeitgebers gegenüber dem schutzbedürftigen Arbeitnehmer kann aber im Einzelfall die »normale« Behandlung der Straftat im Betrieb durch Polizei und Justiz nahelegen. Generelle Aussagen sind nur schwer zu treffen. Betriebliche Institutionen, die der Gefahrenabwehr dienen, sind die Konzernrevision, die Konzernsicherheit und in der Produktion der Werkschutz. Für Beamte kommen eigenständige Sanktionsnormen nach der Bundesdisziplinarordnung hinzu.

Betriebsrat

Der Betriebsrat, die Interessenvertretung der Arbeitnehmer im Betrieb, wird für vier Jahre gewählt. Ausnahmen empfehlen sich dann, wenn durch betriebliche Umorganisation Betriebsräte entfallen und neue entstehen, die dann mit einer verkürzten Periode den Takt der regelmäßigen bundesweiten Betriebsratswahlen (zuletzt März–Mai 2002) erreichen. Betriebsräte genießen Kündigungsschutz und können nur durch ein Amtsenthebungsverfahren bei Vorliegen bestimmter Pflichtverletzungen des Amtes enthoben werden.

Nach dem in der Bundesrepublik Deutschland ausgeprägten System der dualen Interessenvertretung ist die Interessenvertretung gegenüber dem Arbeitgeberverband Sache der Gewerkschaft und gegenüber dem einzelnen Arbeitgeber Sache der betrieblichen Interessenvertretung. Zu den Aufgaben der Gewerkschaft kann es gehören, dass ggf. unter Androhung oder auch mit Hilfe eines → *Arbeitskampfes* ein Tarifvertrag durchgesetzt wird. Für den Betriebsrat besteht ein Arbeitskampfverbot. Er setzt seine Forderungen auf dem Verhandlungswege oder ggf. über die → *Einigungsstelle* durch.

Das Betriebsratsamt ist ein Ehrenamt. Betriebsratsmitglieder sollen weder Nachteile noch Vorteile durch die Ausübung ihrer Funktion erlangen. Der Betriebsrat erhält Ersatz für seine Aufwendungen und Auslagen.

Betriebsrat

In größeren Betrieben können Betriebsräte von ihrer beruflichen Tätigkeit freigestellt werden. Dafür sieht § 38 BetrVG eine bestimmte Staffel vor:

200 bis 500 Arbeitnehmer – 1 Betriebsratsmitglied
501 bis 900 Arbeitnehmer – 2 Betriebsratsmitglieder
901 bis 1500 Arbeitnehmer – 3 Betriebsratsmitglieder
1501 bis 2000 Arbeitnehmer – 4 Betriebsratsmitglieder
2001 bis 3000 Arbeitnehmer – 5 Betriebsratsmitglieder
3001 bis 4000 Arbeitnehmer – 6 Betriebsratsmitglieder
4001 bis 5000 Arbeitnehmer – 7 Betriebsratsmitglieder
5001 bis 6000 Arbeitnehmer – 8 Betriebsratsmitglieder
6001 bis 7000 Arbeitnehmer – 9 Betriebsratsmitglieder
7001 bis 8000 Arbeitnehmer – 10 Betriebsratsmitglieder
8001 bis 9000 Arbeitnehmer – 11 Betriebsratsmitglieder
9001 bis 10000 Arbeitnehmer – 12 Betriebsratsmitglieder

In Betrieben mit über 10000 Arbeitnehmern ist für je angefangene weitere 2000 Arbeitnehmer ein weiteres Betriebsratsmitglied freizustellen. Freistellungen können auch in Form von Teilfreistellungen erfolgen, dann arbeitet der Arbeitnehmer weiterhin in seinem Beruf und ist anteilig freigestellt.

Durch Tarifvertrag oder Betriebsvereinbarung können anderweitige Regelungen über die Freistellung vereinbart werden.

Bei freigestellten Betriebsratsmitgliedern kann die Anpassung des laufenden Arbeitsentgeltes ein Problem werden, denn vergleichbare Arbeitnehmer im Betrieb haben sich bereits beruflich fortentwickelt. Betriebliche Regelungen sehen deshalb vor, dass freigestellte Betriebsratsmitglieder unter Verweis auf Vergleichspersonen ebenfalls Aufstiegsmöglichkeiten und Entgeltentwicklungen gewährt bekommen, die ihrer eigenen beruflichen Entwicklung entsprochen hätten, wenn sie nicht das Betriebsratsamt angetreten hätten.

Nicht freigestellte Betriebsratsmitglieder melden sich für Betriebsratssitzungen, Betriebs- und Abteilungsversammlungen, Betriebsbesichtigungen der Gewerbeaufsichtsbeamten, Unfalluntersuchungen, Verhandlungen mit dem Arbeitgeber, Besprechungen mit der Gewerkschaft, Teilnahme an einem grundsätzlichen Rechtsstreit, Sprechstunden und Ausschusssitzungen des Betriebsrates usw. beim zuständigen Arbeitgeber ab.

Betriebsratsmitglieder haben das Recht, die erforderlichen Sachmittel bereitgestellt zu bekommen. Dies kann im Kleinbetrieb das Schreibmaterial und ein Telefon sein, bei mittleren und großen Betrieben ist dies das Betriebsratsbüro mit der notwendigen technischen Ausstattung und unter Umständen dem angestellten Personal des Betriebsrates, Gesamtbetriebsrates oder Konzernbetriebsrates.

Betriebsrat

Der Arbeitgeber muss auch die vom Betriebsrat benötigte Literatur bezahlen. Dies ist insbesondere ein gängiger Kommentar wie z.B. Däubler/Kittner/Klebe (Hrsg.) – Betriebsverfassungsgesetz und eine Zeitschrift wie z.B. die Zeitschrift »Arbeitsrecht im Betrieb«. Der Betriebsrat sollte auch eine Sammlung arbeitsrechtlicher Gesetze wie die von Kittner herausgegebene »Arbeits- und Sozialordnung« auf dem jeweils neuesten Stand und das Handwörterbuch »Betriebsratspraxis von A bis Z« von Christian Schoof besitzen.

Auch über die aktuelle Politik und Rechtsprechung sollten Betriebsräte informiert sein. Eine Zeitung wie das »Handelsblatt« und die Monatszeitschrift »Arbeit und Recht« gehören neben Veröffentlichungen der Gewerkschaften sicher zum Mindeststandard.

In europaweit tätigen Unternehmen empfiehlt sich der Informationsdienst EuroAS.

Der Betriebsrat hat Informationsrechte gegenüber dem Arbeitgeber und kann die Herausgabe von Unterlagen verlangen.

Betriebsräte haben Anspruch auf bezahlte Freistellung von der Arbeit zur Erlangung von notwendigen Kenntnissen. Widerspricht der Arbeitgeber der Teilnahme an einer Schulungsveranstaltung, weil nach Auffassung des Arbeitgebers keine »Kenntnisse« in diesem Sinne vermittelt werden, so hindert dies das Betriebsratsmitglied nicht an der Teilnahme.

Rein gewerkschaftspolitische Themen oder die Vermittlung staatsbürgerlichem Wissens werden von der Rechtsprechung in der Regel nicht anerkannt. Hier gibt es aber Fortbildungsmöglichkeiten auf der Grundlage der Bildungsurlaubsgesetze der Länder.

Betriebsratsmitglieder dürfen sich als Arbeitnehmer (auch an herausgehobener Stelle z.B. als Streikposten) an Arbeitskämpfen beteiligen – dem Organ Betriebsrat ist die Beteiligung an oder der Aufruf zu einem gewerkschaftlichen Streik nicht möglich. Neben dieser Friedenspflicht gilt für den Betriebsrat das Verbot der parteipolitischen Betätigung. Wie bei der gewerkschaftlichen Betätigung gibt es allerdings auch hier keine Einschränkungen für das Individuum, also das einzelne Betriebsratsmitglied.

Der Betriebsrat wacht über die Einhaltung aller zu Gunsten der Arbeitnehmer erlassenen Gesetze, Verordnungen, Unfallverhütungsvorschriften, Tarifverträge und Betriebsvereinbarungen. Neben diesem Überwachungsrecht hat er eine ganze Reihe von Beteiligungsrechten. Dies sind Informations-, Vorschlags-, Anhörung- und Beratungsrechte, aber auch echte Mitbestimmungsrechte.

Echte Mitbestimmungsrechte hat der Betriebsrat vor allem im sozialen Bereich. § 87 BetrVG zählt sie auf:

Betriebsrat

- Fragen der Ordnung des Betriebes und des Verhaltens der Arbeitnehmer im Betrieb,
- Beginn und Ende der täglichen Arbeitszeit einschließlich der Pausen sowie Verteilung der Arbeitszeit auf die einzelnen Wochentage,
- vorübergehende Verkürzung oder Verlängerung der betriebsüblichen Arbeitszeit,
- Zeit, Ort und Art der Auszahlung der Arbeitsentgelte,
- Aufstellung allgemeiner Urlaubsgrundsätze und des Urlaubsplans,
- Einführung und Anwendung von technischen Einrichtungen, die dazu bestimmt sind, das Verhalten oder die Leistung der Arbeitnehmer zu überwachen,
- Regelung über die Verhütung von Arbeitsunfällen und Berufskrankheiten,
- Form, Ausgestaltung und Verwaltung von Sozialeinrichtungen,
- Zuweisung und Kündigung von Wohnräumen die den Arbeitnehmern mit Rücksicht auf das Bestehen eines Arbeitsverhältnisses vermietet werden,
- Fragen der betrieblichen Lohngestaltung,
- Festsetzung der Akkord- und Prämiensätze und vergleichbarer leistungsbezogener Entgelte, einschließlich der Geldfaktoren,
- Grundsätze über das betriebliche Vorschlagswesen und
- Grundsätze über die Durchführung von Gruppenarbeit.

In all diesen Fragen entscheidet die → *Einigungsstelle*, wenn es nicht zu einer Einigung zwischen Arbeitgeber und Betriebsrat kommt.

Freiwillige Betriebsvereinbarungen können getroffen werden
- zur Verhütung von Arbeitsunfällen und Gesundheitsschädigungen,
- zur Förderung des betrieblichen Umweltschutzes,
- zur Errichtung von Sozialeinrichtungen,
- zur Förderung der Vermögensbildung und
- zur Integration ausländischer Arbeitnehmer sowie zur Bekämpfung von Rassismus und Fremdenfeindlichkeit im Betrieb.

Die Aufstellung von Sozialplänen bei Betriebsänderung unterliegt der vollen Mitbestimmung des Betriebsrates. Bei Einstellung, Eingruppierung, Umgruppierung oder Versetzung eines Arbeitnehmers kann der Betriebsrat seine Zustimmung verweigern, und der Arbeitgeber muss das → *Arbeitsgericht* einschalten, um die Blockade des Betriebsrates aufzuheben. Auch vor einer → *Kündigung* ist der Betriebsrat anzuhören.

In Angelegenheiten der vollen Mitbestimmung ersetzt der Spruch der → *Einigungsstelle* die fehlende Einigung zwischen Arbeitgeber und Betriebsrat und wirkt wie eine → *Betriebsvereinbarung*.

Betriebsrat, Geschichte

Die Forderung nach einer betrieblichen Interessenvertretung der Arbeitnehmer reicht bereits in die Zeit der bürgerlichen Revolution von 1848 zurück. Der »Frankfurter Nationalversammlung« lag ein Vorschlag vor, in den Fabriken Ausschüsse zu wählen, denen neben Vertreter der Arbeiter und der Meister auch der Firmeninhaber oder sein Stellvertreter angehören sollten. Nach der Niederlage der bürgerlichen Revolution konnte die in den sechziger Jahren des 19. Jahrhunderts erstarkende Arbeiterbewegung im Ruhr-Bergbau, im mitteldeutschen Braunkohle-Revier und in Teilen Schlesiens erfolgreich Massenstreiks um höhere Löhne und bessere Arbeitsbedingungen durchführen, die dann schließlich 1905 zur Bildung obligatorischer Arbeiterausschüsse im Bergbau führten.

Die Arbeiterbewegung lehnte diese mit geringen Kompetenzen ausgestatteten, sozial friedlichen und gegen die gewerkschaftliche und überbetriebliche Interessenvertretung gerichteten Gremien ab.

Die gewerkschaftliche »Burgfriedenpolitik« im 1. Weltkrieg erleichterte allerdings die Einführung des »Gesetzes über den vaterländischen Hilfsdienst« von 1916, durch das für Arbeiter und Angestellte in der gesamten gewerblichen Wirtschaft Ausschüsse errichtet wurden. Damit wurde das Ziel verfolgt, durch Gewährung beschränkter betrieblicher Beschwerde- und Anhörungsrechte die Belegschaften für die Kriegsproduktion einzuspannen. Im Verlauf des Krieges bildeten sich dann allerdings auch Arbeiterräte, die insbesondere nach den Massenstreiks in der Rüstungsindustrie Anfang 1918 die Forderung nach Beendigung des Krieges und Anerkennung der Vereinigungsfreiheit erhoben.

Die mit dem Aufstand der Kieler Matrosen beginnende Novemberrevolution von 1918 ließ in zahlreichen Städten Arbeiter- und Soldatenräte entstehen, deren Anspruch auf Selbstverwaltung weit über den Betrieb hinausging. Das Rätesystem fand aber auch für den Betrieb seinen Niederschlag in der Weimarer Reichsverfassung von 1919.

Das Betriebsrätegesetz von 1920 räumte dem Betriebsrat zahlreiche Mitbestimmungsrechte ein, blieb aber weit hinter den Forderungen der Rätebewegung zurück.

Der Nationalsozialismus hob nach der Zerschlagung der Gewerkschaften im Jahre 1933 und nach zuvor unternommenen erfolglosen Versuchen, in den Betriebsräten eine Mehrheit zu erlangen, das Betriebsrätegesetz auf und ersetzte es durch das »Gesetz zur Ordnung der nationalen Arbeit« von 1934. An die Stelle des Betriebsrats trat der faschistische »Vertrauensrat«, der aus dem so genannten »Betriebsführer« und höchstens zehn »Ver-

Betriebsrat, Geschichte

trauensmännern« der »Gefolgschaft« bestand, die in Abstimmung mit der nationalsozialistischen Betriebsorganisation aufgestellt wurde.
Die nach der militärischen Niederlage des nationalsozialistischen Herrschaftssystems in allen Betrieben entstehenden Ausschüsse handelten zunächst ohne jegliche gesetzliche Grundlage. Das aliierte Kontrollratsgesetz Nr. 22 schuf dann ab 1946 eine für alle Besatzungszonen Nachkriegsdeutschlands verbindliche Rahmenordnung, die den wieder legalisierten Betriebsräten einen weiten Spielraum für Verhandlungen mit dem Arbeitgeber gab. Nach verschiedenen Diskussionen auf der Ebene der Länder blieb das Betriebsverfassungsgesetz 1952 weit hinter den Forderungen der Gewerkschaften zurück. Die Interessenvertretung der Beschäftigten des öffentlichen Dienstes blieb darin ausgeklammert und wurde im Personalvertretungsgesetz von 1955 geregelt. Das Betriebsverfassungsgesetz von 1972 wurde zuletzt im Jahre 2001 geändert. Das Bundespersonalvertretungsgesetz von 1974 und die Personalvertretungsgesetze der Länder stellen heute die gesetzliche Grundlage für die Interessenvertretung im öffentlichen Dienst dar.
In der DDR wurden Betriebsräte durch die Betriebsgewerkschaftsleitungen abgelöst, die im Zuge der deutschen Einheit und der folgenden staatlichen Einigung ihre Existenzberechtigung verloren.

Betriebsratswahl

Bei der Betriebsratswahl werden ein »normales« und ein »vereinfachtes« Wahlverfahren unterschieden.
Die Betriebsratswahl wird durch einen Wahlvorstand eingeleitet, der in einem Unternehmen auch durch den Gesamtbetriebsrat eingesetzt werden kann. Die Rechte und Aufgaben des Wahlvorstandes ergeben sich aus der Wahlordnung zum Betriebsverfassungsgesetz. Der Wahlvorstand stellt eine Liste auf, aus der sich ergibt, wer wahlberechtigt und wer wählbar ist. Die notwendigen Unterlagen hat der Arbeitgeber zu liefern. Die Wahlberechtigten sind getrennt nach Geschlechtern aufzuführen, weil das Gesetz das Geschlecht, das zum Zeitpunkt der Wahlausschreibung in der Minderheit ist, besonders schützt und ihm Mindestsitze zuspricht. Leiharbeitnehmer sind mit zu erfassen.
Innerhalb von zwei Wochen nach Veröffentlichung einer Wahlausschreibung können Wahlvorschläge beim Wahlvorstand eingereicht werden. Spätestens eine Woche vor Beginn der Stimmabgabe sind die Wahlvorschläge in gleicher Weise wie das Wahlausschreiben zu veröffentlichen. Die Wahlen müssen geheim und unmittelbar, d. h. durch die Wähler und nicht

durch Delegierte erfolgen. Werden mehrere Vorschlagslisten eingereicht, so erfolgt die Wahl nach den Grundsätzen der Verhältniswahl, gibt es nur einen Wahlvorschlag, so findet eine Mehrheitswahl statt.
In Betrieben mit weniger als 50 wahlberechtigten Arbeitnehmern sowie nach entsprechender Abstimmung auch in Betrieben zwischen 50 und 100 wahlberechtigten Arbeitnehmern findet das so genannte vereinfachte Wahlverfahren statt. Drei wahlberechtigte Arbeitnehmer oder eine im Betrieb vertretene Gewerkschaft können mit einer Frist von mindestens sieben Tagen zu einer Betriebsversammlung einladen, auf der ein Wahlvorstand gewählt wird. Dieser erstellt dann die Wählerliste und das Wahlausschreiben. Eine Woche später findet eine weitere Versammlung statt, in der der Betriebsrat gewählt wird.
Bei Verstoß gegen die Grundsätze der Betriebsratswahl kann eine Wahlanfechtung stattfinden. Hier gilt eine Frist von zwei Wochen ab Bekanntmachung des Wahlergebnisses.
→ *Betriebsverfassung*

Betriebsrenten → *betriebliche Altersversorgung*

Betriebsübergang

Nach § 613a BGB gehen bei einer Betriebsübernahme die Arbeitsverhältnisse für ein Jahr genauso auf den Erwerber über, wie sie im Augenblick der Übernahme bestehen. Es ist allerdings dem neuen Arbeitgeber unbenommen, Arbeitsverhältnisse aus anderen Gründen zu kündigen. Ist allerdings der Betriebsinhaberwechsel der tragende Grund, so ist eine Kündigung rechtswidrig. Der betroffene Arbeitnehmer kann einer Betriebsübernahme widersprechen. Er riskiert allerdings, dass es dann den alten Betrieb nicht mehr gibt. Üben viele oder gar alle Beschäftigten ihr Widerspruchsrecht aus, werden häufig Auffanggesellschaften gegründet.

Betriebsvereinbarung

Partei der Betriebsvereinbarung ist auf der einen Seite der Arbeitgeber, d.h. das Unternehmen vertreten durch den Vorstand oder bei Betriebsvereinbarungen auf Werksebene durch den Werksleiter und auf der anderen Seite der Betriebsrat bzw. der Gesamtbetriebsrat.

Betriebsvereinbarung

Während der → *Tarifvertrag* zwingend nur für die Mitglieder der den Tarifvertrag abschließenden Gewerkschaft gilt, hat die Betriebsvereinbarung für alle Gültigkeit, es sei denn, sie hat von sich aus eine Beschränkung vorgenommen. Sie gilt jedoch nicht für die leitenden Angestellten.
In Fällen der so genannten erzwingbaren Mitbestimmung (→ *Betriebsrat*) kann der Betriebsrat die → *Einigungsstelle* anrufen, deren Spruch dann die Betriebsvereinbarung ersetzt. In anderen Angelegenheiten (→ *Betriebsrat*) können freiwillige Betriebsvereinbarungen abgeschlossen werden.
Betriebsvereinbarungen können nicht erstreikt werden, dies ist den Tarifverträgen vorbehalten. Arbeitsentgelte und sonstige Arbeitsbedingungen, die durch Tarifvertrag geregelt sind oder üblicherweise werden, können nicht Gegenstand einer Betriebsvereinbarung sein. Eine Ausnahme gilt dann, wenn der Tarifvertrag den Abschluss ergänzender Betriebsvereinbarungen ausdrücklich zulässt. Betriebsvereinbarungen gelten unmittelbar und zwingend für die Arbeitnehmer des Betriebes. Verzicht auf Rechte aus der Betriebsvereinbarung ist nur mit Zustimmung des Betriebsrates zulässig. Für den Arbeitnehmer ungünstigere Bedingungen im individuellen Arbeitsvertrag sind unwirksam, ohne dass es einer Aufhebung oder Kündigung bedarf, wenn eine Betriebsvereinbarung eine günstigere Regelung vorsieht. Betriebsvereinbarungen können nämlich nur zugunsten der Arbeitnehmer in Einzelverträgen abgeändert werden.
Auch einzelne Bestimmungen einer Betriebsvereinbarung können unzulässig sein. Dies kann z.B. das → *Arbeitsgericht* feststellen. In diesem Fall bleiben aber i.d.R. die übrigen Bestimmungen wirksam.
Betriebsvereinbarungen sind an geeigneter Stelle im Betrieb auszulegen. Der Grundsatz, nach dem eine Betriebsvereinbarung eine gesetzliche oder tarifliche Regelung zugunsten des Arbeitnehmers verbessern kann, nicht aber seine Rechtsposition verschlechtern darf, ist grundsätzlich anerkannt. Häufig gibt es aber Streit darüber, ob in Krisensituationen die Aufgabe bestimmter Rechtspositionen im Interesse der Erhaltung von Arbeitsplätzen akzeptiert werden soll oder nicht. Betriebliche »Bündnisse für Arbeit« und ähnlich überschriebene Vereinbarungen sehen unter Umständen (den ggf. auch zeitweisen) Verzicht auf tarifvertragliche Ansprüche vor, um Arbeitsplätze zu sichern. In diesem komplizierten Feld sind Aussagen schwer zu treffen. Der einzelne Arbeitnehmer sollte sich unbedingt selbst gründlich informieren und Betriebsratsmitglieder seines Vertrauens zu Rate ziehen oder/und sich von seiner zuständigen Gewerkschaft beraten lassen.
Sind Betriebsvereinbarungen historisch überlebt (Deputat Kohle im Zeitalter der Elektroheizung), können bestimmte soziale Leistungen aufgrund einer Betriebsvereinbarung abgelöst werden. Auch hier sind generelle

Aussagen schwer zu treffen, da dies Gegenstand der Verhandlung ist und die Zustimmung bzw. Ablehnung von den Gegenangeboten beeinflusst wird.
Die »ablösende« Betriebsvereinbarung muss neue Leistungen gewähren, die einen »wirtschaftlichen« Gegenwert darstellen.
Ansprüche, die im Arbeitsvertrag einzelvertraglich vereinbart sind, können durch »ablösende Betriebsvereinbarungen« nicht verschlechtert werden. Hier hat der Arbeitgeber jedoch die Möglichkeit, zum Mittel der Änderungskündigung (→ *Kündigung*) zu greifen.
Im Falle des Betriebsübergangs i. S. des § 613a BGB gilt die Betriebsvereinbarung als kollektive Norm weiter, wenn der Zusammenhalt des Betriebes nach wie vor besteht. Geht aber die Identität des Betriebes verloren, werden die Inhalte der Betriebsvereinbarung Inhalt der Arbeitsverträge und nehmen an der einjährigen Schutzfrist teil.

Betriebsverfassung

In allen Betrieben der privaten Wirtschaft, die mindestens fünf Arbeitnehmer beschäftigen, von denen drei für den Betriebsrat wählbar sein müssen, können → *Betriebsratswahlen* stattfinden. Ausgeschlossen von Betriebsratswahlen sind die Verwaltungen des Bundes, der Länder und der Gemeinden und sonstige Institutionen des öffentlichen Rechtes, denn hier finden Personalratswahlen statt.
Privatrechtlich geführte öffentliche Unternehmen fallen ebenfalls unter das Betriebsverfassungsgesetz (BetrVG). Ausgeschlossen vom BetrVG sind Religionsgemeinschaften und ihre karitativen oder erzieherischen Einrichtungen. In solchen Betrieben (Krankenhäuser, Kindergärten etc.) werden Mitarbeitervertretungen gewählt.
Sonderbestimmungen gelten auch für die Seeschifffahrt und die Luftfahrtunternehmen.
Der Betriebsrat wird für vier Jahre gewählt. Die Wahlen finden in der Regel in den Monaten März bis Mai des Jahres statt. Wählen können alle Arbeitnehmer, die mindestens 18 Jahre alt sind. Leitende Angestellte sind weder wahlberechtigt noch wählbar, für sie gibt es die eigene Vertretung, den Sprecherausschuss (→ *Sprecherausschuss*).
Der Wahlvorstand wird aus mindestens drei Mitgliedern gebildet. Er kann in Betrieben, in denen kein Betriebsrat besteht, vom Gesamtbetriebsrat oder vom Konzernbetriebsrat abgestellt werden. Der Wahlvorstand stellt die Wählerliste auf und gibt sie bekannt. Für die Betriebsratswahl in Klein-

Betriebsverfassung

betrieben mit bis zu fünfzig Beschäftigten ist ein vereinfachtes Verfahren vorgesehen (→ *Betriebsratswahl*).
Die Größe des Betriebsrats hängt von den regelmäßig beschäftigten wahlberechtigten Arbeitnehmern ab.

5 bis	20 Arbeitnehmer –	1 Betriebsratsmitglied
21 bis	50 Arbeitnehmer –	3 Betriebsratsmitglieder
51 bis	100 Arbeitnehmer –	5 Betriebsratsmitglieder
101 bis	200 Arbeitnehmer –	7 Betriebsratsmitglieder
201 bis	400 Arbeitnehmer –	9 Betriebsratsmitglieder
401 bis	700 Arbeitnehmer –	11 Betriebsratsmitglieder
701 bis	1000 Arbeitnehmer –	13 Betriebsratsmitglieder
1001 bis	1500 Arbeitnehmer –	15 Betriebsratsmitglieder
1501 bis	2000 Arbeitnehmer –	17 Betriebsratsmitglieder
2001 bis	2500 Arbeitnehmer –	19 Betriebsratsmitglieder
2501 bis	3000 Arbeitnehmer –	21 Betriebsratsmitglieder
3001 bis	3500 Arbeitnehmer –	23 Betriebsratsmitglieder
3501 bis	4000 Arbeitnehmer –	25 Betriebsratsmitglieder
4001 bis	4500 Arbeitnehmer –	27 Betriebsratsmitglieder
4501 bis	5000 Arbeitnehmer –	29 Betriebsratsmitglieder
5001 bis	6000 Arbeitnehmer –	31 Betriebsratsmitglieder
6001 bis	7000 Arbeitnehmer –	33 Betriebsratsmitglieder
7001 bis	9000 Arbeitnehmer –	35 Betriebsratsmitglieder

In Unternehmen mit mehr als 100 selbstständig beschäftigten Arbeitnehmern ist ein → *Wirtschaftsausschuss* zwingend vorgeschrieben.
In größeren Unternehmen, die mehrere oder sogar zahlreiche Betriebe haben, wird ein Gesamtbetriebsrat gebildet, in den alle Betriebsräte Vertreter entsenden, d.h. seine Mitglieder werden nicht gewählt, sondern aus dem Gremium Betriebsrat heraus bestimmt.
In Konzernen, denen mehrere Unternehmen mit Gesamtbetriebsräten angehören, kann ein Konzernbetriebsrat gebildet werden. Auch hier gilt das Entsendeprinzip. Der → *Betriebsrat* hat zahlreiche Rechte, die im BetrVG normiert sind.

Betriebsversammlung

Alle Arbeitnehmer des Betriebes können an der Betriebsversammlung teilnehmen. Hier findet die Unterrichtung der Arbeitnehmer über sie betreffende Fragen statt. Es berichten in der Regel
- der Betriebsrat,

- der Arbeitgeber und
- ein Gewerkschaftsvertreter.

Dem Bericht folgt die Diskussion der behandelten Themen.
Im Kalenderjahr sollen mindestens vier ordentliche Betriebsversammlungen durchgeführt werden. Es können außerordentliche Versammlungen und Abteilungsversammlungen durchgeführt werden. Der Arbeitgeber muss einmal im Kalenderjahr einen Bericht über das Personal- und Sozialwesen sowie die wirtschaftliche Lage und Entwicklung geben. Die Betriebsversammlung kann Anträge an den Betriebsrat richten sowie zu seinem Tätigkeitsbericht und seinen Beschlüssen Stellung beziehen.
Die Neufassung des § 45 BetrVG stellt klar, dass auch Fragen der Frauenförderung und der Vereinbarung von Familie und Beruf in der Betriebs- und Abteilungsversammlung behandelt werden können.
Die Dauer der Betriebsversammlung richtet sich nach Art, Umfang und Schwierigkeit der auf der Betriebsversammlung behandelten Themen. Bei drohender Massenentlassung und in anderen Ausnahmefällen hat es in der Praxis bereits mehrtägige Betriebsversammlungen gegeben.
In Mehrschichtbetrieben sollte die Betriebsversammlung im Überschneidungsbereich von zwei Schichten stattfinden.
Betriebsversammlungen sind nicht öffentlich. Es können aber außerbetriebliche Personen eingeladen werden. Tonbandaufnahmen sind nicht zulässig, dies gilt auch für Videoaufzeichnungen. Der Betriebsrat selbst kann natürlich eine Dokumentation in Ton und Bild veranlassen. Zu den Kosten der Betriebsversammlung können auch Dolmetscherkosten gehören, wenn Belegschaftsvertreter aus ausländischen Standorten hinzugezogen werden.

Bewährung

Im Beamtenverhältnis auf Probe kann ein Beamter wegen Nicht-Bewährung entlassen werden, Beamte auf Widerruf aus jedem sachlichen Grund.

Bewährungsaufstieg

Im Beamtenrecht und in verschiedenen Tarifverträgen des öffentlichen Dienstes, die sich am Beamtenrecht orientieren, gibt es für bestimmte Gruppen von Beschäftigten die Möglichkeit, in eine höhere Vergütungsgruppe aufzurücken, wenn sie sich über eine bestimmte Zeitdauer »den Anforderungen gewachsen« gezeigt haben.

Bewerbung

Der Arbeitgeber hat die Vorstellungskosten des Bewerbers dann zu tragen, wenn er ihn ausdrücklich zu einem Gespräch eingeladen hat. Hat der Arbeitgeber den Arbeitnehmer veranlasst, gar seinen Arbeitsplatz zu kündigen, weil der Abschluss eines Vertrages nur noch »Formsache« sei, und kommt es nicht zu einem neuen Arbeitsvertrag beim neuen Arbeitgeber, so ist der durch die Kündigung entstandene Schaden zu erstatten.

Der Arbeitgeber hat die Bewerbungsunterlagen sorgfältig aufzubewahren und nicht Dritten (Ausnahme: Betriebsrat) auszuhändigen, es sei denn, der Bewerber hat ihn dazu ausdrücklich ermächtigt. Der Bewerber kann die Rücksendung aller zugesandten Unterlagen verlangen, sowie die Vernichtung eines bereits ausgefüllten Fragebogens. Wird dem Bewerber zunächst ein Probearbeitsvertrag angeboten, so gelten die Grundsätze des befristeten Arbeitsverhältnisses (→ *befristeter Arbeitsvertrag*).

Bewerbungsunterlagen

Die Bewerbungsunterlagen entscheiden über die Auswahl des neuen Mitarbeiters aus einem größeren Bewerberkreis. Angesichts dieser Bedeutsamkeit ist es wichtig, den schriftlichen Bewerbungsunterlagen große Aufmerksamkeit zu schenken. Voraussetzung für die sichere Zusammenstellung der kompletten Unterlagen ist die genaue Kenntnis der Anforderungen der Stelle. Häufig wird das Anforderungsprofil in der Stellenanzeige genannt. Nebensächliche Unterlagen über den Erwerb von Qualifikationen, die für die angestrebte Stelle nicht einschlägig sind, lenken eher ab. Spezialqualifikationen (z.B. Sprachkenntnisse) können je nach Art der Stelle von großer Bedeutung sein. Hinweise auf eine Schwerbehinderteneigenschaft sind unproblematisch, da auch der künftige Arbeitgeber danach fragen darf. Hinweise auf Religions-, Partei- und Gewerkschaftszugehörigkeit können dagegen außerhalb von Tendenzbetrieben unterbleiben. Wer sich also in einem kirchlichen Krankenhaus, einer politischen Stiftung oder in einer gewerkschaftlichen Einrichtung bewirbt, sollte gerade hier die einschlägigen Aktivitäten belegen. Der wichtigste Teil der Bewerbungsunterlagen ist der Lebenslauf. Ein Kurzlebenslauf bezeichnet nur die Ausbildungsstationen und die Tätigkeiten für bisherige Arbeitgeber, ein ausführlicher oder qualifizierter Lebenslauf beschreibt darüber hinaus die Tätigkeitsinhalte und wesentlichen Arbeitserfolge. Dem Zeugnis wird als Anlage ein kompletter Satz aller Ausbildungszeugnisse und Arbeitszeugnisse der bisherigen Ar-

beitgeber beigelegt (→ *Zeugnis*). Arbeitsproben wie z.b. Veröffentlichungsverzeichnisse, Broschüren, Veranstaltungskonzepte können ebenfalls beigefügt werden, wenn dies für die angestrebte Tätigkeit einschlägig ist.
Nach Abschluss der Bewerberauswahl sollte der Arbeitgeber den abgelehnten Bewerbern die komplette Bewerbungsmappe zurücksenden. Für den eingestellten Bewerber ist die Bewerbungsmappe nun Teil der Personalakte.
Ein einheitliches europäisches Muster für Lebensläufe soll es den Bürgern der europäischen Union künftig erleichtern, Zugang zu einem Ausbildungs- oder Arbeitsplatz in einem anderen EU-Land zu erhalten. Die europäische Kommission hat Empfehlungen vorgelegt, die einen so genannten Muster-Lebenslauf enthalten. Das Muster enthält entgegen der in Deutschland üblichen Praxis kein Passfoto und die einzelnen Stationen des beruflichen Ausbildungs- und Werdeganges werden in umgekehrter chronologischer Reihenfolge, also mit dem aktuellen Arbeitsplatz an erster Stelle aufgeführt. In international tätigen Unternehmen setzt sich dieser Standard immer mehr durch.
Immer häufiger wird in Bewerbungsunterlagen auch auf Fähigkeiten Bezug genommen, die der Bewerber in der Freizeit erwirbt (Ehrenamt, Risikosportarten, künstlerische und musische Fähigkeiten).
Bewerbungsunterlagen werden heute in der Papierversion, aber zunehmend auch in der elektronischen Version anerkannt.
Es wird nur noch sehr selten ein handschriftlicher Lebenslauf verlangt. Aber es gibt Arbeitgeber, die darauf Wert legen, z.B. weil ein graphologisches Gutachten erstellt werden soll. Der Bewerber sollte im Bewerbungsgespräch u.U. das Ergebnis eines graphologischen Gutachtens erfragen.

Bildschirmarbeit

Der Arbeitgeber ist verpflichtet, eine Risikoanalyse nach § 5 ArbSchG durchführen, die sich insbesondere auf eine mögliche Gefährdung des Sehvermögens sowie körperliche Probleme und psychische Belastungen bezieht. Bildschirmarbeitsplätze müssen so gestaltet sein, dass die dargestellten Zeichen scharf, deutlich und ausreichend groß sind. Es muss ein angemessener Zeichen- und Zeilenabstand gewährleistet sein. Der Bildschirm muss frei von störenden Reflektionen und Sendungen sein. Es muss ausreichend Raum für wechselnde Arbeitshaltungen geben. Die Strahlung muss so niedrig gehalten werden, dass sie für Sicherheit und Gesundheit der Benutzer unerheblich ist. Die Tätigkeit der Beschäftigten am Bildschirm

Bildschirmarbeit

muss so organisiert werden, dass die Arbeit regelmäßig durch eine andere Tätigkeit oder durch Pausen unterbrochen wird. Der Arbeitgeber hat die Pflicht, in regelmäßigen Zeitabständen sowie bei Auftreten von Sehbeschwerden eine angemessene Untersuchung der Augen und des Sehvermögens durch eine fachkundige Person anzubieten. Im erforderlichen Umfang sind den Beschäftigten spezielle Sehhilfen für ihre Arbeit zur Verfügung zu stellen.

Bildung, betriebliche → *Berufsausbildung*

Bildungsurlaub

In den meisten Bundesländern regeln Weiterbildungsgesetze den Anspruch auf bezahlte Freistellung (i.d.R. eine Woche pro Jahr) für die Teilnahme an Veranstaltungen der beruflichen oder politischen Weiterbildung. Veranstaltungen, die »bildungsurlaubsfähig« sind, müssen allgemein zugänglich sein, so dass z.B. Kurse, die sich gezielt an Gewerkschaftsmitglieder richten, ausscheiden. Unschädlich ist es jedoch, wenn nur Gewerkschaftsmitglieder unentgeltlich teilnehmen können und alle anderen Lehrgangsgebühren bezahlen müssen.

Bundesdatenschutzgesetz

Das Bundesdatenschutzgesetz zielt auf den Schutz des Einzelnen vor den Gefahren der Verarbeitung von Daten, die sich auf seine Person beziehen. Ein Unterfall des allgemeinen Datenschutzes ist die Schutzpflicht des Arbeitgebers gegenüber dem Arbeitnehmer. Im besonderen Maße muss die Personalabteilung eines Unternehmens dem Datenschutz Rechnung tragen. Es gibt bislang kein spezielles Gesetz zum Arbeitnehmerdatenschutz. Das Bundesdatenschutzgesetz erlaubt die Speicherung von Arbeitnehmerdaten im Rahmen der Zweckbestimmung des Arbeitsverhältnisses. Das schließt die Zulässigkeit der Speicherung von Bewerberdaten ein. Das Bundesarbeitsgericht hält unter Beachtung des »informationellen Selbstbestimmungsrechtes« des Arbeitnehmers die Speicherung folgender Daten für zulässig
- Geschlecht,
- Familienstand,

- Schule,
- Ausbildung in Lehr- und anderen Berufen,
- Fachschulausbildung/Fachrichtung/Abschluss und
- Sprachkenntnisse.

Bestimmte Datenläufe über Krankheits- und Abwesenheitszeiten sind nur unter Beachtung der Mitbestimmungsrechte des Betriebsrates dazu zu zählen.

Sensible Arbeitnehmerdaten dürfen nur direkt beim Betroffenen eingeholt und nicht über Dritte erhoben werden. Der Arbeitgeber darf die elektronischen Informationen nur zu einem bestimmten Zweck verwenden und muss diesen den Betroffenen mitteilen. Werden Qualifikationsdaten zur Personalplanung neu gespeichert oder aktualisiert, müssen die Mitarbeiter davon in Kenntnis gesetzt werden.

Arbeitnehmer können Auskunft über ihre »elektronische Akte« verlangen. Weigert sich ein Arbeitgeber, diese Auskunft zu erteilen, kann der Arbeitnehmer die Aufsichtsbehörde einschalten. Stellt der Arbeitnehmer Unstimmigkeiten fest, so räumt das Bundesdatenschutzgesetz inzwischen dem Arbeitnehmer das Recht ein, die auf seine Person bezogenen Daten berichtigen oder löschen zu lassen. So müssen etwa falsche Geburtsdaten genauso korrigiert werden wie Daten, die aus dem Zusammenhang gerissen wurden und fehlinterpretiert werden könnten. Antworten auf rechtlich unzulässige Fragen wie nach politischer oder religiöser Überzeugung kann der Arbeitnehmer löschen lassen.

Datenschutz → *Grundrecht auf informationelle Selbstbestimmung*

Dienstreise

Der Arbeitnehmer ist u. U. verpflichtet, auch außerplanmäßige Dienstreisen anzutreten, auch wenn die Reisezeiten außerhalb der normalen Arbeitszeit des Arbeitnehmers liegen. In Anordnung einer außerplanmäßigen Dienstreise liegt keine mitbestimmungspflichtige Verlängerung der betriebsüblichen Arbeitszeit und auch keine Regelung der Ordnung oder des Verhaltens der Arbeitnehmer im Betrieb.

Dienstwagen

Ein Dienstwagen oder Geschäftsfahrzeug wird i.d.R. Mitarbeitern im Außendienst, leitenden Angestellten mit häufiger Reisetätigkeit und Führungskräften zur beruflichen und privaten Nutzung zur Verfügung gestellt. Der entgeltliche Vorteil ist zu versteuern. Die Überlassung wird i.d.R. in einem Geschäftsfahrzeug- oder Dienstwagen-Überlassungsvertrag geregelt, der eine Dienstwagenordnung zugrunde liegt, die die jeweiligen Kategorien festlegt.
Immer mehr Unternehmen gehen dazu über, den dienstwagenberechtigten Arbeitnehmern Leasingfahrzeuge zu überlassen, um das eigene Fuhrparkmanagement zu entlasten.

Dienstwohnung → Werkswohnung

Diskriminierungsverbot → Gleichbehandlungsgebot, arbeitsrechtliches

EG-/EU-Arbeitsrecht

Das EG-/EU-Arbeitsrecht wird in einem weiteren Sinne verstanden als das innerstaatliche deutsche Arbeitsrecht. Dazu rechnen erstens diejenigen Vorschriften, die der Verwirklichung eines gemeinsamen Arbeitsmarktes dienen. Hierzu zählen insbesondere die Regelungen zur Freizügigkeit der Arbeitnehmer und zur Gleichbehandlung von Mann und Frau im Erwerbsleben. Zweitens gehören dazu die Regelungen, welche die für das innerstaatliche Arbeitsrecht relevante Sozialpolitik der Gemeinschaft betreffen und von den Mitgliedstaaten in nationales Recht umzusetzen sind. Ziel der letzteren ist die inhaltliche Harmonisierung der Arbeitsrechtsordnungen der einzelnen Mitgliedstaaten der EU.
Die damalige Europäische Gemeinschaft hat sich bereits seit den siebziger Jahren des 20. Jahrhunderts neben der Schaffung einer Wirtschafts- und Währungsunion auch die Herausbildung einer Sozialunion der Mitgliedstaaten auf ihre Fahnen geschrieben. Eine Besonderheit arbeitsrechtlicher Regelungen besteht darin, dass das sekundäre Gemeinschaftsrecht hauptsächlich in der Rechtsform der Richtlinie erlassen wird. Die Richtlinie ist im Unterschied zur Verordnung nur an die Mitgliedstaaten gerichtet und ver-

EG-/EU-Arbeitsrecht

pflichtet diese, die in ihr enthaltene Zielsetzung innerhalb einer vorgegebenen Frist in nationales Recht umzusetzen. Die Mitgliedstaaten können die ihnen dafür als geeignet erscheinenden Mittel frei auswählen, verfügen also über einen relativ großen Gestaltungsspielraum. Die praktische Bedeutung des Arbeitsrechts auf der europäischen Ebene ergibt sich unmittelbar aus dem Prinzip des Vorrangs des Gemeinschaftsrechts gegenüber entgegenstehendem nationalem Recht. In einem weiteren Sinne resultiert sie aber auch daraus, dass das gesamte nationale Recht stets unter Berücksichtigung der dem europäischen Recht zugrunde liegenden Grundsätze und Ziele auszulegen und anzuwenden ist. Für das Arbeitsrecht gehören dazu insbesondere solche im EWG-Vertrag niedergelegten sozialpolitischen Zielstellungen wie die stetige Verbesserung der Lebens- und Beschäftigungsbedingungen und deren Angleichung auf dem Wege des Fortschritts.

Im Zuge der Novellierung des EWG-Vertrages durch die Einheitliche Europäische Akte aus dem Jahre 1982 mit der Harmonisierungsvorschrift im Art. 118a verpflichten sich die Mitgliedstaaten der Europäischen Gemeinschaft, »die Verbesserung insbesondere der Arbeitsumwelt« zu fördern. Seither können Mindestvorschriften auf diesem Gebiet mit einfacher Mehrheit den Europäischen Rat passieren. Ebenfalls neu hinzugefügt wurde der Art. 118b, nach dem der Dialog zwischen den Sozialpartnern auf europäischer Ebene – wenn diese es für wünschenswert halten – zu vertraglichen Beziehungen führen kann. Die »Gemeinschaftscharta der Sozialen Grundrechte der Arbeitnehmer« des Rates vom 9.12.1989 will »so rasch wie möglich die unter ihre Zuständigkeit im Sinne der Verträge fallenden Vorschläge für Rechtsakte vorlegen, mit denen die in den Zuständigkeitsbereich der Gemeinschaft gehörenden Rechte im Zuge der Verwirklichung des Binnenmarktes effektiv umgesetzt werden«.

Die durch Art. 48 EWG-Vertrag verbürgte Freizügigkeit der Arbeitnehmer beinhaltet deren Recht, sich zur Ausübung einer Beschäftigung innerhalb der Gemeinschaft frei zu bewegen, das Recht des freien Zuganges zum Arbeitsmarkt jedes Mitgliedstaates sowie das Recht auf Gleichbehandlung mit den inländischen Arbeitnehmern hinsichtlich der Arbeitsbedingungen. Sie wird durch eine Reihe von Verordnungen und Richtlinien konkretisiert, insbesondere durch die Verordnung des Rates über die Freizügigkeit der Arbeitnehmer innerhalb der Gemeinschaft. Aus dem Recht der Freizügigkeit resultiert für die Arbeitnehmer, dass sie sich in anderen Mitgliedstaaten niederlassen und dort eine Beschäftigung aufnehmen können. Dazu erhalten sie in jedem Mitgliedstaat auf Antrag eine Aufenthaltserlaubnis. Die Freizügigkeit kann von den Mitgliedstaaten nur im Interesse der öffentlichen Ordnung, Sicherheit und Gesundheit eingeschränkt werden. Die

EG-/EU-Arbeitsrecht

Freizügigkeit gibt dem Arbeitnehmer das Recht auf freien Zugang zu einer Beschäftigung in einem anderen Mitgliedstaat. Der Arbeitnehmer kann sich um offene Stellen bewerben und darf bei der Einstellung nicht gegenüber inländischen Arbeitnehmern diskriminiert werden. Er braucht dazu keine Arbeitserlaubnis, wie sie in der Bundesrepublik Deutschland für Arbeitnehmer aus Nichtmitgliedstaaten vorgeschrieben ist. Nach Begründung eines Beschäftigungsverhältnisses ist der Arbeitnehmer mit den inländischen Arbeitnehmern gleich zu behandeln. Der Europäische Gerichtshof erstreckt das Diskriminierungsverbot in ständiger Rechtsprechung auch auf die Familienangehörigen des Arbeitnehmers.

Unter den das Arbeitsverhältnis betreffenden Regelungen des europäischen Rechts nimmt die Frage der Gleichbehandlung von Mann und Frau einen besonderen Stellenwert ein. Obwohl in Art. 119 des EWG-Vertrages nur die Lohngleichheit verankert ist, wurde die Gleichbehandlung in der Folgezeit durch mehrere Richtlinien und die Rechtsprechung des Europäischen Gerichtshofes auf das gesamte Arbeitsverhältnis erstreckt. Auch ursprünglich zum Schutze der Frauen ergangene Vorschriften sind aufzuheben, wenn das damit ursprünglich verfolgte Anliegen eines spezifischen Schutzes für Frauen nicht mehr begründet ist und – wie etwa beim Verbot der Nachtarbeit für Arbeiterinnen – mit dem Gleichbehandlungsgrundsatz nicht vereinbar ist. In vielen Entscheidungen hat der europäische Gerichtshof Formen der mittelbaren Diskriminierung von Frauen offen gelegt und für rechtswidrig erklärt. Eine mittelbare Diskriminierung liegt vor allem dann vor, wenn Frauen von einer Regelung erheblich stärker betroffen sind als Männer und kein objektiv gerechtfertigter Grund für die Benachteiligung ersichtlich ist. So kann beispielsweise die mittelbare Diskriminierung von Teilzeitbeschäftigten gegen den Grundsatz der Gleichbehandlung verstoßen, wenn erwiesen ist, dass Teilzeitbeschäftigte in der Mehrzahl Frauen sind. Der Arbeitgeber ist zur Gleichbehandlung bei der Entgeltzahlung, aber auch bei der Begründung des Arbeitsverhältnisses, beim beruflichen Aufstieg und bei Kündigungen verpflichtet. Die Rechtsposition von Frauen wurde auch dadurch verbessert, dass im Streitfall nur die Benachteiligung wegen des Geschlechtes glaubhaft gemacht werden muss, der Arbeitgeber hat dann zu beweisen, dass die unterschiedliche Behandlung durch nicht auf das Geschlecht bezogene Gründe gerechtfertigt ist. Der Arbeitgeber macht sich schadensersatzpflichtig, wenn ein Arbeitsverhältnis wegen eines von ihm zu vertretenden Verstoßes gegen das Benachteiligungsverbot nicht begründet worden ist.

Aus dem Bereich derjenigen Regelungen des EG-Arbeitsrechts, die für die Angleichung des nationalen Arbeitsrechts Bedeutung haben, sind ins-

EG-/EU-Arbeitsrecht

besondere die Richtlinie über Massenentlassungen und die Richtlinie »Wahrung von Ansprüchen der Arbeitnehmer beim Übergang von Unternehmen, Betrieben und Betriebsteilen« hervorzuheben. Die Massenentlassungsrichtlinie verlangt im Wesentlichen, dass der Arbeitgeber vor einer Massenentlassung die Arbeitnehmer informiert und konsultiert, um über die geplante Maßnahme möglichst eine Verständigung herbeizuführen. Bedeutsam für den Arbeitnehmer ist, dass bei einer Verletzung der Anzeigepflicht eine ausgesprochene Entlassung unwirksam ist.

Die Betriebsübergangsrichtlinie ordnet den automatischen Übergang der Arbeitsverhältnisse auf den Erwerber von Unternehmen, Betrieben und Betriebsteilen an. Sie führte dazu, dass auch im deutschen Recht (§ 613a BGB) nunmehr klargestellt ist, dass die Rechtsnormen eines Tarifvertrages oder einer Betriebsvereinbarung Inhalt des Arbeitsverhältnisses zwischen dem neuen Inhaber und dem Arbeitnehmer werden und nicht vor Ablauf eines Jahres abdingbar sind. Eine Kündigung aus Anlass des Betriebsüberganges ist unwirksam, allerdings besteht die Möglichkeit, aus anderen Gründen zu kündigen.

Auf der Grundlage des Art. 118a EWG-Vertrages hat der Rat im Jahre 1989 die Arbeitsschutz-Rahmenrichtlinie erlassen. Der deutsche Gesetzgeber hat sie in innerstaatliches Recht umgesetzt. Sie sieht z.B. Mindestvorschriften bezüglich der Sicherheit und des Gesundheitsschutzes bei der Arbeit an Bildschirmgeräten vor (→ *Bildschirmarbeit*).

Im Jahre 1990 hat die EG-Kommission den Vorschlag für eine Richtlinie des Rates über die Einsetzung europäischer Betriebsräte zur Information und Konsultation der Arbeitnehmer in gemeinschaftsweit operierenden Unternehmen und Unternehmensgruppen vorgelegt. Danach sind Unterrichtung, Anhörung und Mitwirkung rechtzeitig vor allem in folgenden Fällen vorzusehen:

bei der Einführung technologischer Veränderungen in den Unternehmen, wenn diese die Arbeitsbedingungen und die Arbeitsorganisation der Arbeitnehmer entscheidend verändern;

bei der Umstrukturierung oder Verschmelzung von Unternehmen, wenn dadurch die Beschäftigung der Arbeitnehmer berührt wird;

bei Massenentlassungen.

Die Einsetzung europäischer Betriebsräte in gemeinschaftsweit operierenden Unternehmen und Unternehmensgruppen hat nach dieser 1994 verabschiedeten Richtlinie unabhängig davon zu erfolgen, ob sich die zentrale Leitung des Unternehmens oder der Unternehmensgruppe innerhalb oder außerhalb der Gemeinschaft befindet.

(→ ausführlich *Europäischer Betriebsrat*)

Eigentum

Das Eigentum genießt einen besonderen Schutz durch die Verfassung. Das Grundgesetz erkennt aber auch die Sozialbindung des Eigentums und schränkt deshalb die Rechte des Eigentümers ein, soweit Belange anderer Rechtssubjekte berührt sind.
Die Eigentumsgarantie des Grundgesetzes wird daher nicht durch betriebliche und Unternehmensmitbestimmung geschmälert (→ *Mitbestimmung*, → *Montanmitbestimmung*).

Eigentumsschutz

Der Verdienst des Arbeitnehmers kann mittelbar dadurch gemindert werden, dass am Arbeitsplatz das Eigentum beschädigt oder entwendet wird, wenn er zur Durchführung der Arbeit Aufwendungen macht, die ihm nicht erstattet werden, oder er dem Arbeitgeber durch Fahrlässigkeit einen Schaden zufügt, den dieser mit dem Gehalt verrechnet.
Die Verpflichtungen des Arbeitgebers beschränken sich beim Eigentumsschutz darauf, sichere Aufbewahrungsmöglichkeiten für Gegenstände zur Verfügung zu stellen, die der Arbeitnehmer notwendiger- oder üblicherweise unter Billigung des Arbeitgebers zur Arbeit mitbringt (z.B. für Regenbekleidung oder Fahrräder). Dabei obliegen dem Arbeitgeber nur die Sicherungsmaßnahmen, die technisch möglich und unter Berücksichtigung der Belange des Arbeitgebers erforderlich und zumutbar sind. Eine Gefährdungshaftung soll nur dann eintreten, wenn der Arbeitnehmer mit der Entstehung des Schadens – gemeint ist nur der Sachschaden – nach Art des Betriebes nicht zu rechnen hatte. In vielen Betrieben wurde – angesichts dieses ungenügenden Schutzes durch die Rechtsprechung – durch Betriebsvereinbarung der Arbeitgeber zum Abschluss einer Sachversicherung zugunsten der Arbeitnehmer verpflichtet.
Erleidet der Arbeitnehmer auf einer Dienstfahrt mit seinem privaten PKW einen Unfall, so haftet der Arbeitgeber für den entstandenen Sachschaden dann, wenn die Benutzung des privaten Fahrzeuges mit Billigung des Arbeitgebers ohne besondere Vergütung im Betätigungsbereich des Arbeitgebers eingesetzt war. Empfehlenswert ist, durch Betriebsvereinbarung klar und eindeutig zu regeln, dass ein Arbeitnehmer nur bei grober Fahrlässigkeit den Schaden bei Verkehrsunfällen ganz oder teilweise zu tragen hat.
Beschädigt der Arbeitnehmer bei Durchführung der Arbeit das Eigentum des Arbeitgebers, z.B. bei einem Unfall mit einem Dienstfahrzeug und

handelt er dabei schuldhaft, so müsste er nach allgemeinen Grundsätzen des bürgerlichen Rechts den gesamten Schaden ersetzen, auch wenn ihn nur leichte Fahrlässigkeit trifft. Da diese Risikoverteilung für das Arbeitsleben keinen Sinn macht, hat die Rechtsprechung des Bundesarbeitsgerichtes die Haftung für so genannte gefahrengeneigte oder schadensgeneigte Tätigkeit eingeschränkt. Diese ist gegeben, wenn eine Arbeit in Folge ihrer Eigenart eine besonders hohe Wahrscheinlichkeit mit sich bringt, dass dem Arbeitnehmer gelegentlich einmal ein Versehen unterläuft, auch wenn er im Allgemeinen die erforderliche Sorgfalt aufwendet. Bei diesen Arbeiten muss der Arbeitnehmer den ganzen Schaden nur bei Vorsatz und grober Fahrlässigkeit tragen. Schäden, die ein Arbeitnehmer bei gefahrengeneigter Arbeit nicht grob fahrlässig verursacht, sind bei normaler Schuld (auch normale, leichte oder mittlere Fahrlässigkeit oder mittleres Verschulden genannt) in aller Regel zwischen Arbeitgeber und Arbeitnehmer zu teilen, wobei die Gesamtumstände von Schadensanlass und Schadensfolgen nach Billigkeitsgrundsätzen und Zumutbarkeitsgesichtspunkten gegeneinander abzuwägen sind.

Durch Tarifvertrag oder Betriebsvereinbarung können weitere Präzisierungen vorgenommen werden, die z.B. die Schadenshaftung auf einen Monatsverdienst begrenzen können.

Arbeitsentgelt ist bei Pfändungen oberhalb bestimmter Pfändungsgrenzen grundsätzlich pfändbar. Durch Tarifvertrag oder Betriebsvereinbarung kann festgelegt werden, dass Lohnabtretungen auch über die unpfändbaren Anteile hinaus für unzulässig erklärt werden.

Eingruppierung

Bestimmte Tarifwerke, insbesondere im öffentlichen Dienst, verwenden zahlreiche sehr allgemein formulierte Merkmale, um einzelne Entgeltgruppen voneinander abzugrenzen. Gelegentlich werden für Tätigkeiten mit identischen Bezeichnungen Zuordnungen zu unterschiedlichen Vergütungsgruppen vorgenommen. Ein falsch eingruppierter Arbeitnehmer kann daher beim → *Arbeitsgericht* auf Feststellung klagen, dass er nach seiner tatsächlichen Tätigkeit einzugruppieren ist. Das höhere Entgelt kann aber i.d.R. nur für die letzten sechs Monate vor der schriftlichen Geltendmachung verlangt werden. Der Arbeitgeber kann nicht auf die Schranken des Haushaltsrechts verweisen.

Wird eine höherwertige Tätigkeit nur vorübergehend übertragen, so hat der Arbeitnehmer nur einen Anspruch auf eine Zulage in Höhe der Diffe-

Eingruppierung

renz zwischen seiner bisherigen und der für den anderen Arbeitsplatz maßgeblichen Vergütung. Da es für den Begriff »vorübergehend« keine zeitliche Obergrenze gibt, besteht die Gefahr der rechtsmissbräuchlichen Umgehung einer Beförderung oder Höhergruppierung.

Einigungsstelle

Kommt es im Betrieb zwischen Arbeitgeber und Betriebsrat trotz des ernsten Willen zur Einigung und trotz gegenseitiger Vorschläge zur Beilegung von Meinungsverschiedenheiten oder weil sich der Arbeitgeber überhaupt weigert, über strittige Fragen der Betriebsverfassung zu verhandeln, nicht zu einem für beide Seiten akzeptablen Kompromiss, so kann in einer Reihe von Fällen der Spruch der Einigungsstelle die »fehlende« Einigung zwischen Arbeitgeber und Betriebsrat ersetzen. Diese Fälle sind im Betriebsverfassungsgesetz genannt.

In allen Fällen, die die Mitbestimmung des Betriebsrates berühren, kann der Arbeitgeber nicht alleine entscheiden, sondern muss bei Nichteinigung mit dem Betriebsrat von sich aus die Einigungsstelle anrufen. Ordnet der Arbeitgeber trotzdem einseitig an, so sind die Arbeitnehmer nicht verpflichtet, dieser Anordnung Folge zu leisten.

Der Spruch der Einigungsstelle hat den Charakter einer Betriebsvereinbarung. Die Zuständigkeit der Einigungsstelle kann allerdings gerichtlich angefochten werden. Die dem Betrieb angehörenden Mitglieder einer Einigungsstelle dürfen aus Anlass ihrer Tätigkeit in der Einigungsstelle nicht benachteiligt oder begünstigt werden. Der Arbeitgeber hat die Kosten des Einigungsstellenverfahrens zu tragen.

Einmalzahlung → *Sonderzahlung*

Einrichtungen, kirchliche

Kirchliche Einrichtungen sind Tendenzträger. Der Wegfall eines Teils der allgemeinen arbeitsrechtlichen Bestimmungen wird mit dem Hinweis auf das kirchliche Selbstbestimmungsrecht gerechtfertigt. Als Ausgleich für nicht vorhandene Interessenvertretungen wie Betriebsrat und Personalrat wird aufgrund innerkirchlicher Vorschriften die so genannte Mitarbeitervertretung gebildet. Sie hat nur eine beratende Funktion und kaum Mitbestimmungsrechte. Die Arbeitsvertragsrichtlinien ersetzen in kirchlichen Einrichtungen den Tarifvertrag, sie werden von einer paritätisch besetzten »Arbeitsrechtskommission« erlassen und können nicht erzwungen oder gar erstreikt werden.

Einstellung

Vor der Einstellung wird der Arbeitnehmer in der Regel zu einem Bewerbungsgespräch eingeladen. Das Fragerecht des Arbeitgebers ist eingeschränkt. Fragen nach dem beruflichen Werdegang müssen wahrheitsgetreu beantwortet werden. Nach Krankheiten darf nur insoweit gefragt werden, als diese eine Auflösung des Arbeitsverhältnisses rechtfertigen würden. Der Arbeitgeber handelt rechtswidrig, wenn er versucht, beim früheren Arbeitgeber, bei Dritten oder staatlichen Stellen Informationen über den Bewerber zu erlangen, die über die zulässigerweise zu stellenden Fragen oder das → *Zeugnis* hinausgehen.

Einstellungsuntersuchungen oder Assessment-Center, bei denen die Fähigkeiten von Arbeitnehmern »abgeklopft« werden, sind grundsätzlich zulässig. Medizinische Einstellungsuntersuchungen sind ebenfalls zulässig und liegen oft auch im Interesse des Arbeitnehmers, der vor der Einstellung wissen möchte, ob er zur Durchführung der vorgesehenen Arbeit auch gesundheitlich in der Lage ist. In Großunternehmen werden die Einstellungsuntersuchungen durch den Ärztlichen Dienst vorgenommen, in Kleinbetrieben gibt es häufig einen Anschluss an überbetriebliche ärztliche Zentren. Der Arbeitgeber hat grundsätzlich die Kosten der Untersuchung zu tragen. Durch die Einwilligung in eine ärztliche Untersuchung hat der Bewerber den Arzt – auch den Betriebsarzt – von der ärztlichen Schweigepflicht nur bezüglich der Eignung für den in Frage kommenden Arbeitsplatz befreit. Weitere Informationen darf der Arzt nicht an den Arbeitgeber weiterleiten, insbesondere nicht die Diagnose.

Gelegentlich werden vor der Einstellung noch graphologische Gutachten erstellt. Zwar ist es nicht möglich, diese ohne Einwilligung des Bewerbers zu erstellen, dennoch wird ein Bewerber, der an der Stelle interessiert ist, kaum seine Einwilligung verweigern können. Auch bei Einwilligung ist aber strengste Diskretion zu wahren und eine Beschränkung des Graphologen auf Erkenntnisse, die für den konkreten Arbeitsplatz erforderlich sind, ist dringend geboten.

Persönlichkeitstest, die die »gesamte Persönlichkeit« zum Gegenstand haben, können nur dann durchgeführt werden, wenn der Bewerber auch ein-

Einstellung

verstanden ist. Leistungstests, bei denen eine Identität zwischen den Anforderungen des künftigen Arbeitsplatzes und den getesteten Eignungsvoraussetzungen besteht, sind aber unbedenklich. Dies gilt auch für Assessment-Center, bei denen die Anforderungen des künftigen Arbeitsplatzes simuliert werden. Persönlichkeitstests und Stressinterviews, in denen emotionale Belastungen, sexuelle Orientierungen oder private Vorlieben »abgefragt« werden, sind dagegen unzulässig.
(→ auch *Bewerbung*)

Einstellungstest

Vor der Einstellung wird zunehmend häufiger ein so genanntes Assessment-Center-Verfahren durchgeführt. Im Assessment-Center stellt der Bewerber seine Fähigkeiten in Situationen, die seiner künftigen Tätigkeit entsprechen, unter Beweis. Gelegentlich verlangt der Arbeitgeber noch handschriftliche Bewerbungen, um graphologische Gutachten durchführen zu können (→ *Bewerbungsunterlagen*).

Einstellungsuntersuchung

Eine Einstellungsuntersuchung wird i.d.R. durch den Betriebsarzt durchgeführt. Dieser ist an die ärztliche Schweigepflicht gebunden.

Elternzeit

Anspruch auf Elternzeit haben Arbeitnehmer, wenn sie mit einem Kind in einem Haushalt leben und dieses Kind selbst betreuen und erziehen. Die Elternzeit kann, auch anteilig, von jedem Elternteil allein oder von beiden Elternteilen gemeinsam genommen werden, sie ist jedoch auf bis zu drei Jahre für jedes Kind begrenzt. Ein Jahr hiervon kann in der Zeit bis zur Vollendung des 8. Lebensjahres in Anspruch genommen werden. Die Zeit der Mutterschutzfrist nach § 6 Abs. 1 MuSchG wird auf diese Begrenzung angerechnet, soweit nicht die Anrechnung wegen eines besonderen Härtefalles unbillig ist. Die Elternzeit muss spätestens sechs Wochen vor dem Zeitpunkt, von dem ab der Anspruch ausgeübt werden soll schriftlich vom Arbeitgeber verlangt werden. Eine Einverständniserklärung des Arbeitgebers ist nicht erforderlich. Bei dringenden betrieblichen Gründen ist auch eine

Verkürzung der Frist möglich. Die Elternzeit muss dann vom Arbeitgeber bescheinigt werden. Die allein oder gemeinsam genommene Elternzeit kann von beiden Elternteilen insgesamt auf bis zu vier Zeitabschnitte verteilt werden. Die Elternzeit endet nach Ablauf des Zeitraums für ihre Inanspruchnahme. Für die Zeit der Elternzeit besteht kein Anspruch auf Erholungsurlaub. Mit Zustimmung des Arbeitgebers darf eine zulässige Teilzeitarbeit angenommen werden. Ob in der Elternzeit ein Anspruch auf ein tarifliches Urlaubsgeld besteht, hängt von den einschlägigen tariflichen Bestimmungen ab. Für die Zeit der Inanspruchnahme der Elternzeit kann der Arbeitgeber einen neuen Arbeitnehmer befristet einstellen. Diese so genannte Zweckbefristung war früher nicht zulässig. Sie ist im neuen BErzGG ausdrücklich klargestellt.

Entgelt

Der Arbeitgeber ist aufgrund des Arbeitsvertrages verpflichtet, dem Arbeitnehmer die vereinbarte Vergütung zu gewähren (§ 611 Abs. 1 BGB). Dabei handelt es sich um eine Hauptpflicht des Arbeitgebers aus dem Arbeitsvertrag. Sofern der Arbeitnehmer dem persönlichen Geltungsbereich eines Tarifvertrages unterfällt, stellt das tarifliche Arbeitsentgelt in jedem Fall eine Mindestvergütung dar. Nach dem Günstigkeitsprinzip kann einzelvertraglich ein höheres Entgelt vereinbart werden. In Tarifverträgen, die kein einheitliches Entgeltsystem kennen, wird vom Lohn für die Gruppe der Arbeiter und vom Gehalt für die Gruppe der Angestellten gesprochen. Die Zuordnung eines Arbeitnehmers zu einer Entgeltgruppe erfolgt durch die Eingruppierung. Dabei sind Mitbestimmungsrechte des Betriebsrates zu beachten. Die Eingruppierung kann durch Eingruppierungsklage gerichtlich überprüft werden (→ *Arbeitsgericht*). Ein Entgelt ist auch dann zu zahlen (und zwar in üblicher Höhe), wenn es keine gesonderte Vergütungsvereinbarung gibt. Im Grundsatz gilt das Prinzip der Bruttoentgeltvergütung, d.h. es wird ein Bruttobetrag vereinbart. Tarifverträge kennen i.d.R. die Vergütung nach der Zeit der erbrachten Arbeitsleistung (nach Stunden, Tagen, Wochen oder Monaten). Die Akkordvergütung knüpft an die Menge der geleisteten Arbeit an. Prämienlohnvergütungen und zielvereinbarungsabhängige Vergütungsformen bestimmen das Entgelt nach mit dem Arbeitgeber vereinbarten Regeln. Eine Sonderform des Entgelts ist die Provision des Handelsvertreters.

Entgeltfortzahlung im Krankheitsfall

Zur Angleichung der Rechtsstellung der Arbeiter an die der Angestellten gibt es heute eine einheitliche Grundlage der Entgeltfortzahlung für alle Arbeitnehmer. Arbeitnehmer im Sinne des Gesetzes sind auch geringfügige und kurzfristig Beschäftigte. Sonderregelungen bestehen dagegen nach wie vor für Heimarbeiter und die ihnen gleich Gestellten. Bei Leiharbeitnehmern (→ *Zeitarbeit*) richtet sich der Entgeltfortzahlungsanspruch gegen den Verleiher, da dieser als eigentlicher Arbeitgeber angesehen wird.

Arbeitnehmer erhalten einen Anspruch gegen den Arbeitgeber auf Fortzahlung des Arbeitsentgelts bei nicht verschuldeter Arbeitsunfähigkeit im Krankheitsfall bis zu einer Dauer von 6 Wochen. Im Falle einer Wiederholungserkrankung entsteht ein erneuter Entgeltfortzahlungsanspruch bis zu 6 Wochen, wenn der Arbeitnehmer mindestens 6 Monate nicht infolge derselben Krankheit arbeitsunfähig war oder seit dem Beginn der ersten Erkrankung 12 Monate abgelaufen sind. Eine nicht verschuldete Arbeitsunfähigkeit wird einer Arbeitsverhinderung infolge einer nicht rechtswidrigen Sterilisation oder eines nicht rechtswidrigen Schwangerschaftsabbruchs gleichgestellt. Im Anspruch an die Entgeltfortzahlung erfolgt die materielle Sicherung des Arbeitnehmers durch das Krankengeld aufgrund von §§ 44ff. SGB V.

Der Arbeitnehmer ist verpflichtet, dem Arbeitgeber die Arbeitsunfähigkeit und deren voraussichtliche Dauer unverzüglich mitzuteilen. Bei einer Erkrankung, die voraussichtlich länger als 3 Tage dauert, hat der Arbeitnehmer am Tag nach der Mitteilung über die Arbeitsunfähigkeit eine ärztliche Bescheinigung über das Bestehen der Arbeitsunfähigkeit deren voraussichtliche Dauer vorzulegen. Der Arbeitgeber kann sogar die Vorlage einer solchen Bescheinigung schon früher (also auch ab dem ersten Tag) verlangen. Dauert die Arbeitsunfähigkeit länger als in der Bescheinigung des Arztes angegeben, so ist eine neue ärztliche Bescheinigung vorzulegen. Bei einem Auslandsaufenthalt ist der Arbeitnehmer im Falle einer Erkrankung verpflichtet, dem Arbeitgeber die Arbeitsunfähigkeit, deren voraussichtliche Dauer und die Adresse am Aufenthaltsort in der schnellstmöglichsten Art der Übermittlung mitzuteilen. Die durch die Mitteilung entstandenen Kosten trägt der Arbeitgeber. Auch bei Auslandsaufenthalt gilt grundsätzlich das Attest eines vom Arbeitnehmer im Ausland aufgesuchten Arztes. In Zweifelsfällen kann der Arbeitgeber die Untersuchung durch einen Arzt seiner Wahl veranlassen.

Entgeltpfändung

Der Arbeitgeber kann als Drittschuldner eine Pfändungs- und Überweisungsbeschluss zugestellt bekommen. Vom Moment der Zustellung an ist die Entgeltpfändung als bewirkt anzusehen. Durch den Pfändungs- und Überweisungsbeschluss wird dem Arbeitgeber verboten, an den Arbeitnehmer Entgelt zu zahlen und zugleich dem Arbeitnehmer geboten, sich jeder Verfügung über die Forderung, insbesondere ihrer Einziehung zu enthalten. Die Berechnung des tatsächlich gepfändeten Arbeitseinkommens hat der Arbeitgeber als Drittschuldner vorzunehmen. Da die Aufrechnung nur im Rahmen der Pfändungsfreigrenzen zulässig ist, hat der Arbeitgeber zunächst den pfändbaren Betrag zu ermitteln. Die Berechnung des pfändbaren Betrages hat nach Maßgabe der §§ 850ff. ZPO zu erfolgen. Die Pfändungsfreigrenzen ergeben sich aus § 850c ZPO und sind der zugehörigen Lohnpfändungstabelle zu entnehmen. Seit dem 1.1.2002 gelten neue Pfändungsfreibeträge. Das ermittelte Nettoarbeitsentgelt ist danach unpfändbar, wenn es je nach dem Zeitraum, für den es gezahlt wird, nicht mehr als

- 930,00 € monatlich oder
- 217,50 € wöchentlich oder
- 43,50 € täglich beträgt.

Der Mehrbetrag des Nettoarbeitsentgelts, der

- 2851,00 € monatlich oder
- 658,00 € wöchentlich oder
- 131,58 € täglich

übersteigt, ist voll pfändbar und kann ohne weiteres im Wege der Verrechnung einbehalten werden.

Erfindungen

Die arbeitsrechtliche Behandlung von Erfindungen und technischen Verbesserungsvorschlägen ist im Arbeitnehmererfindungsgesetz geregelt. Erfindungen i.S. dieses Gesetzes sind nur Erfindungen, die patent- oder gebrauchsmusterfähig sind. Technische Verbesserungsvorschläge sind Vorschläge für Neuerungen, die nicht patent- und gebrauchsmusterfähig sind (→ *Vorschlagswesen, betriebliches*).

Diensterfindungen hat der Arbeitnehmer dem Arbeitgeber schriftlich anzuzeigen, der sich dann entscheiden kann, ob er sie unbeschränkt oder beschränkt in Anspruch nehmen oder freigeben will. Beschränkte Inanspruchnahme bedeutet, dass der Arbeitgeber die Erfindung zwar für sich nutzt, dem Arbeitnehmer jedoch die anderweitige Verwertung freigibt. Auch nach der Inanspruchnahme durch den Arbeitgeber verbleibt das Recht der Erfinderbenennung beim Arbeitnehmer-Erfinder, für den es der Arbeitgeber beim Patentamt anzumelden hat. Bei Inanspruchnahme der Erfindung hat der Arbeitgeber dem Arbeitnehmer eine angemessene Vergütung zu bezahlen, deren Bemessung sich nach Richtlinien des Bundesarbeitsministeriums bestimmt.

Erholungsurlaub

Arbeitnehmer haben einen Anspruch nach Urlaub aus dem BUrlG. Der volle Urlaubsanspruch wird allerdings erstmalig erworben, wenn das Beschäftigungsverhältnis sechs Monate besteht. Ein Urlaubsanspruch wird nur für ein Urlaubsjahr erworben. Urlaubsjahr ist das Kalenderjahr, nicht aber das Beschäftigungsjahr. Von dieser Regelung des BUrlG kann weder durch Tarif- noch durch Einzelarbeitsvertrag oder Betriebsvereinbarung abgewichen werden (§ 13 BUrlG). Nach der Konzeption des BUrlG soll der Urlaubsanspruch grundsätzlich im Jahr seiner Entstehung (also im selben Kalenderjahr) realisiert werden. Der Urlaub soll vor allem deshalb im laufenden Kalenderjahr gewährt und auch genommen werden, um jedem Arbeitnehmer zumindest einmal im Jahr Gelegenheit zu geben, sich von der Arbeit zu erholen. Wird der Urlaub nicht im Urlaubsjahr genommen, so verfällt er grundsätzlich mit dessen Ende. In der betrieblichen Praxis ist aber die Übertragung des Urlaubsanspruches sehr verbreitet. Sie kommt dann in Betracht, wenn dringende betriebliche Gründe einer Realisierung im Urlaubsjahr entgegen stehen. Sie ist auch möglich, wenn in der Person des Arbeitnehmers liegende Gründe sich rechtfertigen. Nach den Regelungen des BUrlG muss der übertragene Urlaub binnen drei Monaten verbraucht werden. Eine finanzielle Abgeltung kommt nicht in Betracht. Die für den Einzelbetrieb geltenden tatsächlichen Regeln zur Übertragung von Resturlaub bestimmen sich nach Tarifverträgen und Betriebsvereinbarungen.

Auch der gesetzliche Mindesturlaub zeigt, dass sich die Wirklichkeit vom gesetzlichen Mindeststandard entfernt hat. § 3 Abs. 1 BUrlG legt einen Mindesturlaub von 24 Werktagen im Kalenderjahr fest. Dabei ist »Werktag« jeder Kalendertag, der nicht Sonn- oder Feiertag ist, also auch der Samstag. Die gesetzliche Urlaubsdauer beträgt also 24 Urlaube geteilt durch 6 Werktage; dies sind 4 Wochen.

In der Wirklichkeit hat sich längst eine Urlaubsdauer von ca. 30 Tagen durchgesetzt. Manchmal gelten Staffeln für ältere Arbeitnehmer. Bei der

Erholungsurlaub

tariflichen Urlaubsdauer von 30 Tagen pro Jahr geht der Text des Tarifvertrages i.d.R. davon aus, dass die Verteilung der Wochenarbeitszeit auf 5 Werktage (Montag bis Freitag) erfolgt. Daraus ergeben sich dann ein Urlaubsanspruch von 6 Wochen bei 30 Urlaubstagen, da der Samstag **nicht** mitgezählt wird.

Feiertage sind die Feiertage des Bundeslandes, in dem der Betrieb seinen Sitz hat. So hat z.B. das Land Sachsen nicht den Buß- und Bettag abgeschafft. Das Urlaubsrecht nimmt z.T. Bezug auf religiöse (evangelische bzw. katholische) Minderheiten im jeweiligen Gebiet und kennt auch regionale Feiertage, wie z.B. das Friedensfest, das nur im Stadtkreis Augsburg am 8. August begangen wird. Die anerkannten Feiertage sind:

- Neujahr,
- Heilige Drei Könige in Baden-Württemberg, Bayern und Sachsen-Anhalt,
- Karfreitag,
- Ostermontag,
- 1. Mai,
- Himmelfahrt,
- Pfingstmontag,
- Fronleichnam in Baden-Württemberg und Bayern, Hessen, Nordrhein-Westfalen, Rheinland-Pfalz und im Saarland,
- Mariä Himmelfahrt im Saarland,
- Tag der Deutschen Einheit,
- Reformationstag in Brandenburg, Mecklenburg-Vorpommern, Sachsen und Sachsen-Anhalt,
- Allerheiligen in Baden-Württemberg, Bayern, Nordrhein-Westfalen, Rheinland-Pfalz und im Saarland sowie
- der 1. und 2. Weihnachtstag.

Feiertage, die ohnehin auf einen Sonntag fallen, spielen für die Urlaubsberechnung keine Rolle.

Die Verwirklichung des kraft Gesetzes oder Tarifvertrages entstandenen Urlaubsanspruchs ist davon abhängig, dass der Arbeitgeber den Urlaub auch gewährt, also den Arbeitnehmer von der Arbeit für den Urlaubszeitraum freistellt. Der Wunsch des Arbeitnehmers ist dabei aber grundsätzlich zu respektieren, es sei denn, dringende betriebliche Belange stehen seinem Urlaubswunsch entgegen. Im Streitfall ist es Sache des Arbeitgebers, darzulegen und zu beweisen, dass der Urlaubswunsch nicht erfüllt werden kann. Durch ärztliches Zeugnis nachgewiesene Krankheitstage werden auf den Jahresurlaub nicht angerechnet, auch wenn sie in die Urlaubszeit fallen.

Erholungsurlaub

Ein gesetzlicher Anspruch auf Sonderurlaub existiert nicht, allerdings gibt es zahlreiche tarifvertragliche Vorschriften, auf die ein Anspruch gestützt werden kann. Ein Sonderurlaub ist i.d.R. eine Freistellung ohne Bezüge, z.B. für die Ausübung eines Ehrenamtes.

Erwerbsfähigkeit, verminderte

Die früheren Renten wegen Erwerbsunfähigkeit und Berufsunfähigkeit wurden zum 1.1.2001 zusammengeführt. Heute gibt es die Rente wegen verminderter Erwerbsfähigkeit, nach der unterschieden wird zwischen teilweiser und voller Erwerbsminderung. Keine Erwerbsminderung wird angenommen, wenn der Versicherte im Rahmen einer 5-Tage-Woche noch mindestens 6 Stunden täglich arbeiten kann.

Erziehungsgeld → *Elternzeit*

Erziehungsurlaub

Der umgangssprachlich noch als Erziehungsurlaub bezeichnete besondere Urlaub nach dem Bundeserziehungsgesetz wird heute als → *Elternzeit* bezeichnet (→ *Elternzeit*).

Europäischer Betriebsrat

Die Richtlinie des Rates über die Einsetzung eines Europäischen Betriebsrates oder die Schaffung eines Verfahrens zur Unterrichtung und Anhörung der Arbeitnehmer in gemeinschaftsweit operierenden Unternehmen und Unternehmensgruppen (94-45-EG) aus dem Jahre 1994 regelt die Kompetenzen des Europäischen Betriebsrates. Ein gemeinschaftsweit operierendes Unternehmen im Sinne dieser Richtlinie ist ein Unternehmen mit mindestens 1000 Arbeitnehmern in den Mitgliedstaaten der Europäischen Union und mit jeweils 150 Arbeitnehmern in mindestens zwei Mitgliedstaaten.

Die Zuständigkeit des Europäischen Betriebsrates (EBR) beschränkt sich auf die Unterrichtung und Anhörung über Angelegenheiten, die das gemeinschaftsweit operierende Unternehmen oder die gemeinschaftsweit operierende Unternehmensgruppe insgesamt oder mindestens zwei der

Betriebe oder der zur Unternehmensgruppe gehörenden Unternehmen in verschiedenen Mitgliedstaaten betreffen. Mitglied im EBR wird man dadurch, dass man von der nationalen Arbeitnehmervertretung oder von der Gesamtheit der Arbeitnehmer in direkter Wahl gewählt oder benannt wurde. Der EBR besteht aus mindestens 3 und höchstens 30 Mitgliedern. Der EBR kann sich durch Sachverständige seiner Wahl unterstützen lassen, soweit dies zur ordnungsgemäßen Erfüllung seiner Aufgaben erforderlich ist. Die anfallenden Kosten sind Kosten des Arbeitgebers.

Der EBR muss mindestens einmal im Kalenderjahr tagen und einen Bericht des Arbeitgebers entgegennehmen.

Europäischer Tarifvertrag → *Europäisches Gemeinschaftsrecht*

Europäisches Gemeinschaftsrecht

Im Rahmen der europäischen Integration gewinnt das europäische Gemeinschaftsrecht immer mehr an Bedeutung für das nationale Arbeitsrecht. Es sind zu unterscheiden die europäischen Rechtsquellen des primären Rechtes (EG-Vertrag, EU-Vertrag) und das sekundäre Recht, also die von den Gemeinschaftsorganen erlassenen Normen (→ *EG-/EU-Arbeitsrecht*). Entscheidende Bedeutung für das Arbeitsrecht kommt dabei dem sekundären Gemeinschaftsrecht zu, also den Verordnungen und Richtlinien.

Feiertagsarbeit

Feiertage sind wie Sonntage keine Werktage (vgl. die Übersicht unter → *Erholungsurlaub*). Ist der Arbeitnehmer an einem gesetzlichen Feiertag arbeitsunfähig erkrankt, besteht Anspruch auf Entgeltfortzahlung. Die Höhe des fortzuzahlenden Entgelts bestimmt sich nach dem Entgeltfortzahlungsgesetz.

Fortbildung

Wissen veraltet, und daher wird jeder den Anforderungen im Arbeitsleben nur dann gewachsen sein, wenn er Wissen und Können den veränderten Rahmenbedingungen anpasst. Dabei sind die Grenzen zwischen beruflicher und allgemeiner Weiterbildung fließend. Neben der fachlichen Fortbildung

Fortbildung

geht es um die Bereitschaft zur Übernahme von Verantwortung, Durchsetzungsvermögen, Kommunikationsfähigkeit und die Entwicklung von sozialen und interkulturellen Kompetenzen.

Frauenarbeitsrecht

Diskriminierung im Erwerbsleben ist ein Verstoß gegen Art. 3 Abs. 2 GG, in dem es schlicht heißt: Männer und Frauen sind gleichberechtigt. Da der grundgesetzliche Auftrag in der betrieblichen Realität häufig noch nicht verwirklicht ist, haben betriebliche Gleichstellungsbeauftragte die Aufgabe, Behinderungen und Benachteiligungen aufgrund der Zugehörigkeit zu einem Geschlecht aufzuspüren und den Arbeitgeber darauf aufmerksam zu machen, damit die Ursachen beseitigt werden können. Betriebliche Programme zur Förderung der Chancengleichheit bzw. zum *gender mainstreaming* (Konzept, nach dem die Auswirkung auf die Gleichstellung der Geschlechter in den jeweiligen Entscheidungsprozess einzubeziehen ist) sollen Gleichheit im Arbeitsleben ermöglichen und Barrieren beseitigen.

Die Lohngleichheit von Mann und Frau ist durch das Übereinkommen Nr. 111 der internationalen Arbeitsorganisation sowie durch Art. 4 Abs. 1 Nr. 3 der Europäischen Sozialcharta gesichert. Als Motor der Gleichstellung erwies sich Art. 119 Abs. 1 des EG-Vertrages, der gleiches Entgelt für Männer und Frauen bei gleicher Arbeit verlangt. Die Rechtsprechung des Europäischen Gerichtshofes hat in Anknüpfung an diese Bestimmung zahlreiche diskriminierende Passagen auch aus deutschen Einzelgesetzen moniert. Gesetzgeber und Rechtsprechung haben dann nationales Recht anpassen müssen. Im so genannten EG-Anpassungsgesetz von 1980 wurde der neue § 611a BGB geschaffen. Danach darf ein Arbeitgeber einen Arbeitnehmer bei einer Vereinbarung oder einer Maßnahme, insbesondere bei der Begründung des Arbeitsverhältnisses, beim beruflichen Aufstieg, bei einer Weisung oder einer Kündigung nicht wegen seines Geschlechtes benachteiligen. Die offene Diskriminierung, etwa bei der Einstellung, spielt in der betrieblichen Wirklichkeit kaum noch eine Rolle. Verdeckte Diskriminierungen aller Art und die so genannte mittelbare Diskriminierung sorgen aber häufig für Rechtsstreitigkeiten. Eine einseitige Ausschreibung einer Stelle nur für Angehörige eines Geschlechtes kann ausnahmsweise zulässig sein, so z.B. für eine Männerrolle im Film oder eine Frau für die Flughafenkontrolle, die typischen Sperren für Frauen in ehemals typischen Männerberufen (das Fehlen getrennter sanitärer Anlagen) jedoch dürfen nicht zur Ablehnung von weiblichen Bewerbern herangezogen werden.

Die typischen Arbeitszeitvorschriften, die Frauen den Zugang zu bestimmten Berufen versperrten (Nachtarbeitsverbot für Arbeiterinnen), sind inzwischen aufgehoben. Der gerechtfertigte Sonderschutz für Frauen ist der auf Art. 6 Abs. 4 GG beruhende Mutterschutz, der im MuSchG geregelt ist. Werdende oder stillende Mütter müssen Arbeitsbedingungen vorfinden, die ihrem Zustand angepasst sind. Darüber hinaus gibt es bestimmte Beschäftigungsverbote, wie z.b. das Verbot der Akkordarbeit für werdende und stillende Mütter.

Die Arbeitnehmerin ist nach § 3 Abs. 2 MuSchG sechs Wochen vor der voraussichtlichen Niederkunft und nach § 6 Abs. 1 MuSchG acht Wochen nach der Entbindung von der Arbeit freizustellen. Während dieser Schutzfrist wird ein Mutterschaftsgeld gezahlt.

Nach § 9 Abs. 1 MuSchG können werdende und stillende Mütter bis zum Ablauf von vier Monaten nach der Entbindung nicht gekündigt werden. Mutterschaft darf nicht zum Anlass genommen werden, Jahressonderzahlungen zu reduzieren.

Friedenspflicht → *Arbeitskampf*

Führung

Viele Entscheidungen, die praktische Auswirkungen auf das Beschäftigungsverhältnis haben, werden nicht vom unmittelbarem Vorgesetzten oder vom Arbeitgeber im juristischen Sinne gefällt, sondern vom Vorstand des Gesamtunternehmens. Der Vorstand, kontrolliert durch den Aufsichtsrat, orientiert sich am Gesamtunternehmens- bzw. Konzerninteresse und dessen Stellung in einer auf dem Wettbewerbsprinzip beruhenden privatwirtschaftlich verfassten Wirtschafts- und Gesellschaftsordnung. Grundlegende Entscheidungen auf dieser Ebene (Beschränkung auf das Kerngeschäft, Erweiterung der Produktpalette oder der Fertigungstiefe) berühren auch die Abläufe im Einzelbetrieb und haben Auswirkungen auf den einzelnen Arbeitsplatz. Einflussmöglichkeiten im Interesse der Arbeitnehmer bestehen hier auf Unternehmensebene durch die Arbeitnehmervertreter im Aufsichtsrat (→ *Mitbestimmung*). Die Möglichkeiten von betrieblichen und außerbetrieblichen Arbeitnehmervertretern im Aufsichtsrat steigen dann, wenn sie über einen Rückhalt in der Belegschaft verfügen.

Die Durchsetzung der Unternehmensentscheidungen kann auf vielfältige Weise erfolgen, hier kommt es auf die jeweilige Unternehmenskultur an.

Führung

Ein demokratisch-kooperativer Führungsstil setzt auf die eigenverantwortlichen Tätigkeitsfelder jedes Mitarbeiters und nicht auf hierarchisch betonte Autoritätsbeziehungen. Informationsfluss in beide Richtungen, durch aktive vorausschauende Information aus Sicht der Unternehmensleitung und Mitarbeiterbefragungen als Barometer für die Meinungen in der Belegschaft, sind in diesem Führungsstil selbstverständlich. Bürokratische und autoritäre Führungsprinzipien betonen dagegen Statusdenken, Kontrolle und Disziplin bei der Befolgung von Weisungen. Die reale Führungskultur ist häufig eine Mischung aus diesen Prinzipien und wird zunehmend mehr beeinflusst durch interkulturelle Veränderungen in multinationalen Unternehmen.

Unternehmen legen ihre Führungsphilosophie in Führungsgrundsätze nieder. Sie drücken sich auch aus in der Vision und in der Mission des Unternehmens. Die »Schönwetterpassagen« aus den »Hochglanzbroschüren« bestimmen nicht immer den betrieblichen Alltag. In Mitarbeiterbesprechungen und in Verbesserungsvorschlägen können Beschäftigte aber Bezug auf diese erklärten Grundsätze nehmen.

Zu einer systematischen Führungsarbeit gehören Beurteilungen und Beurteilungsgespräche. In der fortgeschrittensten Form ist dies die 360-Grad-Beurteilung oder das 360-Grad-Feedback, d.h. auch die Vorgesetzten werden durch ihre Mitarbeiter und durch ihre Kollegen in der Führungshierarchie sowie ihre Geschäftsführung oder ihren Vorstand beurteilt.

Fürsorgepflicht

Neben den vertraglichen Pflichten des Arbeitgebers gibt es allgemeine, von der Rechtsprechung entwickelte Pflichten, die die Rechtsprechung als Fürsorgepflicht bezeichnet. So muss z.B. der Arbeitgeber den Arbeitnehmer bei der Lohnpfändung beraten und darf in Zweifelsfragen nicht zu Ungunsten des Arbeitnehmers entscheiden.

Gefahrstoffe → *Gesundheitsförderung, betriebliche*

Gehalt → *Entgelt*

Geschäftsfahrzeug → *Dienstwagen*

Gesundheit → *Gesundheitsförderung, betriebliche*

Gesundheitsförderung, betriebliche

Eine notwendige Voraussetzung für eine betriebliche Gesundheitsförderung ist ein Gesundheitsreporting oder Gesundheitsmonitoring. Regelmäßig muss erfasst werden, wie viele Gesunde/Kranke der Krankenstand ausweist und welche Schlussfolgerungen daraus zu ziehen sind. Die Erhebung und Auswertung solcher Daten unterliegt der Mitbestimmung des Betriebsrates. Im Betrieb bzw. im Großunternehmen, im jeweiligen Einzelbetrieb oder sogar in der Betriebsstätte werden dann Arbeitskreise oder Gesundheitszirkel gebildet, deren Aufgabe die Analyse des regelmäßig erscheinenden Reportings oder Monitorings ist. Einzelmaßnahmen zur Gesundheitsförderung werden aus dieser Analyse abgeleitet. Gegebenenfalls kann man den regelmäßig tagenden Arbeitskreis als Steuerungskreis sehen, der dann themenbezogene Zirkel sporadisch einsetzt, die wiederum ihre Aufgabe erledigt haben, wenn das Problem beseitigt ist.

Zu den Instrumenten des Arbeitgebers gehören Präventionsgespräche und Rückkehrgespräche. Zu dem Präventionsgesprächen gehören die Fragenkomplexe Arbeitsumgebung und Arbeitsbelastung, aber auch die arbeitsbedingten Ursachen von Erkrankungen. Präventionsgespräche dürfen nicht der Disziplinierung von Beschäftigten dienen, sondern der Verbesserung des Krankenstandes. Rückkehrgespräche finden nach Rückkehr aus längeren Krankheiten statt. Hier gilt es, Maßnahmen der Reintegration in die Arbeitsabläufe zu besprechen.

Damit diese Gespräche nicht als Disziplinierung empfunden werden, kann ein Arbeitnehmer ein Betriebsratsmitglied hinzuziehen. Auch den institutionalisierten Ausschüssen und Zirkeln sollten neben Arbeitsmedizinern und Fachkräften für Arbeitssicherheit Vertreter des Betriebsrates angehören.

Gesundheitsschutz → *Gesundheitsförderung, betriebliche*

Gewerkschaft

Die Gewerkschaft als Interessenvertretung der Arbeitnehmer kann in Deutschland auf eine sehr lange Tradition zurückblicken. Im Jahre 1848 wurde mit der »Arbeiterverbrüderung« die erste Vorläuferorganisation der Gewerkschaften gegründet. Mit dem Scheitern der bürgerlichen Revolution von 1848 wurden aber auch die ersten Organisationsbestrebungen von Arbeiterorganisationen erstickt und 1854 schließlich aufgelöst. Auf dem Kongress des »Allgemeinen Deutschen Arbeitervereines« am 23.5.1863 in Leipzig schlossen sich die bestehenden Arbeitervereine zusammen. Die Anerkennung der Koalitionsfreiheit (→ *Tarifvertrag*; → *Mitbestimmung*; → *Tarifvertragsgeschichte*) machte schließlich die Organisation von freien Gewerkschaften möglich, die Anerkennung des Tarifvertrages als Instrument zur Regelung der Arbeitsbedingungen verschaffte den Gewerkschaften die Anerkennung als Tarifvertragspartei. Zu den Wurzeln der heutigen Gewerkschaften gehören neben den bereits genannten Arbeitergewerkschaften in sozialistischer Tradition auch die aus der christlich-sozialen Bewegung des Mainzer Bischofs von Ketteler hervorgegangenen christlichen Gewerkschaften (gegründet 1869). Der politische Liberalismus unterstützte die Bildung der Hirsch-Dunckerschen Gewerkvereine, die allerdings keinen entscheidenden Einfluss auf die deutsche Gewerkschaftsbewegung ausüben konnten.

Auf einem Gründungskongress im Jahre 1949 in München schlossen sich die Gewerkschaften der westlichen Besatzungszonen in Deutschland zum Deutschen Gewerkschaftsbund zusammen, die sich nach dem Industrieverbandsprinzip organisierten. Daneben gab es die nach dem Berufsverband organisierte Deutsche Angestelltengewerkschaft, die nach ihrer Verschmelzung in ver.di aufgegangen ist. Mit der Aufnahme von ver.di in den Deutschen Gewerkschaftsbund besteht keine eigenständige Nachfolgeorganisation der DAG außerhalb des DGB. Die Christliche Gewerkschaftsbewegung Deutschlands wurde 1954 gegründet und 1959 in Christlicher Gewerkschaftsbund (CGB) umbenannt. In der sowjetischen Besatzungszone entstand der Freie Deutsche Gewerkschaftsbund (FDGB), dessen Mitgliedsgewerkschaften sich nach staatlicher Auflösung der DDR mit ihren westlichen Partnern vereinigten bzw. deren Mitglieder den bundesdeutschen Gewerkschaften beitraten. Die deutschen Gewerkschaften sind Mitglied im Europäischen Gewerkschaftsbund und im Internationalen Bund freier Gewerkschaften. Der FDGB war Mitglied im Weltgewerkschaftsbund.

Zu den Mitgliedsgewerkschaften des Deutschen Gewerkschaftsbundes gehören heute:

- ver.di für den öffentlichen Dienst und den Dienstleistungssektor
- IG Metall für die Metall- und Elektroindustrie sowie für Textil, Holz und Kunststoff
- IG Bergbau, Chemie und Energie
- IG Bauen, Agrar, Umwelt
- Gewerkschaft Erziehung und Wissenschaft (GEW)
- Gewerkschaft Nahrung – Genuss – Gaststätten
- Gewerkschaft der Polizei

Gewerkschaftsrechte im Betrieb

Im Gegensatz zu den meisten anderen westeuropäischen Ländern ist das betriebliche Vertretungsorgan in Deutschland der Betriebsrat und nicht die Gewerkschaft. Gleichzeitig gibt es in vielen Betrieben gewerkschaftliche Vertrauensleute. In der betrieblichen Praxis findet trotz der gesetzlichen Trennung eine enge Zusammenarbeit zwischen Betriebsräten und den zuständigen Gewerkschaften statt. Betriebsräte sind i.d.R. Gewerkschaftsmitglieder und häufig ehrenamtliche Funktionäre ihrer Organisation. Die Anerkennung der Gewerkschaftsrechte im Betrieb stützt sich auch auf das Übereinkommen Nr. 135 über den Schutz und die Erleichterungen für Arbeitnehmervertreter im Betrieb der Internationalen Arbeitsorganisation (→ *Internationale Arbeitsorganisation*). Ein ausformuliertes »Gewerkschaftsrecht« fehlt, die Gewerkschaften haben »Gewerkschaftsgesetz« auch immer abgelehnt, da sie Beschränkungen ihrer Betätigungsfreiheit befürchten mussten. Gleichwohl gibt es zahlreiche Zugangsrechte für Gewerkschaftsbeauftragte und so genannte Kreationsrechte, d.h. Rechte zur Bildung von Betriebs- und Personalräten und bei der Wahl von Aufsichtsräten nach dem Mitbestimmungsgesetz.

Gewerkschaftsvertreter nehmen beratend an Betriebsratssitzungen oder Sitzungen des Personalrats teil. Gewerkschaften nehmen auch aktiv an Betriebs- bzw. Personalversammlungen teil.

Die gewerkschaftliche Werbung und Information ist im Betrieb gesichert.

In einer Reihe von Branchen gibt es Vereinbarungen zur Verbesserung der Rechte der Vertrauensleute im Betrieb.

Gewissensfreiheit

Art. 4 Abs. 1 GG schützt die Freiheit des Gewissens. Dieses Grundrecht gewinnt im Arbeitsverhältnis immer dann an Bedeutung, wenn Arbeitgeber im Rahmen ihres Direktionsrechts Anweisungen treffen, die die betroffenen Mitarbeiter nur unter einem Verstoß gegen die von ihrem Gewissen vorgegebenen Handlungsmaximen befolgen können. Es stellt sich also die Frage, ob Arbeitnehmer unter Berufung auf ihr Gewissen bestimmte Tätigkeiten ablehnen dürfen. Diese Konflikte gewinnen in Zeiten, in denen die Sensibilität gegenüber ethisch fragwürdigen Arbeitsaufgaben steigt, immer mehr an Bedeutung. Muss etwa ein bei einem Pharmakonzern beschäftigter Mediziner, der zutiefst von der Sinnlosigkeit eines Atomkrieges überzeugt ist, ein Medikament entwickeln, das die Symptome der Strahlenkrankheit reduziert und damit die »Verwendungsfähigkeit« von Soldaten im Kriegsfall erhält? Können Ingenieure unter Berufung auf ihr Gewissen die Mitarbeit an ökologisch fragwürdigen Projekten verweigern und dürfen Chemiker sich an der Entwicklung von Substanzen beteiligen, deren umweltschädliche Folgen erwiesen sind? Bei der Beantwortung dieser Fragen ist das Bundesarbeitsgericht bisher von einer mittelbaren Wirkung des Grundrechts aus Art. 4 Abs. 1 GG ausgegangen. Es hat die Gewissensfreiheit des Arbeitnehmers berücksichtigt und die Auslegung des § 315 BGB eingeschränkt, aus dem sich ergibt, dass ein Arbeitgeber seine Weisungen nach »billigem Ermessen« ausführen muss. Das Bundesarbeitsgericht hat aber auch die grundgesetzlich geschützte Betätigungsfreiheit des Unternehmers in seine Betrachtung einbezogen.

Aus dem Kern der Rechtsprechung des Bundesarbeitsgerichts zur Gewissensfreiheit ergeben sich folgende Grundsätze:

- Sofern ein Arbeitnehmer die ernsthafte Entscheidung getroffen hat, eine bestimmte Tätigkeit nicht mit dem Gewissen vereinbaren zu können, ist er nicht verpflichtet, diese Arbeit auszuführen.
- Voraussetzung ist allerdings, dass der Beschäftigte den Gewissenskonflikt in seiner konkreten Erscheinungsform beim Abschluss des Arbeitsvertrages nicht absehen konnte. Andernfalls ist eine Berufung auf die Gewissensentscheidung unzulässig.
- Ob eine Gewissensentscheidung vorliegt, kann nicht von einem Gericht beurteilt werden. Es reicht vielmehr aus, dass der Arbeitnehmer glaubhaft darlegt, dass er eine solche Entscheidung nach den Kategorien von Gut und Böse getroffen hat und für sich als bindend empfindet.
- Der Arbeitgeber kann jedoch in bestimmten Ausnahmefällen eine personenbedingte Kündigung aussprechen, und zwar dann, wenn keine anderweitige Beschäftigungsmöglichkeit für den entsprechenden Arbeit-

nehmer besteht. Allerdings hat er wohl ein gewisses Maß an Arbeitsausfall hinzunehmen, bevor ihm dieses Kündigungsrecht zusteht.

Gleichbehandlungsgebot, arbeitsrechtliches

Die Gleichbehandlungspflicht verbietet die willkürliche Schlechterstellung einzelner Arbeitnehmer gegenüber anderen in vergleichbarer Lage befindlichen. Eine Unterscheidung aus sachgerechten Gründen ist dagegen möglich. Art. 3 Abs. 3 GG bestimmt, dass niemand wegen seines Geschlechtes, wegen seiner Abstammung, seiner Rasse, Sprache, seiner Heimat und Herkunft, seines Glaubens, seine religiösen oder politischen Anschauungen benachteiligt oder bevorzugt werden darf. Der Gleichbehandlungsgrundsatz hat seinen gesetzlichen Niederschlag auch im Betriebsverfassungsgesetz gefunden (§ 75 Abs. 1 BetrVG).

Voraussetzung für das Vorhandensein eines Anspruches auf Gleichbehandlung ist immer, dass es sich um den gleichen Sachverhalt handelt. Die Rechtsprechung verlangt weiter, dass zwischen den gleich zu behandelnden Arbeitnehmern eine enge Beziehung besteht. Diese wird nur angenommen, wenn die Arbeitnehmer zu demselben Betrieb, nicht jedoch wenn sie zu verschiedenen Betrieben eines Unternehmens gehören. Diese Unterscheidung ist in »virtuellen« Unternehmen die durch elektronische Netze miteinander verbunden sind zunehmend problematisch. Das Gleichbehandlungsgebot setzt erst dann ein, wenn zwischen Arbeitgeber und Arbeitnehmer bereits eine Rechtsbeziehung, d.h. ein Arbeits- oder Ruhestandsverhältnis besteht. Ein Arbeitnehmer kann nicht auf Einstellung klagen, weil der Arbeitgeber andere, vergleichbare Arbeitnehmer eingestellt hat. Ein wichtiger Anwendungsbereich des Gleichbehandlungsgrundsatzes sind die freiwilligen, tariflich nicht abgesicherten Sozialleistungen des Arbeitgebers.

Gratifikation

Die Gratifikation ist eine Form der Sondervergütung mit einer speziellen Zweckbestimmung. Anerkennung einer Leistung oder Treue zum Unternehmen können Anlass für eine solche Zweckbestimmung sein (→ *Entgelt*, → auch *Einmalzahlung*).

Green Card → *Integration ausländischer Arbeitnehmer*

Grundgesetz → *Verfassung*

Grundrecht auf informationelle Selbstbestimmung

Das Grundrecht auf informationelle Selbstbestimmung ist die entscheidende Sperre gegen die Speicherung und Verarbeitung personenbezogener Daten ohne Einwilligung des Betroffenen. Die Schutzpflicht des Arbeitgebers wird vom Bundesdatenschutzgesetz anerkannt, obwohl es keinen ausdrücklichen Arbeitnehmerdatenschutz gibt. Der Datenschutz im Arbeitsleben ergibt sich aus einer Kombination der Vorschriften des Bundesdatenschutzgesetzes (BDSG) und des BetrVG bzw. der Personalvertretungsgesetze. Grundsätzlich ist die Zulässigkeit der Datenverarbeitung aus dem BDSG. Die zentrale Vorschrift des BDSG für das Arbeitsleben ist § 28, der die Speicherung von Arbeitnehmerdaten im Rahmen der Zweckbestimmung des Arbeitsverhältnisses erlaubt. Dies schließt auch die Zulässigkeit der Speicherung von Bewerberdaten ein. Nach der Rechtsprechung des Bundesarbeitsgerichtes können folgende Daten unproblematisch gespeichert werden:

- Geschlecht,
- Familienstand,
- Schule,
- Ausbildung in Lehr- und anderen Berufen,
- Fachschulausbildung/Fachrichtung/Abschluss bzw. Fachhochschul- oder Universitätsstudium und
- Sprachkenntnisse.

Auch die Speicherung von Krankheits- und Abwesenheitszeiten ist datenschutzrechtlich zulässig. Hier sind allerdings die Mitbestimmungsrechte des Betriebsrates zu beachten. Der Betriebsrat hat über die Einhaltung des BDSG gemäß § 80 Abs. 1 BetrVG zu wachen, denn das BDSG ist ein Gesetz, das zugunsten der Arbeitnehmer gilt.

Grundrechte im Arbeitsverhältnis

Der Schutz der Würde des Menschen (Art. 1 Abs. 1 GG), die freie Entfaltung der Persönlichkeit (Art. 2 Abs. 1 GG), das Gleichheitsgebot (Art. 3 GG) und die Berufsfreiheit (Art. 12 GG) sind als individuelle Freiheitsrechte des Bürgers gleichzeitig von großer Bedeutung für die Arbeitnehmer im Betrieb. Die Koalitionsfreiheit (Art. 9 Abs. 3 GG) ist Voraussetzung für die gewerkschaftliche Betätigung und den Abschluss von Tarifvereinbarungen. Art. 9 Abs. 3 GG gilt als »Doppelgrundrecht«, da es neben der kollektiven Seite auch die individuelle Koalitionsfreiheit, d.h. das Recht einer Gewerkschaft beizutreten und sich in ihr zu betätigen, enthält. Man könnte Art. 9 Abs. 3 GG als Grundrecht auf Solidarisierung bezeichnen.

Günstigkeitsprinzip → *Tarifverträge*

Haftung des Arbeitnehmers

Wenn dem Arbeitgeber durch Pflichtverletzung oder Schlechtleistung des Arbeitnehmers ein Schaden entstanden ist, so haftet er grundsätzlich. Die schuldhafte Schlechtleistung des Arbeitnehmers muss für den Eintritt des Schadens ursächlich gewesen sein. Neben dieser Kausalität ist zu prüfen, ob u.U. eine Mitverantwortung oder gar ein Mitverschulden des Arbeitgebers vorliegt. Dies ist immer dann der Fall, wenn notwendige Anweisungen nicht erteilt worden sind oder die Beaufsichtigung der Arbeit unterblieben ist.

Über das Mitverschulden des Arbeitgebers hinaus gibt es bestimmte Haftungsbeschränkungen zugunsten des Arbeitnehmers. Entscheidend für die Haftung des Arbeitnehmers ist der Grad des jeweiligen Verschuldens, also ob vorsetzlich gehandelt wurde oder grob, normal oder nur leicht fahrlässig. Schon immer galt der Grundsatz, dass bei gefahrengeneigter Arbeit Haftungseinschränkungen zugunsten des Arbeitnehmers wirken müssen. Darunter versteht man eine Tätigkeit, die es mit großer Wahrscheinlichkeit mit sich bringt, dass auch dem sorgfältigen Arbeitnehmer gelegentlich Fehler unterlaufen. Die neuere Rechtsprechung des Bundesarbeitsgerichtes stellt nicht mehr alleine auf die Gefahrengeneigtheit ab.

Im Falle der normalen Fahrlässigkeit kommt es in aller Regel zu einer Aufteilung des Schadens zwischen Arbeitgeber und Arbeitnehmer. Bei leichtester Fahrlässigkeit des Arbeitnehmers schaltet eine Haftung für verursachte Schäden aus. Bei Vorsatz und grober Fahrlässigkeit haftet der Arbeitnehmer unbeschränkt. Es kann allerdings zu Haftungserleichterungen kommen, wenn der Verdienst des Arbeitnehmers in einem deutlichen Missverhältnis zum Schadensrisiko steht.

Handelsvertreter

Eigentlich regelt das Handelsgesetzbuch (HGB) das Recht der Kaufleute. Der Handelsvertreter kann aber in einer Stellung, die der des Arbeitnehmers nicht unähnlich ist, arbeiten. Selbstständig ist nach § 84 Abs. 1 Satz 2 HGB nur derjenige, der frei seine Tätigkeit gestalten und seine Arbeitszeit bestimmen kann. Wer dies nicht kann und nur für eine Firma zuständig oder tätig ist, wird als »Einfirmenhandelsvertreter« bezeichnet (→ *arbeitnehmerähnliche Person*). Handelsvertreter sind allerdings keine Arbeitnehmer. Derjenige, der seine Aufgaben als Nichtselbstständiger wahrnimmt, ist nicht Handelsvertreter, sondern kaufmännischer Angestellter (und damit Arbeitnehmer). Dem Handelsvertreter steht z.B. bei Beendigung des Arbeitsverhältnisses kein Arbeitszeugnis zu. Dies gilt allerdings nicht für den »Einfirmenhandelsvertreter« für den § 92a HGB Mindestbedingungen festschreibt.

Für Streitigkeiten aus Handelsvertreterverträgen sind nicht die Zivilgerichte, sondern die → *Arbeitsgerichte* zuständig, wenn es sich bei dem Handelsvertreter um einen Einfirmenhandelsvertreter handelt. In steuerrechtlicher Hinsicht sind Handelsvertreter nicht lohnsteuerpflichtig und haben daher selbst ihre Einkommensteuer zu deklarieren.

Heimarbeit

Heimarbeit wird in der häuslichen Umgebung geleistet, und Heimarbeiter sind eigentlich keine Arbeitnehmer, da sie nicht persönlich von einem Arbeitgeber und dessen Weisungen abhängig sind (→ *arbeitnehmerähnliche Person*). Für Heimarbeiter existieren in der Regel keine Tarifverträge, daher ist der wichtigste Teil des gesetzlichen Schutzes die bindende Festsetzung des Entgelts durch den Heimarbeitsausschuss gemäß § 19 Heimarbeitsgesetz (HAG). Für die Einhaltung der Entgeltfestsetzungen haben die obersten Arbeitsbehörden der Bundesländer Sorge zu tragen.

Neben der klassischen Heimarbeit sind neue Formen von ähnlicher betriebsungebundener Tätigkeit entstanden, wie z.B. die → *Telearbeit*.

Auch für Heimarbeitsverhältnisse sind die → *Arbeitsgerichte* zuständig. Für die in Heimarbeit tätigen werdenden Mütter gelten die Regelungen des gesetzlichen Mutterschutzes. Der Kündigungsschutz findet allerdings auf Heimarbeiter keine Anwendung. Hier gibt es in §§ 29 und 29a HAG spezielle Regelungen. Danach kann in der Regel das Beschäftigungsverhältnis eines in Heimarbeit Beschäftigten beiderseits an jedem Tag für den Ablauf

des folgenden Tages gekündigt werden. Wird allerdings ein in Heimarbeit Beschäftigter überwiegend von einem Auftraggeber oder Zwischenmeister beschäftigt, so kann das Beschäftigungsverhältnis mit einer Frist von vier Wochen zum 15. oder zum Ende eines Kalendermonats gekündigt werden. Die Frist verlängert sich bei langjähriger Beschäftigung. Sie beträgt
- wenn das Arbeitsverhältnis zwei Jahre bestanden hat: 1 Monat,
- fünf Jahre: 2 Monate,
- acht Jahre: 3 Monate,
- zehn Jahre: 4 Monate,
- zwölf Jahre: 5 Monate,
- fünfzehn Jahre: 6 Monate,
- zwanzig Jahre: 7 Monate

jeweils zum Ende eines Kalendermonats.
Bei der Berechnung der Beschäftigungsdauer werden allerdings Zeiten, die vor der Vollendung des 25. Lebensjahres des Beschäftigten liegen, nicht berücksichtigt.
§ 29a HAG regelt den Kündigungsschutz von Mitgliedern eines Betriebsrates oder einer Jugendvertretung, die in Heimarbeit tätig sind, sowie von Mitgliedern von Wahlvorständen.

Insolvenz

Durch die Insolvenzordnung (InsO) soll ein Verfahren zur möglichst gleichmäßigen Befriedigung der Gläubiger eines zahlungsunfähigen Schuldners bereitgestellt werden. Die Gläubiger werden in eine Rangordnung sortiert mit dem Risiko, dass niederrangige oder nachrangige Gläubiger ihren Anspruch nicht mehr geltend machen können. Das Insolvenzverfahren löst die früher getrennten Konkurs- und Vergleichsverfahren ab. So soll die Sanierung eines Unternehmens besser ermöglicht werden. Insolvent ist der Schuldner, der seine Schulden nicht mehr begleichen kann. Das Insolvenzverfahren wird vom Amtsgericht am Sitz des Schuldners als Insolvenzgericht eröffnet. Es muss ein Insolvenzgrund vorliegen, dies ist i.d.R. die Zahlungsunfähigkeit des Schuldners und bei juristischen Personen auch deren Überschuldung. Nach Eröffnung des Insolvenzverfahrens wird ein Insolvenzverwalter eingesetzt.
Das Insolvenzverfahren ändert nichts an der Rechtsstellung des Arbeitnehmers. Das Arbeitsverhältnis selbst besteht unverändert fort. Die Eröffnung des Insolvenzverfahrens ist kein Grund zur fristlosen Kündigung. Der Insolvenzverwalter kann jedoch abweichend von der vereinbarten Kündi-

Insolvenz

gungsfrist drei Monate zum Monatsende kündigen (§ 113 Abs. 1 InsO). Der Unterschied beim Kündigungsverfahren zwischen Normalfall und Insolvenzfall besteht vor allem in Folgendem:
- Kündigungsschutzklagen müssen abweichend vom § 13 Abs. 1 und 3 KSchG und bei jedem Kündigungsgrund binnen drei Wochen behoben werden (§ 13 Abs. 2 InsO).
- Im Falle einer Betriebsänderung kann der Insolvenzverwalter von sich aus in einem Beschlussverfahren die gerichtliche Feststellung verlangen, dass die Kündigung bestimmter Arbeitnehmer zulässig ist (§ 126 Abs. 1 InsO). Eine rechtskräftige Entscheidung in einem solchen Verfahren ist auch für einzelne Arbeitnehmer bindend, die später Kündigungsschutzklage erheben (§ 127 InsO).
- Veräußert der Insolvenzverwalter einen Betrieb oder Betriebsteil, gehen die Arbeitsverhältnisse auf den Erwerber über (§ 613a BGB gilt auch im Insolvenzfall).

Integration ausländischer Arbeitnehmer

Ausländische Arbeitnehmer bedürfen nach § 281 SGB III eine Arbeitserlaubnis. Seit dem Anwerbestopp im Jahre 1973 erhalten prinzipiell nur noch Ehepartner und Kinder von bereits hier beschäftigten Ausländern eine neue Aufenthaltserlaubnis. Mit der Ausnahme der Ableistung des Wehrdienstes ist eine Wiedereinreise nach einem mehr als sechsmonatigen Aufenthalt außerhalb der Bundesrepublik ausgeschlossen. Die erstmalige Aufenthaltserlaubnis wird grundsätzlich nur befristet erteilt. Die unbefristete Aufenthaltserlaubnis wird ausländischen Arbeitnehmern auf Antrag i.d.R. nach fünfjährigem, die so genannte Aufenthaltsberechtigung nach achtjährigem Aufenthalt erteilt.

Nicht betroffen sind Staatsangehörige anderer EU-Staaten, die nach Art. 48 EG-Vertrag Freizügigkeit genießen und deshalb keiner Arbeitserlaubnis bedürfen. Asylbewerber sind von ausländischen Arbeitnehmern zu unterscheiden; über ihre Anerkennung entscheidet ein Bundesamt. Für Kinder und nachziehende Ehepartner wird die gesetzliche Frist verkürzt auf eine Wartezeit von zwei Jahren für Kinder und von vier Jahren für Ehegatten.

Die besondere Arbeitserlaubnis wird unabhängig von der Lage und Entwicklung des Arbeitsmarktes erteilt, wenn der ausländische Arbeitnehmer fünf Jahre ohne Unterbrechung legal im Bundesgebiet beschäftigt war oder einen deutschen Ehepartner hat oder anerkannter Asylberechtigter bzw. Flüchtling ist. Läuft die Arbeitserlaubnis während eines bestehenden Ar-

Integration ausländischer Arbeitnehmer

beitsverhältnisses ab, so kann der Arbeitgeber kündigen, wenn der Arbeitnehmer sich nicht ausreichend um eine neue Arbeitserlaubnis bemüht und eigene Bemühungen des Arbeitgebers auch nicht zu einer Neuerteilung führen. Neben den legal beschäftigten ausländischen Arbeitnehmern gibt es noch eine erhebliche Zahl von illegal Beschäftigten. Neben der Arbeitserlaubnis benötigt der ausländische Arbeitnehmer eine Aufenthaltsgenehmigung nach § 5 Ausländergesetz.

Ausländische Staatsangehörige, die hier geboren und aufgewachsen sind, erhalten i.d.R. eine unbefristete Aufenthaltserlaubnis.

Ausländische Arbeitnehmer haben das aktive und passive Wahlrecht zum Betriebsrat. Die Koalitionsfreiheit des GG steht Deutschen wie Ausländern zu. Ausländische Arbeitnehmer können die Arbeitsgerichtsbarkeit in gleicher Weise wie Deutsche in Anspruch nehmen, und ihnen wird unentgeltlich ein Dolmetscher zur Verfügung gestellt.

Im Arbeitsförderungsrecht wird die bisherige »besondere Arbeitserlaubnis« als Arbeitsberechtigung und die bisherige »allgemeine Arbeitserlaubnis« als Arbeitserlaubnis bezeichnet. Die Arbeitsberechtigung kommt bei Personen in Betracht, die in einer Lebensgemeinschaft mit einem deutschen Familienangehörigen stehen und im Besitz einer ausländerrechtlichen Aufenthaltserlaubnis sind:

- unanfechtbar anerkannte Asylberechtigte (also nicht Asylbewerber),
- Personen, die eine ausländerrechtliche Aufenthaltserlaubnis besitzen.

Die Arbeitserlaubnis kommt für den ausländischen Arbeitnehmer in Betracht, der keine Arbeitsberechtigung besitzt. Sie kann erteilt werden, wenn die Beschäftigung des ausländischen Arbeitnehmers keine nachteiligen Auswirkungen auf den Arbeitsmarkt mit sich bringt. Dafür sind folgende Voraussetzungen nötig:

- Für die Beschäftigung steht ein deutscher Arbeitnehmer nicht zur Verfügung, und
- der Ausländer wird nicht zu ungünstigeren Arbeitsbedingungen als vergleichbare deutsche Arbeitnehmer beschäftigt.

Die Erteilung wird unter dem Gesichtspunkt der Verhältnisse des Einzelfalls vom Arbeitsamt geprüft.

Die Verordnung über die Arbeitsgenehmigung für hochqualifizierte ausländische Fachkräfte der Informations- und Kommunikationstechnologie aus dem Jahre 2000 hat den Zweck, den Mangel an hoch qualifizierten Fachkräften in diesen Bereichen auszugleichen. Sie wird – trotz Unterschiede in der Ausgestaltung – nach dem amerikanischen Vorbild Green Card genannt. Green Card-Bewerber müssen eine Hochschul- oder Fachhochschulausbildung mit dem Schwerpunkt Informations- und Kommuni-

Integration ausländischer Arbeitnehmer

kationstechnologie abgeschlossen haben oder ein Einkommen von mindestens 50000 € per anno nachweisen.
Die Arbeitserlaubnis für Green Card-Inhaber ist befristet auf die Dauer der Beschäftigung, maximal auf fünf Jahre. Das Verfahren zur Erlaubniserteilung soll beschleunigt erfolgen. Die Höchstzahl von Arbeitserlaubnissen nach dieser Verordnung ist auf 10000 festgelegt worden, kann aber auf 20000 angehoben werden.

Interessenausgleich

Mit einem Interessenausgleich sollen die Umstände, unter denen eine Betriebsänderung erfolgt, einvernehmlich zwischen Arbeitgeber und Betriebsrat geregelt werden. Im Gegensatz zum → *Sozialplan* kann der Interessenausgleich nicht gegen den Willen des Arbeitgebers durch Einigungsstellenspruch durchgesetzt werden. Ein solcher kann zwar herbeigeführt werden, ist aber nicht verbindlich. Der Interessenausgleich dient der Vermeidung wirtschaftlicher Nachteile. Der Interessenausgleich ist keine Betriebsvereinbarung, sondern eine Kollektivvereinbarung eigener Art.

Interessenvertretungen in Europa

Das deutsche System der Betriebsverfassung unterscheidet sich von den Interessenvertretungssystemen in anderen EU-Ländern.
Große Ähnlichkeiten hat die Betriebsverfassung in der Bundesrepublik mit dem Betriebsrätesystem in **Österreich**.
In **Italien** haben die auf Vereinbarung zwischen Arbeitgeberverbänden und Gewerkschaften beruhenden Betriebsausschüsse keinerlei Befugnisse, betriebliche Vereinbarungen abzuschließen und müssen daher bei Streitigkeiten über die gewerkschaftliche Interessenvertretung Druck auf den Verhandlungsgegner ausüben. Die Ende der sechziger Jahre des vorigen Jahrhunderts entstandenen Fabrikräte, deren Existenz durch das Arbeitnehmerstatut abgesichert ist, sind Organe der gewerkschaftlichen Interessenvertretung.
In **Frankreich** existieren – historisch gewachsen – mehrere Einrichtungen nebeneinander: die Belegschaftsvertreter, die schon von der Volksfrontregierung 1936 installiert worden sind und die nur Beschwerderechte haben, die nach dem 2. Weltkrieg entstandenen Beschwerdeausschüsse, denen auch der Arbeitgeber (oder sein Vertreter) angehören und die ledig-

lich Beratungsfunktion haben, sowie die Ausschüsse für Gesundheitsschutz und Arbeitssicherheit. Die Ausdrucksrechte für die Beschäftigten verstärkten die Verhandlungsrechte der Gewerkschaften nach der Reform von 1981. Die Einrichtung von Gewerkschaftssektionen im Betrieb wurde nach den Ereignissen im Mai 1968 zugelassen.
In **Großbritannien** verhandeln die Gewerkschaftsvertreter direkt mit dem Arbeitgeber.»Betriebsräte« sind paritätische Beratungsausschüsse, die häufig auf Arbeitgeberinitiative geschaffen worden sind.

Internationale Arbeitsorganisation

Der vom Deutschen Reich im Jahre 1890 vorbereiteten Internationalen Arbeitsschutzkonferenz lag der »kaiserliche Erlass« zugrunde, in dem erstmals die Notwendigkeit einer internationalen Sozialpolitik angesprochen wurde. Die 1889 gegründete Internationale Vereinigung für Arbeitsschutz führte mehrere Arbeitsschutzkonferenzen durch und erarbeitete zweiseitige Sozialversicherungsverträge. Die Pariser Friedenskonferenz nach dem 1. Weltkrieg setzte sich für einen Ausschuss für internationale Gesetzgebung ein. Die Verfassung der neu zu schaffenden internationalen Arbeitsorganisation wurde dann als Teil »Arbeit« in die Friedensverhandlungen von Versailles aufgenommen. Bei ihrer Gründung zählte die Internationale Arbeitsorganisation 45 Mitgliedstaaten. Bis zum Jahre 1932 wurden insgesamt 33 Übereinkommen verabschiedet. Sie betrafen so wichtige Komplexe wie die Arbeitszeit in gewerblichen Betrieben mit der Begrenzung der täglichen Arbeitszeit auf 8 und der wöchentlichen Arbeitszeit auf 48 Stunden sowie die Aufforderung an die Mitgliedstaaten, ein wirksames System einer Arbeitslosenversicherung zu schaffen. 1934 wurde die Verfassung der Internationalen Arbeitsorganisation aus den Friedensverträgen herausgelöst, so dass sie auch nach Auflösung des Völkerbundes als Sonderorganisation weiter bestehen konnte.
Ein Neuanfang begann 1944 mit der Konferenz von Philadelphia, auf der Ziele und Zweck der Internationalen Arbeitsorganisation neu bestimmt wurden. Da der Völkerbund nicht mehr existierte, wurde die Internationale Arbeitsorganisation zur ersten Sonderorganisation der Vereinten Nationen.
Der Internationalen Arbeitsorganisation gehören heute über 150 Länder an. Jährlich tritt eine Vollversammlung als Internationale Arbeitskonferenz zusammen. Der Verwaltungsrat verwaltet das Budget und steuert die Arbeit des Internationalen Amtes als ausführende Behörde.

Internationale Arbeitsorganisation

Die wesentlichen Aufgaben der Internationalen Arbeitsorganisation sind die Normensetzung und die Normenkontrolle. Übereinkommen der Internationalen Arbeitsorganisation sind Rechtsinstrumente zur Schaffung von internationalen Verpflichtungen der Mitgliedsländer. Die multinationalen Verträge haben keine automatische Bindungswirkung, sondern müssen erst von den Mitgliedstaaten ratifiziert werden. Neben den Übereinkommen gibt es Empfehlungen, die sozial- und arbeitsrechtliche Leitlinien enthalten.

Für die Auslegung der Normen gilt ein besonderes Verfahren, nach dem die Mitgliedstaaten in bestimmten Abständen verpflichtet sind, Berichte einzureichen, die von einem sachverständigen Ausschuss überprüft werden und einem Ausschuss der jährlich stattfindenden Internationalen Konferenz als Beratungsgrundlage dienen. In diesem Konferenzausschuss können Vertreter der Mitgliedstaaten befragt werden und Verstöße gegen Normen der ILO durch Aufnahme des entsprechenden Staates in eine besondere Liste *(special paragraph)* aufgenommen werden. Neben dem Berichtssystem gibt es ein besonderes Beschwerdesystem bei Verletzung ratifizierter Übereinkommen durch Mitgliedstaaten. Die Arbeit der Internationalen Arbeitsorganisation beruht auf dem Prinzip der so genannten Dreigliedrigkeit (Tripartismus), nach dem Regierungen, Gewerkschaften und Arbeitgeberorganisationen auf allen Ebenen vertreten sind. Zu den wichtigen Normen der Internationalen Arbeitsorganisation gehören:

- Das Übereinkommen Nr. 87 über die Vereinigungsfreiheit und den Schutz des Vereinigungsrechtes. Dieses Übereinkommen verpflichtet jedes Mitglied der Internationalen Arbeitsorganisation, für das es in Kraft ist, Bestimmungen zur Anwendung zu bringen, nach denen die Arbeitnehmer und die Arbeitgeber ohne jeden Unterschied das Recht haben, ohne vorherige Genehmigung Organisationen nach eigener Wahl zu bilden und solchen Organisationen beizutreten. Die Organisationen haben das Recht, sich Satzungen und Geschäftsordnungen zu geben, d.h. ihre Tätigkeit frei zu regeln. Das Übereinkommen Nr. 87 enthält keine ausdrückliche wörtliche Streikgarantie, wird aber aufgrund der Spruchpraxis der Normenüberwachungsorgane implizit als Streikgarantie angesehen.
- Das Übereinkommen Nr. 98 über die Anwendung der Grundsätze des Vereinigungsrechtes und des Rechtes zu Kollektivverhandlungen garantiert allen Arbeitnehmern und Arbeitgebern ein freies Verhandlungssystem, zu dem auch das Streikrecht gehört. Hier haben diejenigen Bestimmungen besonderes Gewicht, die die Arbeitnehmer und Gewerkschaften vor Eingriffen der Arbeitgeberseite schützen sowie die Diskriminierung wegen Gewerkschaftszugehörigkeit untersagen.

- Das Übereinkommen Nr. 135 über Schutz und Erleichterung für Arbeitnehmervertreter im Betrieb schützt Arbeitnehmervertreter vor jeglicher Benachteiligung einschließlich der Kündigung.
- Das Übereinkommen Nr. 29 verbietet Zwangs- oder Pflichtarbeit.
- Das Übereinkommen Nr. 5 beinhaltet die Abschaffung der Zwangsarbeit.
- Das Übereinkommen Nr. 111 verbietet die Diskriminierung der Beschäftigung und Beruf.
- Das Übereinkommen Nr. 100 fordert die Gleichheit des Entgelts männlicher und weiblicher Arbeitskräfte für gleichwertige Arbeit.
- Das Übereinkommen Nr. 122 über die Beschäftigungspolitik soll die Regierungen veranlassen, die Überwindung der Arbeitslosigkeit zu einem Ziel ihrer Wirtschafts- und Beschäftigungspolitik zu machen.
- Das Übereinkommen Nr. 96 regelt die entgeltliche Arbeitsvermittlung.
- Das Übereinkommen Nr. 26 sieht Verfahren zur Festsetzung von Mindestlöhnen vor.
- Das Übereinkommen Nr. 132 sichert einen bezahlten Mindesturlaub. (Dieser betrug im Jahre 1936 noch 6 Werktage und wurde 1954 auf 2 Arbeitswochen heraufgesetzt.)
- Das Übereinkommen Nr. 140 verpflichtet die Staaten, einen bezahlten Bildungsurlaub zu fördern.
- Das Übereinkommen Nr. 138 hat nach mehreren Vorgänger-Übereinkommen die Abschaffung der Kinderarbeit zum Ziel. Das Mindestalter beträgt heute 15 Jahre, darunter dürfen nur in Ausnahmefällen (landwirtschaftliche Familien und Kleinbetriebe) Kinder nicht beschäftigt werden.

Jugendarbeitsschutz

Das Mindestalter für den Eintritt in den Arbeitsprozess wurde auch in der Bundesrepublik Deutschland nach der Ratifikation des ILO-Übereinkommens Nr. 138 (→ *Internationale Arbeitsorganisation*) auf 15 Jahre festgelegt. Auch die EG-Jugendarbeitsschutzrichtlinie aus dem Jahre 1994 schreibt die 15-Jahres-Grenze definitiv fest. Das Verbot der Kinderarbeit umfasst grundsätzlich alle Arten von Beschäftigungen. Es kennt allerdings eine Reihe von Ausnahmen, wie z.B. die geringfügigen Hilfeleistungen, die Tätigkeit im Familienhaushalt, ein Betriebspraktikum oder die Mitarbeit in der Landwirtschaft, sofern die Inanspruchnahme 3 Stunden täglich nicht übersteigt (ab 13 Jahre). Auch andere leichte und für Kinder geeignete Arbeiten sind ab dem 13. Lebensjahr erlaubt.

Jugendarbeitsschutz

Jugendliche von 15 bis 18 Jahren dürfen nicht mehr als 40 Stunden wöchentlich beschäftigt werden. Für Jugendliche besteht ein Verbot der Nachtarbeit. Jugendliche sind von der Akkordarbeit ausgeschlossen, und eine ärztliche Untersuchung ist für sie obligatorisch. Die Interessenvertretung der Jugendlichen ist die → *Jugend- und Ausbildungsvertretung*.

Jugend- und Ausbildungsvertretung

Die Jugend- und Ausbildungsvertretung (JAV) besteht i.d.R. aus Mitgliedern, die sich selbst in einem Ausbildungsverhältnis befinden. Den Mitgliedern einer JAV muss drei Monate vor Beendigung des Ausbildungsverhältnis eine Mitteilung darüber gemacht werden, dass sie nicht in ein unbefristetes Arbeitsverhältnis übernommen werden, wenn der Arbeitgeber dies beabsichtigt. Die JAV hat gesetzliche Rechte, die häufig denen des Betriebsrates nachgebildet sind. Sie hat allerdings keine eigenen Durchsetzungsmöglichkeiten. Sie bringt vielmehr ihre Forderungen in die Betriebsratsarbeit ein. Das gesamte Gremium JAV hat ein Teilnahmerecht, wenn der Betriebsrat Angelegenheiten von Jugendlichen und in Ausbildung befindlichen Arbeitnehmern behandelt. Auch die Wahl einer JAV erfolgt auf Initiative des Betriebsrates. Die JAV kann zu einer Jugend- und Auszubildendenversammlung einladen, sie findet im Regelfall unmittelbar vor oder nach der Betriebsversammlung statt.

Kinderarbeit → *Internationale Arbeitsorganisation;* → *Jugendarbeitsschutz*

Kindergeld

Das Kindergeld ist schon seit 1996 grundsätzlich vom Arbeitgeber auszuzahlen. Das Bundesverfassungsgericht hat im Jahre 1998 u.a. festgestellt, dass das Existenzminimum eines Kindes nicht nur den sächlichen Mindestbedarf, sondern auch einen Betreuungs- und Erziehungsbedarf umfasst. Um den Vorgaben des Bundesverfassungsgerichtes Genüge zu tun, ist zu Beginn des Jahres 2000 ein aufwendungsunabhängiger Betreuungsfreibetrag eingeführt worden. Mit Wirkung ab dem 1.1.2002 ist der bisherige Betreuungsfreibetrag durch einen Freibetrag für den Betreuungs- und Erziehungs- oder Ausbildungsbedarf ersetzt und gleichzeitig auf 2160 € erhöht worden. Kindergeld oder Kinderfreibetrag und Freibetrag für Betreuungs-, Erziehungs- oder Ausbildungsbedarf können nur **alternativ** in Anspruch genommen werden. Während des Kalenderjahres wird die Vergünstigung für ein Kind ausschließlich in Form des Kindergeldes gewährt. Das Kindergeld ist für das erste und zweite Kind monatlich auf 150 € angehoben worden. Für das dritte Kind galt bereits ein Betrag von 154 €, für das vierte und jedes weitere Kind gilt ein Betrag von 179 €.

Kleinbetrieb

Betriebe, in denen nicht mehr als fünf Arbeitnehmer beschäftigt sind, sind vom Kündigungsschutzgesetz ausgenommen (→ *Kündigung*). Der Begriff »Kleinbetrieb« muss verfassungskonform so ausgelegt werden, dass dabei die Größe des Gesamtunternehmens beachtet wird. Ein »allein stehender« Kleinbetrieb ist grundsätzlich etwas anderes als ein eingerichteter Betrieb in der Vertriebsorganisation eines Großunternehmens.

Koalitionsfreiheit → *Streikfreiheit und Streikrecht*

Konzern

Nach der gesetzlichen Definition des § 18 Aktiengesetz ist ein Konzern der Zusammenschluss von einem herrschenden und einem oder mehreren abhängigen Unternehmen unter der einheitlichen Leitung eines herrschenden Unternehmens. Auch rechtlich selbstständige Unternehmen, bei denen das eine Unternehmen von dem anderen nicht abhängig ist, können unter einheitlicher Leitung zusammengefasst werden und einen Konzern bilden. Die einzelnen Unternehmen sind dann Konzernunternehmen. Für die betriebliche Interessenvertretung gilt, dass ein Konzernbetriebsrat gebildet werden kann. Mitbestimmungsrechtlich können Arbeitnehmer des Konzerns die Arbeitnehmervertreter im Aufsichtsrat der herrschenden Gesellschaft mitwählen. Sie werden auch bei der Berücksichtigung bzw. Überschreitung der Beschäftigtengrenze von 2000 Arbeitnehmern des Mitbestimmungsgesetzes mitgezählt.

Krankengeld

Während seiner Krankheit erhält der Arbeitnehmer von einem Sozialleistungsträger das Krankengeld. Während dieser Zeit leistet der Arbeitgeber keine Sozialversicherungsbeiträge. Eine Ausnahme gilt dann, wenn ein Krankengeldbezieher eine Teilzeitarbeit verrichtet, aus dem erzielten Teilarbeitsentgelt sind dann Sozialversicherungsbeiträge abzuführen. Einmalzahlungen sind in der Regel beitragspflichtig.

Krankheit → *Lohnfortzahlung bei Krankheit*

Krankenversicherung

Die Versicherungspflicht in der gesetzlichen Krankenversicherung wird durch ein entgeltliches Beschäftigungsverhältnis ausgelöst, das den geringfügigen Umfang überschreiten muss, andererseits aber die Jahresarbeitsentgeltgrenze (2002: 40500 € in den alten und neuen Bundesländern) nicht überschreiten darf. Wer die Jahresarbeitsentgeltgrenze überschreitet, kann sich freiwillig krankenversichern.
Dem Versicherten stehen Sachleistungen zu (Arztbehandlung, Krankenhausaufenthalt etc.). Erkrankt der Arbeitnehmer arbeitsunfähig, so muss ihm der Arbeitgeber, sofern das Arbeitsverhältnis schon mindestens vier Wochen besteht, sechs Wochen lang das Entgelt weiterbezahlen. Nach Ablauf dieser Zeit leistet die gesetzliche Krankenversicherung 70% des bislang erzielten Bruttoeinkommens einschließlich Einmalzahlungen (maximal 90% des Nettoeinkommens als Krankengeld).

Kündigung

Arbeitnehmer sind vor Kündigung des Arbeitsverhältnisses geschützt, wenn
- ihr Arbeitsverhältnis mindestens 6 Monate besteht und
- in dem Betrieb oder in der Verwaltung, in dem sie tätig sind, mindestens 6 Beschäftigte (ausschließlich der Auszubildenden) tätig sind.

Wenn es sich bei dem »Betrieb« um eine dezentrale Einheit handelt, die auf mehrere Standorte verteilt ist, so bleibt dennoch der Gesamtbetrieb oder sogar das Gesamtunternehmen »Betrieb« im Sinne des Kündigungsschutz-

Kündigung

rechtes. Lediglich dann, wenn es eine einheitliche Leitung eines dezentral organisierten Betriebes gibt, zählt dieser als Betrieb im Sinne des KSchG. Nach der Konzeption des KSchG ist eine Kündigung nur dann rechtswirksam, wenn sie auch sozial gerechtfertigt ist. Hiervon geht das Gesetz aus, wenn der Arbeitnehmer nicht innerhalb von drei Wochen nach Zugang der Kündigung Klage beim Arbeitsgericht eingereicht hat, in der er sich auf die fehlende soziale Rechtfertigung beruft. Sozial gerechtfertigt kann wiederum eine Kündigung sein, wenn Umstände vorliegen, die bei verständiger Würdigung und Abwägung der Interessen von Arbeitnehmer und Arbeitgeber die Kündigung als verhältnismäßig erscheinen lassen. Die Gründe können

- personenbedingt
- verhaltensbedingt oder
- betriebsbedingt sein.

Personenbedingte Gründe, die eine Kündigung rechtfertigen können, sind z. B. lang anhaltende Krankheiten, wenn der Zeitpunkt nicht absehbar ist, zu dem die Arbeitsfähigkeit wieder hergestellt werden kann, häufige Kurzerkrankungen bei objektiver Wiederholungsgefahr und dadurch bedingter umzumutbarer Beeinträchtigung betrieblicher Interessen oder die Unfähigkeit, eine Arbeitsleistung noch vertragsgemäß zu erbringen.

Ein Verhalten, das gegen arbeitsvertragliche Pflichten verstößt, kann als Kündigungsgrund in Betracht kommen. Vorgänge in der Freizeit haben nur dann Bedeutung, wenn sie sich auf die Arbeitsleistung auswirken.

Nicht jede Pflichtverletzung stellt einen Kündigungsgrund dar, denn die Kündigung soll das letzte Mittel sein. Zuvor kann der Arbeitgeber eine Abmahnung oder auch die Versetzung an einen anderen Arbeitsplatz prüfen. Die Rechtsprechung verlangt hier eine Abwägung der wechselseitigen Interessen durch einen verständig urteilenden Arbeitgeber. Dem Arbeitgeber muss die Fortsetzung des Arbeitsverhältnisses auch unter Berücksichtigung der Belastung des Arbeitnehmers durch den Verlust des Arbeitsplatzes nicht mehr zugemutet werden können. Dafür kann ausreichend sein

- häufiges Zuspätkommen trotz Abmahnung,
- häufige Trunkenheit am Arbeitsplatz,
- Verweigerung erlaubter und vertraglich zugelassener Mehr- und Sonntagsarbeit nach Abmahnung,
- Beleidigung und Ehrverletzung des Arbeitgebers,
- Annahme von Schmiergeldern,
- Ausübung einer unzulässigen Nebentätigkeit,
- Spesenbetrug,
- eigenmächtiger Urlaubsantritt,

Kündigung

- Anzeigen gegen den Arbeitgeber,
- Störung des so genannten Betriebsfriedens,
- Lohnpfändungen, wenn sie zu wesentlichen Störungen in der betrieblichen Organisation führen.

Ein Verhalten des Arbeitnehmers kann zu einer Kündigung **ohne** Einhaltung einer Frist führen, wenn Tatsachen vorliegen, aufgrund derer dem Kündigenden unter Berücksichtigung aller Umstände des Einzelfalles und unter Abwägung der Interessen beider Vertragsteile die Fortsetzung des Dienstverhältnisses bis zum Ablauf der Kündigungsfrist oder der vereinbarten Beendigung des Dienstverhältnisses nicht zugemutet werden kann. Eine solche Kündigung, die unabhängig von den sozialen Konsequenzen das Selbstwertgefühl des Arbeitnehmers stark verletzt, ist nur dann zulässig, wenn dem Arbeitgeber eine ordentliche Kündigung nicht zugemutet werden kann.

Dabei können auch die zur ordentlichen verhaltensbedingten Kündigung genannten Fälle ausreichen. Unproblematisch sind

- die beharrliche Arbeitsverweigerung,
- die körperliche Bedrohung oder Verletzung von Kollegen,
- die vorsetzliche Produktion von Ausschuss oder
- die so genannte erschlichene Krankheit.

Bei Beleidigungen sind die Gesamtumstände und der Grad der Ehrverletzung entscheidend.

Bei strafbaren Handlungen kann eine größere Unterschlagung eine fristlose Kündigung rechtfertigen, während die Mitnahme kleinerer Gegenstände nur mit einer Betriebsbuße geahndet werden kann.

Dies gilt auch für den Missbrauch von Kontrolleinrichtungen, auch wenn darin eventuell eine Urkundenfälschung liegen kann.

Bei Vorliegen strafbarer Handlungen spielen auch die Dauer der Betriebszugehörigkeit und die betriebliche Stellung eine Rolle.

Der Verdacht einer strafbaren Handlung reicht nur dann aus, wenn dadurch eine unerträgliche Belastung des Arbeitsverhältnisses eingetreten ist, ein dringender, durch Tatsachen begründeter Verdacht vorliegt und zur Aufklärung des Sachverhaltes alles Zumutbare geschehen ist. Eine enge Vertrauensstellung und ein enger persönlicher Kontakt im Beruf können die Schwelle herabsenken. Stellt sich ein Verdacht einer strafbaren Handlung nachträglich als nicht zutreffend heraus, so kann ein Wiedereinstellungsanspruch bestehen.

Ein Nichterscheinen zur Arbeit wird regelmäßig dann keinen Grund zur außerordentlichen Kündigung darstellen können, wenn der Arbeitnehmer einen (wenn auch nur subjektiven) Rechtfertigungsgrund hatte.

Kündigung

Eine außerordentliche, meist fristlose Kündigung muss innerhalb einer Ausschlussfrist von zwei Wochen nach dem Zeitpunkt dem Arbeitnehmer zugegangen sein, in dem der Arbeitgeber von den für die Kündigung maßgebenden Tatsachen Kenntnis erlangt hat. Die zügig durchgeführten Ermittlungen, einschließlich der Anhörung des Arbeitnehmers, beginnt die Frist erst zum Zeitpunkt des Abschlusses.

Eine außerordentliche Kündigung kann in eine ordentliche Kündigung umgedeutet werden. Die Gründe zur außerordentlichen Kündigung können weder durch Arbeitsvertrag noch durch Betriebsvereinbarung oder Tarifvertrag erweitert werden. Eventuell vorhandene Hinweise, Regelungen oder Richtlinien sind daher unbeachtlich. Nicht jeder Fehltritt rechtfertigt eine Kündigung. Der Pflichtverstoß muss schuldhaft begangen sein. Ein nicht vorwerfbares Verhalten kann allerdings dennoch zur personenbedingten Kündigung (s.o.) führen. Ein Beispiel dafür ist der Leistungsmangel. Der »verständige« Arbeitgeber wird prüfen müssen, ob ein Verstoß auch in Zukunft zu erwarten ist. Er wird selbst den eventuell angerichteten Schaden oder die verursachten Betriebsablaufstörungen in ein Verhältnis setzen zu den Folgen, den der Ausspruch einer Kündigung hat.

Der Arbeitgeber wird zugunsten des Arbeitnehmers folgende Punkte berücksichtigen müssen:
- eine langjährige Betriebszugehörigkeit,
- ein evtl. Mitverschulden des Arbeitgebers,
- das frühere, beanstandungslose Verhalten des Mitarbeiters,
- die Häufigkeit des kritisierten Fehlverhaltens,
- die Schwere des Pflichtverstoßes,
- das Lebensalter bzw. die Möglichkeit, noch einen vergleichbaren Arbeitsplatz zu finden, sowie
- den Umfang der Unterhaltsverpflichtungen des Arbeitnehmers.

Mobbing anderer Arbeitnehmer, rassistische Äußerungen, sexuelle Belästigung, Beleidigung oder herabsetzende Behandlung behinderter Menschen kann im Einzelfall eine außerordentliche Kündigung ohne vorherige Abmahnung rechtfertigen. Kündigungsschutzvorschriften im Mutterschutz, im Schwerbehindertenrecht und der tarifliche Kündigungsschutz für ältere Angestellte sind vor Ausspruch einer Kündigung zu prüfen.

Der Arbeitgeber muss bei verhaltensbedingter Kündigung dem Betriebsrat mitteilen, in welcher Weise sich der Arbeitnehmer arbeitsvertragswidrig verhalten hat. Wenn ein Vorfall nicht offensichtlich ist, so ist die Störung der Betriebsabläufe konkret zu schildern. Bei einer Verdachtskündigung sind be- und entlastende Momente anzuführen. Die Kündigung ist eine einseitige empfangsbedürftige Willenserklärung, d.h. sie muss dem Arbeit-

Kündigung

nehmer zugehen. Eine Kündigung während der Probezeit ist innerhalb von zwei Wochen möglich. Der Zugang der Kündigung ist wichtig für die Berechnung der Fristen. Die Kündigungsschutzklage ist unbedingt innerhalb von drei Wochen nach Zugang der Kündigung zu erheben, also auch während eines Urlaubes oder einer anderen Abwesenheit.

Seit dem 1.5.2000 ist die Schriftform für die Kündigung vorgeschrieben.

Betriebliche Gründe für eine Kündigung liegen dann vor, wenn
- Betriebsteile oder der ganze Betrieb geschlossen werden oder aber
- wenn die Arbeit aus anderen organisatorischen Gründen weggefallen ist.

Eine betriebsbedingte Kündigung ist allerdings auch nur dann zulässig, wenn keine anderweitige Beschäftigung im Betrieb möglich ist und der Beschäftigte sozial weniger schutzwürdig ist als vergleichbare andere Beschäftigte. Kriterien hierfür sind z.B. Alter, familiäre Verhältnisse, Dauer der Betriebszugehörigkeit und Gesundheitszustand.

Vor Ausspruch einer Kündigung ist der Betriebsrat bzw. der Personalrat vom Arbeitgeber anzuhören. Erfolgt diese Anhörung nicht, so ist die Kündigung rechtsunwirksam. Unter bestimmten Voraussetzungen wird bei Verweigerung der Zustimmung des Mitbestimmungsgremiums ein Anspruch auf Weiterbeschäftigung bis zum Abschluss des Kündigungsschutzprozesses ausgelöst.

Im Kündigungsschutzprozess gilt die Umkehr der Beweislast, d.h. der Arbeitnehmer, der die Kündigung nicht akzeptiert, muss lediglich innerhalb von drei Wochen nach Zugang Klage erheben mit der Begründung, dass die Kündigung sozial nicht gerechtfertigt sei. Er muss darüber hinaus beantragen, festzustellen, dass das Arbeitsverhältnis durch die Kündigung nicht aufgelöst ist. Nun muss der Arbeitgeber die der Kündigung zugrunde liegenden Tatsachen beweisen. Im Kündigungsschutzprozess gilt also die Umkehr der Beweislast. Der Arbeitgeber kann im Kündigungsschutzprozess keine Gründe nachschieben, zu denen er zuvor den Betriebsrat oder Personalrat nicht gehört hat. In Betrieben ohne Betriebsrat kann er nur Gründe nachschieben, die bereits zum Zeitpunkt der Kündigung vorhanden waren. Für die Rechtfertigung der Kündigung kommt es grundsätzlich auf die Gründe an, die zum Zeitpunkt des Ausspruchs der Kündigung bestanden.

Das Arbeitsgericht kann, wenn es der Auffassung ist, dass die festgestellten Tatsachen die Kündigung nicht rechtfertigen, die Feststellung treffen, dass das Arbeitsverhältnis nicht aufgelöst ist. Reichen also die Kündigungsgründe nach Auffassung des Gerichtes nicht aus, so wird die Klage abgewiesen.

Kündigungsschutz

Auch wenn die Kündigung sozial nicht gerechtfertigt war, kann auf Antrag des Arbeitgebers oder des Arbeitnehmers die Auflösung des Arbeitsverhältnisses gegen Zahlung einer Abfindung angeordnet werden.
Vor der streitigen Verhandlung kann in einem Gütetermin ebenfalls die Möglichkeit einer Auflösung des Arbeitsverhältnisses gegen Zahlung einer Abfindung erörtert werden.
Das Kündigungsschutzverfahren kann durch die drei Instanzen Arbeitsgericht, Landesarbeitsgericht, Bundesarbeitsgericht laufen und daher ziemlich langwierig sein.
Ein Arbeitsgericht hat zu prüfen, ob

- die Kündigung gegen ein gesetzliches Verbot verstößt,
- die 2-Wochen-Frist eingehalten ist,
- unmittelbare oder mittelbare Diskriminierung vorliegt und
- die Kündigung gegen die so genannten guten Sitten oder den Grundsatz von Treu und Glauben verstößt.

Auch das Arbeitsgericht stellt noch einmal fest, ob das Arbeitsverhältnis mindestens 6 Monate bestanden hat und ob der Arbeitnehmer evtl. in einem Kleinbetrieb (nicht mehr als 5 Arbeitnehmer) tätig ist.
Der Arbeitnehmer kann die Kündigungsschutzklage selbst abfassen, es empfiehlt sich aber einen Rechtsanwalt einzuschalten (streitwertabhängiges Honorar) oder für gewerkschaftlich organisierte Mitglieder, sich durch einen Rechtschutzsekretär vertreten zu lassen (für Mitglieder im Beitrag enthalten). Kommt es zur Auflösung des Arbeitsverhältnisses gegen Zahlung einer Abfindung, so gilt für die Höhe der Abfindung die Faustformel, nach der ein halbes Monatsgehalt pro Jahr der Beschäftigung zu zahlen ist. Hier gilt es allerdings die Besonderheiten des Einzelfalles und die Aussichten der Klage zu berücksichtigen. Je weniger gerechtfertigt die Kündigung und je ausssichtsreicher daher die Kündigungsschutzklage des Arbeitnehmers, desto mehr erhöht sich die Abfindung.

Kündigungsschutz

Vor einer Kündigung sind vom Arbeitgeber neben den Bestimmungen des Kündigungsschutzgesetzes alle allgemeinen und speziellen Kündigungsschutzvorschriften zu beachten. Diese können nach Tarifvertrag gelten, für ältere Arbeitnehmer oder Arbeitnehmer, die für eine bestimmte Dauer im Betrieb beschäftigt sind, für Arbeitnehmer, die dem Mutterschutzgesetz unterliegen oder sich in der Elternzeit befinden, für Betriebsrats- und Personalratsmitglieder sowie Mitglieder der Jugend- und Ausbildungsvertretung.

Kur

Maßnahmen der medizinischen Vorsorge oder Rehabilitation (Kur) dürfen nicht auf den Erholungsurlaub angerechnet werden, soweit ein Anspruch auf Fortzahlung des Arbeitsentgelts nach den gesetzlichen Vorschriften über die Entgeltfortzahlung im Krankheitsfall besteht (→ *Entgeltfortzahlung bei Krankheit*). Der Arbeitnehmer ist verpflichtet, dem Arbeitgeber den Zeitpunkt des Antritts einer Kurmaßnahme, die voraussichtliche Dauer und xdie Verlängerung der Maßnahme unverzüglich mitzuteilen. Darüber hinaus muss er eine Bescheinigung über die Bewilligung der Maßnahme sowie eine ärztliche Bescheinigung über die Erforderlichkeit der Maßnahme unverzüglich vorlegen.

Kurzarbeit

Zur Vermeidung von ansonsten notwendigen Entlassungen kann mit Zustimmung des Betriebsrates Kurzarbeit eingeführt werden, bei der der Arbeitnehmer einen Teil seiner Vergütung verliert. Der Arbeitnehmer, der nun weniger arbeitet, d.h. weniger Stunden ableistet, erhält Kurzarbeitergeld vom Arbeitgeber, das in der Höhe dem Arbeitslosengeld entspricht. Das Kurzarbeitergeld wird dem Arbeitgeber vom Arbeitsamt bzw. künftig der Agentur für Arbeit erstattet.
Tarifverträge können vorsehen, das Kurzarbeitergeld auf 90% des Netto-Arbeitsentgeltes aufzustocken.
Die Zahlung von Kurzarbeitergeld ist auf sechs Monate befristet, kann allerdings durch Rechtsverordnung des Bundesarbeitsministeriums bis auf zwei Jahre verlängert werden.

Kurzarbeitergeld

Bei erheblichen Arbeitsausfällen mit Entgeltausfällen erhält der Arbeitnehmer unter bestimmten Umständen Kurzarbeitergeld. Der Arbeitsausfall muss auf wirtschaftlichen Ursachen oder einem unabwendbaren Ereignis beruhen, vorübergehend und nicht vermeidbar sein. Die Berechnung des Kurzarbeitergeldes stellt auf den Entgeltausfall ab, den der Arbeitnehmer infolge des Arbeitsausfalls erleidet.
Die Zahlung von Kurzarbeitergeld beginnt mit dem Tag, an dem alle Anspruchsvoraussetzungen erfüllt sind. Die Höhe des Kurzarbeitergeldes be-

läuft sich auf 67% der Nettoentgeltdifferenz für Arbeitnehmer mit mindestens einem Kind und 60% der Nettoentgeltdifferenz für Arbeitnehmer ohne Kind. Die Nettoentgeltdifferenz entspricht dem Unterschiedsbetrag zwischen dem Sollentgelt und dem Istentgelt. Sollentgelt ist das Bruttoarbeitsentgelt, dass der Arbeitnehmer ohne die Kurzarbeit erzielt hätte (ohne Mehrarbeit). Istentgelt ist das Bruttoarbeitsentgelt, dass der Arbeitnehmer im Anspruchszeitraum tatsächlich erzielt hat.

Leiharbeitnehmer → *Zeitarbeit*

Leistungsbeurteilung

Zur Leistungsbeurteilung gehören Angaben über das Leistungsvermögen, das fachliche Wissen und Können, die Leistungsbereitschaft sowie die Arbeitsweise und den Arbeitserfolg. Das Leistungsvermögen ist an der Arbeitsaufgabe und an vergleichbaren Personen zu spiegeln. Hinsichtlich der Bewertung der Leistung hat der Arbeitgeber zwar einen Beurteilungsspielraum, aber er sollte um größtmögliche Objektivität bemüht sein. Die Gesamtbewertung der Leistung drückt sich im → *Zeugnis*.

Lohn → *Entgelt*

Lohnfortzahlung bei Krankheit → *Entgeltfortzahlung bei Krankheit*

Lohnpfändung → *Entgeltpfändung*

Massenentlassung

Der Arbeitgeber ist verpflichtet, dem Arbeitsamt Anzeige zu erstatten, bevor er
- in Betrieben mit in der Regel mehr als 20 und weniger als 60 Arbeitnehmern mehr als 5 Arbeitnehmer entlässt,
- in Betrieben mit in der Regel mindestens 60 und weniger als 500 Arbeit-

nehmern 10 von 100 der im Betrieb regelmäßig beschäftigten Arbeitnehmer oder aber mehr als 25 Arbeitnehmer entlässt,
- in Betrieben mit in der Regel mindestens 500 Arbeitnehmern mindestens 30 Arbeitnehmer entlässt.

Entlassungen stehen andere Beendigungen des Arbeitsverhältnisses gleich, die vom Arbeitgeber veranlasst werden.

Mitarbeiter, freie

Freie Mitarbeiter, z.B. bei Rundfunk und Fernsehen oder im Journalismus, unterstehen ebenfalls der Arbeitsgerichtsbarkeit (→ *Arbeitsgericht*). Grundsätzlich gilt, dass das materielle Arbeitsrecht für sie nicht zur Anwendung kommt, es sei denn, einzelne Gesetze bestimmen etwas anderes (→ *Arbeitnehmerähnliche Person*).

Mitarbeiterbeteiligung

Unter Mitarbeiterbeteiligung versteht man in börsennotierten Unternehmen bestimmte Programme, mit denen einmalig oder regelmäßig Aktien des Unternehmens zu Vorzugspreisen angeboten werden. Der Aktienerwerb ist nach § 19 EStG innerhalb eines bestimmten Umfanges nicht auf das zu versteuernde Einkommen anzurechnen.

Mitarbeitergespräch

Das Mitarbeitergespräch ist Teil eines integrierten Personalentwicklungskonzeptes. Seine konkrete Ausgestaltung kann von Unternehmen zu Unternehmen sehr unterschiedlich sein. Gemeinsam ist allen Mitarbeiterentwicklungskonzepten, dass es anhand der Beurteilung der Leistung des Einzelnen die zukünftigen Arbeitsschwerpunkte festzulegen gilt. Das Mitarbeitergespräch enthält also gewissermaßen die »Rückschau« und die »Vorschau«. In der Rückschau wird der Beitrag des einzelnen Mitarbeiters zum Arbeitsergebnis des Teams, der Abteilung etc. besprochen. Gab es bereits Fördermaßnahmen, so ist nach der Wirkung der Fördermaßnahmen zu fragen. Im Gespräch sollen die Stärken und Schwächen des Mitarbeiters erkannt, und es soll daran gearbeitet werden, die bestehenden Defizite auszugleichen. Dies führt nun schon in die Zukunft. Vorgesetzter und Mitarbeiter sollen für den nächsten Beurteilungszeitraum Fördermaßnahmen festlegen. Am Ende des Gespräches sollte gemeinsam ein Gesprächsprotokoll erstellt werden, das die in Aussicht genommenen Fördermaßnahmen enthält. Bei anstehenden organisatorischen Änderungen ist es Aufgabe des Vorgesetzten, die zukünftige Entwicklung der Organisationseinheit zu skizzieren und Veränderungen des Arbeitsgebietes darzustellen. Der Mitarbeiter kann aus seiner Sicht Vorschläge unterbreiten.

Das Mitarbeitergespräch kann Teil eines Zielvereinbarungsmechanismus sein (→ *Zielvereinbarung)*.

Mitarbeitervertretung

In Kirchen und kirchlichen Einrichtungen gelten weder das BetrVG noch das BPersVG. Als Ausschluss des kirchlichen Selbstbestimmungsrechtes haben die christlichen Kirchen Mitarbeitervertretungen auf der Basis innerkirchlicher Vorschriften eingerichtet. Sie entsprechen formal dem Betriebsrat/Personalrat, haben allerdings nicht die gleichen Durchsetzungsrechte.

Mitbestimmung, betriebliche → *Betriebsverfassungsgesetz,* → *Betriebsrat,* → *Betriebsvereinbarung*

Mitbestimmungsgesetz 1976

Seit 1968 wurde mit Gesetzentwürfen von DGB und SPD die Forderung nach einer Ausdehnung der → *Montanmitbestimmung* auf alle Großunternehmen erhoben. Der gesetzliche Kompromiss ist das Mitbestimmungsgesetz von 1976, das in Unternehmen gilt, die – allein oder zusammen mit ihren Töchtern – mehr als 2000 Arbeitnehmer beschäftigen. Dies können Aktiengesellschaften, Kommanditgesellschaften auf Aktien, Gesellschaften mit beschränkter Haftung oder Erwerbs- und Wirtschaftsgenossenschaften sein. Im Gegensatz zur Montanmitbestimmung gibt es keine echte Parität im Aufsichtsrat und damit auch nicht die rechtlich erzwingbare Möglichkeit, Personen, die der Arbeitnehmerseite nahe stehen, als Vorstandsmitglieder zu berufen. Der Arbeitsdirektor des § 33 MitbestG ist mit dem vom Vertrauen der Arbeitnehmerseite getragenen Arbeitsdirektor der Montanmitbestimmung nicht vergleichbar.

Mitbestimmungsgesetz 1976

Auch nach dem Mitbestimmungsgesetz 1976 gibt es formal eine gleiche Anzahl von Arbeitnehmer- und Anteilseignervertretern. Ihre Größe richtet sich nach der Zahl der Beschäftigten im Unternehmen. Bei
- bis zu 1000 Arbeitnehmern hat der Aufsichtsrat 12 Mitglieder im Verhältnis 6:6,
- bei bis zu 2000 Arbeitnehmer beträgt das Verhältnis 8:8,
- in Unternehmen mit mehr als 2000 Beschäftigten sieht das Gesetz einen 20-köpfigen Aufsichtsrat im Verhältnis 10:10 vor.

Den leitenden Angestellten ist ein Sitz garantiert.
Eine echte Parität besteht deshalb nicht, weil der Aufsichtsratsvorsitzende über ein Doppelstimmrecht verfügt, im Zweifel also bei Abstimmungen den Ausschlag geben kann. Der Aufsichtsratsvorsitzende ist wiederum ein Vertreter der Anteilseignerseite, während der stellvertretende Aufsichtsratsvorsitzende typischerweise ein Vertreter der Arbeitnehmerseite ist. Das Doppelstimmrecht ist an die Person gebunden, kann also bei Verhinderung nicht auf den Stellvertreter (Arbeitnehmervertreter) übertragen werden. Anders als bei der Montanmitbestimmung, bei der eine Betriebsrätevollkonferenz die Arbeitnehmervertreter im Aufsichtsrat stellt, sind nach dem Mitbestimmungsgesetz 1976 in Unternehmen mit bis zu 8000 Arbeitnehmern, Arbeitnehmervertreter in Urwahl zu wählen, ab 8000 Arbeitnehmern erfolgt die Wahl durch Delegierte. Der Aufsichtsrat wählt die Mitglieder des Vorstandes – auch den Arbeitsdirektor – mit $^2/_3$ Mehrheit der anwesenden Aufsichtsratsmitgliedern. Dieses Wahlverfahren bedeutet im Unterschied zum Montanmitbestimmungsgesetz, dass der Arbeitsdirektor auch gegen den Willen der Arbeitnehmervertretern berufen werden kann. Seine Stellung und seine Aufgaben sind mit denen nach der Montanmitbestimmung aber durchaus vergleichbar, und es hängt von der realen Mitbestimmungspraxis des Unternehmens ab, wo sich der Arbeitsdirektor im Kräfteparallelogramm der Arbeitgeber-Arbeitnehmerbeziehungen im Unternehmen wiederfindet.
Das Mitbestimmungsgesetz 1976 hat gleichwohl die Informations- und Beratungsrechte der Arbeitnehmervertreter durch die Aufsichtsratsmitgliedschaft erheblich verbessert. Auch Arbeitnehmervertreter im Aufsichtsrat erhalten die vierteljährlichen Berichte an den Aufsichtsrat und können so die geplante Geschäftspolitik der Gesellschaft beurteilen. Dazu gehört die Produkt-, Investitions-, Finanz-, Entwicklungs- und Personalplanung. Arbeitnehmervertreter im Aufsichtsrat können deshalb Lücken der Informationsrechte des → *Betriebsrates* schließen.
Der Prüfbericht des Wirtschaftsprüfers muss auf Verlangen frühzeitig vorgelegt werden und nicht erst in der Sitzung.

Mobbing

In einer ungesunden Betriebs- und Unternehmenskultur, in der Kompetenzen unklar und Karriereverläufe undurchsichtig sind oder Angst vor Entlassung herrscht, gedeihen Ausgrenzungsversuche von Mitarbeitern untereinander oder im Verhältnis Vorgesetzter – Mitarbeiter. Gezielte Ausgrenzungsversuche werden als Mobbing bezeichnet. Beim Mobbingopfer sind Unsicherheiten und psychische Reaktionen bis zur Depression die Folge. Mobbingopfer sollten sich an Selbsthilfeeinrichtungen und Betriebsratsmitglieder ihres Vertrauens wenden (→ *Gesundheitsförderung, betriebliche*).

Montanmitbestimmung

Die Montanmitbestimmung ist 1951 verabschiedet worden, nachdem in einer Urabstimmung 98 % aller organisierten Stahlarbeitnehmer und 92 % der organisierten Bergleute ihre Streikbereitschaft erklärten. Für die Eisen- und Stahlindustrie bedeutete sie die Anerkennung der in der Nachkriegssituation bereits praktizierten Regelungen, für den Bergbau ihre Einführung. In der Montanmitbestimmung ist der Aufsichtsrat mit einer gleichen Zahl von Vertretern der Arbeitnehmer und der Anteilseigner sowie einer neutralen Person besetzt. Dieser Aufsichtsrat wählt den Vorstand, kontrolliert ihn und kann sich einen bestimmten Katalog von so genannten zustimmungspflichtigen Geschäften vorbehalten, die intern seiner Zustimmung unterliegen. Dem Vorstand muss ein Arbeitsdirektor angehören, der nicht gegen die Stimmen der Arbeitnehmerseite bestellt werden kann. Die dem Montanmitbestimmungsgesetz unterliegenden Unternehmen der Eisen- und Stahlindustrie und dem Stein- und Braunkohlebergbau haben sich in den Jahrzehnten nach In-Kraft-Treten des Montanmitbestimmungsgesetzes erheblich verändert. Für die Weiterverarbeitung in der Stahlindustrie gilt etwa die Montanmitbestimmung nicht. Klassische Montan-Konzerne erlebten eine Ausweitung des Nicht-Montanbereiches, der in einigen Fällen schließlich dominierend wurde. Die Geschichte der Montanmitbestimmung ist daher so alt wie der Kampf um den Erhalt dieser Form der Mitbestimmung.

In der Praxis stellt die Anteilseignerseite in der Montanmitbestimmung den Aufsichtsratsvorsitzenden, der auch die Hauptversammlung leitet, während die Arbeitnehmerseite den stellvertretenden Aufsichtsratsvorsitzenden stellt und das Vorschlagsrecht für die neutrale Person ausübt.

Montanmitbestimmung

Entscheidend für das Funktionieren der mit der Idee der Montanmitbestimmung verbundenen Ziele, nämlich einer Verbesserung der Arbeitsbedingungen der Beschäftigten, ist ihre Verankerung im Vorstand durch eine Person, die das Vertrauen der Arbeitnehmerseite hat: den → *Arbeitsdirektor*. In der Montanindustrie wird der Arbeitsdirektor in der Praxis von der Gewerkschaft und den im Aufsichtsrat vertretenen Betriebsräten, die ihrerseits von einer Betriebsrätevollkonferenz gewählt werden, vorgeschlagen. Der Arbeitsdirektor ist zuständig für die Personal- und Sozialpolitik des Unternehmens. Zum Bereich des Arbeitsdirektors sollte auch die berufliche Bildung und die Kommunikation im Unternehmen sowie die Arbeitssicherheit, Arbeitsmedizin, der Arbeitsschutz und die Rehabilitation gehören.

Der Arbeitsdirektor ist gleichberechtigtes Mitglied im Vorstand und vertritt die Grundzüge der Unternehmenspolitik nach innen und außen.

Das Konsensmodell der Montanmitbestimmung hat den Einigungsdruck der im Unternehmen Verantwortung tragenden Instanzen derart erhöht, dass auch Strukturkrisen sozialadäquat bewältigt werden konnten.

Montanmitbestimmung stand auch für Innovation im Personalbereich. So ist z.B. der Sozialplan, der kreative und über klassische Abfindungslösungen weit hinausgehende Modelle des Ausstiegs aus der aktiven Arbeit anbot, ein »Produkt« der Montanmitbestimmung. Neue Wege der Qualifizierung und beispielhafte Regelungen im Arbeits- und Gesundheitsschutz finden sich häufig erstmalig in der Montanmitbestimmungsindustrie und wurden dann auf andere Industriezweige übertragen.

Die Montanmitbestimmung wurde durch Vereinbarungen gesichert und auf Bereiche übertragen, in denen sie gesetzlich nicht zwingend vorgesehen ist.

Die Montanmitbestimmung hat eine Vertrauenskultur geschaffen, weil sie in einer Misstrauenskultur nicht gedeihen kann. Sie hat die notwendige Voraussetzung anerkannt, dass die Träger der Mitbestimmung über eine hinreichende Qualifikation verfügen müssen und die Professionalisierung der Mitbestimmungsträger vorangetrieben. Die Zukunft der Montanmitbestimmung wird davon abhängen, ob die positiven Beispiele anderen Unternehmen außerhalb des Montanbereiches und den dort beschäftigten Arbeitnehmern Beispiele für eine erfolgreiche Personalpolitik liefern.

Das Mitbestimmungsergänzungsgesetz von 1956 sieht eine leicht abgeschwächte Form der Montanmitbestimmung für die Obergesellschaften im Montankonzern vor, die selbst keine Montanunternehmen sind.

Mutterschaftsgeld

Ziel des Mutterschaftsgeldes ist es, werdenden Müttern den Lohn zu ersetzen, der ihnen durch die Einhaltung der Mutterschutzfristen (6 Wochen vor bzw. 8 Wochen nach der Entbindung, nach Früh- oder Mehrlingsgeburten verlängert sich diese Frist auf 12 Wochen) entgeht. Der Anspruch richtet sich bei versicherungspflichtig beschäftigten Frauen gegen die Krankenkasse. Diese bezahlt vom Durchschnittslohn der letzten drei abgerechneten Kalendermonate, aber nur bis zu 13 € (im Jahre 2002) täglich. Den »Rest« muss der Arbeitgeber aufstocken. Soweit Mutterschutzfristen in die Freizeitphasen des Teilzeit-Arbeitsverhältnisses fallen, bewirken sie für dieses Arbeitsverhältnis keinen Lohnausfall.

Nachtarbeit

Nachtarbeit ist mit zahlreichen negativen Folgen für den menschlichen Organismus verbunden. Schlaf- und Appetitstörungen sowie eine weit überhöhte Krankheitsanfälligkeit sind in der Regel die Folge. Neben diesen gesundheitlichen Folgen hat die Nachtarbeit häufig große Einschränkungen im Alltagsleben außerhalb der Erwerbsarbeit zur Folge. Die Abstimmung Familie/Beruf gelingt nur schwer, Freizeitaktivitäten und Vereinsleben können nur eingeschränkt aufrecht erhalten werden.
Das Arbeitszeitgesetz verlangt, dass die Nachtarbeit »nach den gesicherten arbeitswissenschaftlichen Erkenntnissen über die menschengerechte Gestaltung der Arbeit« festgelegt wird. Nachtarbeitnehmer können sich in regelmäßigen Abständen von nicht weniger als drei Jahren arbeitsmedizinisch auf Kosten des Arbeitgebers untersuchen lassen. Mit dem 50. Lebensjahr besteht dieser Anspruch jährlich. Führt die Fortsetzung der Nachtarbeit nach arbeitsmedizinischem Urteil zu einer Gesundheitsgefährdung, so kann der Nachtarbeitnehmer verlangen, auf einen geeigneten Tagesarbeitsplatz umgesetzt zu werden.

Nachteilsausgleich

Weicht der Unternehmer von einem Interessenausgleich über eine geplante → *Betriebsänderung* ohne zwingenden Grund ab, so können Arbeitnehmer, die in Folge dieser Abweichung entlassen werden, beim zuständigen Arbeitsgericht Klage erheben, mit dem Antrag, den Arbeitgeber zur Zahlung von Abfindungen zu verurteilen. Dies gilt entsprechend, wenn der Unternehmer eine geplante Betriebsänderung durchführt, ohne über sie einen Interessenausgleich mit dem Betriebsrat versucht zu haben, und infolge der Maßnahme Arbeitnehmer entlassen werden oder andere wirtschaftliche Nachteile erleiden.

Nebentätigkeit

Grundsätzlich kann jeder Arbeitnehmer mehrere Beschäftigungsverhältnisse eingehen. Die Nebentätigkeit darf allerdings nicht zwingenden Arbeitnehmer-Schutzvorschriften entgegenstehen oder zu einer unzulässigen Beeinträchtigung des Hauptarbeitsverhältnisses führen. Die Nebentätigkeit darf auch nicht gegen das vertragliche Wettbewerbsverbot aus einem Hauptarbeitsverhältnis verstoßen.

Der Arbeitgeber kann versuchen, im Arbeitsvertrag ein Nebentätigkeitsverbot aufzunehmen. Dies wird dann für zulässig gehalten, wenn und soweit der Arbeitgeber ein berechtigtes Interesse an der Einhaltung des Nebentätigkeitsverbotes hat. Dieses berechtigte Interesse wird immer dann angenommen, wenn vermutet wird, dass die geschuldete Arbeitsleistung des Arbeitnehmers im Hauptarbeitsverhältnis beeinträchtigt wird. Nebentätigkeitsverbote in Formulararbeitsverträgen sind häufig zu weit gefasst.

Im Einzelfall kommt es darauf an, die zu unterlassenden Nebentätigkeiten genau festzulegen. Bei den erlaubten Nebentätigkeiten kommt es wiederum darauf an, den Zustimmungsvorbehalt im Interesse des Arbeitnehmers so zu gestalten, dass »Schweigen Zustimmung ist«. Diese Zustimmungsfiktion sichert, dass der Arbeitgeber die Stellungnahme nicht unzulässig lang hinausschieben kann. Eine echte Konkurrenztätigkeit des Arbeitnehmers während des Bestehens eines Arbeitsverhältnisses kann eine außerordentliche Kündigung rechtfertigen.

Outplacement

Nach Angaben des Bundesverbandes Deutscher Unternehmensberater haben im Jahre 2001 rund 1600 Kandidaten eine Einzel- und 13 700 Kandidaten eine Gruppenoutplacementberatung in Anspruch genommen. Dies zeigt, dass die zunächst nur für die Managementvermittlung gefundene Methode des professionellen Trennungsmanagements inzwischen auf dem Vormarsch ist und alle Arbeitnehmerschichten erreicht. Outplacementberatung geht so vonstatten, dass nach einer gemeinsamen Standortbestimmung praktische Hilfe für die Jobsuche angeboten wird. Von der Zusammenstellung und Optimierung der Unterlagen bis zum Coaching für die Vorstellungsgespräche und konkrete Hilfen für die berufliche Neuorientierung reicht das Angebot der Berater.

In der Regel übernimmt das Unternehmen, das einen Personalabbau plant, die Kosten für das Outplacement. Am Ende eines erfolgreichen Outplacement-Verfahrens steht für den Arbeitnehmer ein neuer Arbeitsplatz. Der Arbeitgeber hat die Kosten für die Abfindung und einen evtl. Rechtstreit eingespart. Daneben bleibt das Image des Unternehmens unbeschädigt. Im Großunternehmen regeln interne Stellen oder konzerneigene Beschäftigungs- und Coaching-Gesellschaften die Verfahren für berufliche Neuorientierung und bieten Hilfen an. Der Arbeitnehmer sollte sich beim Betriebsrat für die Chancen und Risiken eines solchen Verfahrens informieren.

Outsourcing

Bislang im Unternehmen erstellte Leistungen werden häufig durch andere Unternehmen erbracht, die diese Leistungen zu ihren Kernprozessen zählen, oder nach Ausgründung durch bestehende zuvor als Betriebseinheiten verfasste Einheiten erbracht. Für Arbeitnehmer birgt der mit der Outsourcing-Maßnahme verbundene Wechsel des Arbeitgebers das Risiko des Arbeitsplatzverlustes oder der → *Abgruppierung*.

Die zentrale Schutzvorschrift, die den Betriebsübergang regelt, ist § 613a BGB. Diese Bestimmung verbietet eine Kündigung wegen des Betriebsüberganges und sichert ein Jahr die bestehenden Arbeitsbedingungen.

Beim so genannten Inhouse-Outsourcing geht die Arbeit typischerweise nicht an einen Auftragsnehmer, sondern wird im organisatorischen Verbund des Betriebes oder Unternehmen selbständig. Hier ist das entscheidende Merkmal die wirtschaftliche Verantwortlichkeit des bisherigen unselbständigen Betriebsteils.

Partizipation → *Montanmitbestimmung*

Pause

Kleinere Pausen im Rahmen des Arbeitsablaufes (so genannte Kurzpausen, Verschnaufpausen oder »persönliche Verteilzeiten«) gehören zur Arbeitszeit. Der Arbeitnehmer kann – wenn nichts anderes geregelt ist (z. B. Springerregelungen am Band) – nach freiem Ermessen pausieren. Auch Betriebspausen, in denen aus technischen oder sonstigen betrieblichen Gründen nicht gearbeitet werden kann, weil eingerichtet oder nachgerüstet wird, gehören zur Arbeitszeit.

Nicht zur Arbeitszeit gehören die vom Arbeitgeber zu gewährenden Pausen und Ruhezeiten. Die Mindestdauer der Ruhepausen beträgt bei einer Arbeitszeit von

- 6 bis 9 Stunden 30 Minuten und bei
- mehr als 9 Stunden 45 Minuten.

Die Ruhepausen können in Zeitabschnitte von jeweils 15 Minuten aufgeteilt werden. Länger als 6 Stunden hintereinander dürfen Arbeitnehmer nicht ohne Ruhepausen beschäftigt werden.

Ruhepausen müssen im Voraus feststehen.

Für Jugendliche gelten Sonderregelungen. Die Dauer der Pausen muss bei einer Arbeitszeit von 4½ bis 6 Stunden mindestens 30 Minuten betragen und bei einer Arbeitszeit von mehr als 6 Stunden mindestens 60 Minuten. Die Pausen für Kraftfahrer und Beifahrer im Straßenverkehr richten sich nach einer EG-Verordnung. Danach ist nach einer Lenkzeit von 4½ Stunden eine Unterbrechung von mindestens 45 Minuten einzulegen. Diese Unterbrechung kann durch Unterbrechungen von jeweils 15 Minuten ersetzt werden. Während der Unterbrechungen darf der Fahrer keine anderen Arbeiten ausführen. Neben den Pausen sind die Ruhezeiten zu beachten, die nach Beendigung der täglichen Arbeitszeit einzuhalten sind. Es muss für weibliche und männliche Arbeitnehmer eine ununterbrochene Ruhezeit von mindestens 11 Stunden eingehalten werden. Werdenden oder stillenden Müttern ist als Ausgleich für eine Beschäftigung an Sonn- und Feiertagen in jeder Woche einmal eine ununterbrochene Ruhezeit von mindestens 24 Stunden im Anschluss an eine Nachtruhe zu gewähren. Für Jugendliche beträgt die nach der Beendigung der täglichen Arbeitszeit zu gewährende Ruhezeit mindestens 12 Stunden. Die Dauer der Ruhezeit von 11 Stunden kann in Krankenhäusern und anderen Einrichtungen zur Behandlung, Pflege und Betreuung von Personen um bis zu eine Stunde verkürzt werden. Sonderregelungen gelten auch für Verkehrsbetriebe sowie in Hotels und Gaststätten.

Persönlichkeitsschutz → *Personalinformationssysteme*, → *BDSG*, → *Recht auf informationelle Selbstbestimmung*

Personalakte

Die Personalakte dient der Dokumentation aller wesentlichen Vorgänge im Verhältnis Arbeitgeber – Arbeitnehmer. Grundlage der Personalakte sind die vollständigen Bewerbungsunterlagen, der Arbeitsvertrag samt aller Anhänge sowie eventuelle Personalfragebögen. Der Mitarbeiter hat das Recht, die ihn betreffenden Unterlagen einzusehen. Dazu kann ein Mitglied des Betriebsrats hinzugezogen werden. Auf Verlangen des Arbeitnehmers sind Erklärungen (z. B. bei Beurteilungen oder im Falle einer Abmahnung die Gegendarstellung) zu den Personalakten zu nehmen.

Personalauswahl

Der Bedarf an qualifizierten Mitarbeitern ist groß. Die so genannte Personalbeschaffung und die Personalauswahl, häufig auch als Personalmarketing zusammengefasst, ist Aufgabe der Personalabteilung. Sie legt vor der eigentlichen Personalauswahl die Kriterien für die Personalbeschaffung fest. In der spezifischen Zielgruppe wird dann über Anzeige oder Personalberater das Personal gesucht. Grundlage für die Personalauswahl ist eine genaue Stellenbeschreibung, die die an den Stelleninhaber gestellten Anforderungen enthält. Unabhängig von der Person gilt es, Folgendes festzulegen:
- Aufgabenbereich,
- Zielsetzung,
- Kompetenzen und Befugnisse,
- Eigenverantwortung,
- Eingruppierung und Entgelt sowie
- Einordnung der einzelnen Stelle in die Unternehmenshierarchie.

Kriterien für die Personalauswahl können außerdem bestimmte Anforderungsprofile sein, die über die Stellenbeschreibung hinausgehen. In einem solchen Anforderungsprofil werden Grund- bzw. Mindestvoraussetzungen für den Bewerber festgehalten und eventuelle Kenntnisse und Fähigkeiten, auf die die betroffene Organisationseinheit bzw. der Vorgesetzte besonderen Wert legt.

Bei der Auswahl kann ein Personalberatungsunternehmen mitwirken. Ist

Personalauswahl

dies nicht der Fall, sichtet allein die Personalabteilung die eingehenden Bewerbungen und trifft eine Vorauswahl. Ausgewählte Bewerber werden in der Regel zu einem Vorstellungsgespräch eingeladen, dem bei konkretem Interesse des Unternehmens weitere Gespräche auf höherer hierarchischer Ebene folgen können. Nach Abschluss der Auswahl kommt es zum Abschluss des Arbeitsvertrages bzw. zu einer einseitigen Erklärung des Unternehmens, in dem das Interesse bekundet wird (letter of intend).

Die Personalauswahl findet immer mehr über elektronische Medien statt. Jobbörsen gibt es auch im Internet, und »E-recruting« löst immer mehr die traditionellen Tools der Personalabteilung ab.

Personaldatenverarbeitung → *Recht auf informationelle Selbstbestimmung*

Personalinformationssysteme

Personalinformationssysteme sind EDV-Systeme, die der Verarbeitung und Nutzung personenbezogener Daten dienen. Bekannte Programme sind z.B. PAISY und SAP HR (in der neuesten Version HR III), ein Modul der Betriebssoftware SAP.

Personalinformationssysteme helfen dem Personalmanagement bei der

- Entgeltabrechnung,
- Zeiterfassung und -berechnung,
- Erfassung und Bearbeitung von Personalstammdaten,
- Personalplanung, Entwicklung und beim
- Personalcontrolling.

Die Persönlichkeitsrechte des Arbeitnehmers sind durch das BDSG und das vom Bundesverfassungsgericht entwickelte Recht auf informationelle Selbstbestimmung geschützt (→ Bundesdatenschutzgesetz; → *Recht auf informationelle Selbstbestimmung*).

Personalleasing → *Zeitarbeit*

Personalplanung

Die Personalplanung dient der frühzeitiges Erkennen von Personalengpässen und der Feststellung des Personalentwicklungsbedarfs. Frühzeitiges Erkennen von Personalüberhängen hilft, später schmerzliche Personalanpassungsprozesse zu vermeiden. Kosten für Neueinstellungen können durch langfristigen Umgang mit der Ressource Personal gesenkt werden.

Eine gute Personalplanung ist eine gute Grundlage für eine effektive Zusammenarbeit zwischen Arbeitgeber und Betriebsrat.

Mitarbeiter können bei voller Transparenz in der Personalplanung ihre Kenntnisse und Fähigkeiten den gestiegenen oder veränderten Anforderungen anpassen. Sie sind auf Arbeitsplatzveränderung gut vorbereitet und rechtzeitig eingestellt.

Die Personalplanung bereitet die einzelnen personellen Maßnahmen vor und liefert die Grundlagen für die Umsetzung.

Die Personalplanung ist eng mit der strategischen Planung des Unternehmens verbunden. Üblicherweise ist die Personalplanung in Großunternehmen in Langfrist- und Kurzfristplanung getrennt. Die Personalwirtschaft unterscheidet zwischen der Planung des Personalbestands und der Planung des Personalbedarfs. Die Personalbestandsplanung zeigt die künftige Entwicklung bezogen auf die aktuelle Struktur des vorhandenen Arbeitskräftepotenzials auf. Der Personalbedarf steigt oder sinkt mit den strategischen Vorhaben des Unternehmens.

Zum Personalbedarf gehört auch ein gewisser Reservebedarf und ein Zusatzbedarf bei neuen – ungeplanten – Vorhaben.

Bei Minderbedarf ergibt sich die Notwendigkeit der Personalanpassung.

Personalrat

Der Personalrat ist das gesetzliche Organ, das auf Dienststellen- bzw. Betriebsebene die Interessen der im öffentlichen Dienst beschäftigten Arbeiter, Angestellten und Beamten vertritt. Er wird in allen Dienststellen, die in der Regel mindestens fünf Wahlberechtigte beschäftigen, von denen drei wählbar sind, von den wahlberechtigten Beschäftigten gewählt. Erforderlich ist insoweit, dass das 18. Lebensjahr vollendet wurde, dass das Recht, in öffentlichen Angelegenheiten zu wählen oder zu stimmen, gegeben ist und dass die Beschäftigten eine gewisse, gesetzlich unterschiedlich ausgestaltete Bindung zur Dienststelle besitzen.

Personalrat

Die Größe des Gremiums, welche die Interessen zu vertreten hat, ergibt sich aus der Zahl der Beschäftigten.
Damit die Interessen der Beschäftigten im öffentlichen Dienst wirkungsvoll wahrgenommen werden können, muss die Unabhängigkeit der Interessenvertreter ebenso gewährleistet sein wie die materielle Grundlage ihrer Tätigkeit.
Die innere Unabhängigkeit der Interessenvertreter ist dadurch sichergestellt, dass das Amt als Ehrenamt anerkannt ist, das mit einem Verbot, für die Tätigkeit Entgelt zu nehmen, verbunden ist.
Die materielle Grundlage für die Tätigkeit der Interessenvertreter auf betrieblicher Ebene wird dadurch sichergestellt, dass die Kosten der Tätigkeit von der Dienststelle zu tragen sind. Die Dienststelle muss also nicht nur für den erforderlichen Bürobedarf und die personelle Ausstattung des Personalratsbüros Sorge tragen, sondern auch für andere Kosten wie Fachliteratur, Kosten für die Kommunikation und Reisen. Die Personalvertretungen haben einen sehr weitgehenden Informations- und Unterrichtungsanspruch und Kontroll- bzw. Mitwirkungs- und Mitbestimmungsrechte in den Fällen, die in den Personalvertretungsgesetzen aufgezählt sind.

Pflegeversicherung

Die Pflegeversicherung ergänzt den Schutz durch die → *Krankenversicherung*, indem sie die durch Krankheit oder Behinderung verursachte Pflegebedürftigkeit absichert. Deshalb knüpft die Versicherungspflicht in der Pflegeversicherung an die Versicherungspflicht in der Krankenversicherung an. Das hat zur Folge, dass die Entgeltgrenzen der → *Krankenversicherung* auch für die Pflegeversicherung gelten. Die Beitragshöhe beträgt 1,7 % des Bruttogehalts bis zur Beitragsbemessungsgrenze der Krankenversicherung. Die Beiträge werden grundsätzlich zur Hälfte vom Arbeitgeber und vom Arbeitnehmer getragen. Dies gilt nicht im Bundesland Sachsen, wo kein gesetzlicher Feiertag zur Kompensation der Pflegebeiträge gestrichen wurde (Buß- und Bettag). In Sachsen trägt der Arbeitgeber 0,35 %, der Arbeitnehmer 1,35 % der Pflegebeiträge.
Anders als die Krankenversicherung macht die Pflegeversicherung ihre Leistungen von der Erfüllung von Vorversicherungszeiten abhängig. Seit dem 1.1.2000 muss der Antragsteller in den letzten 10 Jahren vor Antragstellung mindestens fünf Jahre versichert gewesen sein.

Praktikanten

Praktikanten sind – wie auch Volontäre – keine Arbeitnehmer. Ein vorgeschriebenes Praktikum ist kein Arbeitsverhältnis. Sie unterliegen keinen arbeitsrechtlichen Weisungen hinsichtlich der Art und Weise ihrer Arbeitsleistung.
Ist vom Zweck des Praktikums allerdings an eine Anlernzeit wie bei Auszubildenden gedacht, so kann sich auch ein Praktikantenverhältnis als Arbeitsverhältnis darstellen. Auch das Schülerpraktikum ist kein Arbeitsverhältnis, die Nebenverdienstmöglichkeit ohne Ausbildungszweck von Schülern und Werksstudenten ist i.d.R. ein Aushilfsarbeitsverhältnis. Hier finden alle arbeitsrechtlichen Vorschriften Anwendung.
Die Tätigkeit von Praktikanten, die sich im Zusammenhang mit einer Ausbildung einer Schule oder Hochschule verpflichtet haben, praktische Kenntnisse in einem Unternehmen anzueignen, die der Vorbereitung, Unterstützung oder Vervollständigung der Ausbildung für den künftigen Beruf dienen, gilt allerdings als Beschäftigung im Sinne der Sozialversicherung (§ 7 Abs. 2 SGB IV).
In Studien- oder Prüfungsordnungen sind vielfach Berufspraktika vorgeschrieben, die von den Studierenden abzuleisten sind. Bei diesen Berufspraktika wird zwischen
- Vorpraktika, d.h. vor Aufnahme des Studiums,
- Zwischenpraktika, d.h. während der vorlesungsfreien Zeit und
- Nachpraktika, d.h. nach Abschluss des Studiums

unterschieden.

Privatisierung

Bei der Privatisierung öffentlicher Dienstleistungen werden bisher von der öffentlichen Hand wahrgenommene Aufgaben Privatunternehmen überlassen. Privatisierung ist auch der Rechtsformwechsel eines bisher öffentlichen Unternehmens.
Die Privatisierung von Bundesbahn und Bundespost erfolgte auf der Grundlage eigener gesetzlicher Regelungen (Eisenbahnneuordnungsgesetz, Postpersonalrechtsgesetz) nach erfolgter Verfassungsänderung.
Die Arbeitsverhältnisse der Beschäftigten gehen nach der Privatisierung auf den privaten Arbeitgeber bzw. die Gesellschaft über. Die Tätigkeit von Beamten in privatisierten Unternehmen ist in Spezialgesetzen geregelt.

Probearbeitsvertrag

Ein Probearbeitsvertrag, bei dem die Dauer der Probezeit festgelegt und begrenzt wird, gibt dem Arbeitnehmer die Möglichkeit, festzustellen, ob ihm der Arbeitsplatz zusagt und dem Arbeitgeber, ob der Arbeitnehmer die in ihn gesetzten Erwartungen erfüllt. Probearbeitsverträge können als befristete Arbeitsverträge abgeschlossen werden, es sei denn, dies ist tarifvertraglich ausgeschlossen. Probearbeitsverträge, in denen z.B. festgelegt wird, dass nach Ablauf des Probearbeitsvertrags ein Angebot eines unbefristeten Arbeitsvertrages erfolgen soll, sind möglich, aber unüblich. Die gleiche Funktion, nämlich die der Erprobung, erfüllt die Probezeit im unbefristeten Arbeitsverhältnis, deshalb wird üblicherweise ein unbefristeter – oder auch aus anderen Gründen befristeter – Arbeitsvertrag abgeschlossen, dessen erste Monate als → *Probezeit* gelten.

Die Zulässigkeit einer Befristung zur Erprobung ist allerdings heute in § 14 Abs. 1 Nr. 5 TzBfG ausdrücklich geregelt. Die Erprobung ist damit als sachlicher Grund für eine Befristung ausdrücklich anerkannt. Probezeitbefristungen müssen allerdings vor Vertragsbeginn schriftlich niedergelegt werden. Will sich der Arbeitgeber vorbehalten, während der Dauer eines befristeten Probearbeitsverhältnisses ordentlich zu kündigen, muss dies ausdrücklich vereinbart werden.

Probezeit

Die Dauer einer möglichen Probezeit ist nicht gesetzlich geregelt. Allenfalls für Ausbildende gilt die Vorschrift, dass sie einen Monat nicht unterschreiten, drei Monate nicht überschreiten darf. Probezeiten sind üblich von ca. drei Monaten (im Ausnahmefall auch weniger) bis zu sechs Monaten, also der Frist, die auch im Kündigungsschutzrecht für den Eintritt des gesetzlichen Kündigungsschutzes gilt.

In Tarifverträgen sind häufig Vorschriften über die zulässige Höchstdauer von Probezeiten enthalten, die unbedingt beachtet werden müssen.

Prokurist

Das Unternehmen erteilt bestimmten leitenden Angestellten Generalvollmacht oder Prokura i.S. der §§ 48ff. HGB. Die Prokura ist eine im Handelsregister eingetragene umfassende Handlungsvollmacht mit gesetzlich

festgelegtem grundsätzlich unbeschränktem Umfang, die zu allen Arten von gerichtlichen und außergerichtlichen Geschäften und Rechtshandlungen berechtigt. Die Prokura kann (z.B. bei Verkauf von Immobilien durch Begrenzung des Wertes) begrenzt werden. Die Prokura berechtigt nicht zu Geschäften, die darauf gerichtet sind, dem Betrieb zur Einstellung zu bringen, wie z.B. Veräußerung des Geschäftes und Insolvenzantrag.
Die Prokura muss durch ausdrückliche Erklärung des Inhabers des Unternehmens erteilt werden. Sie ist mit Zeichnung des Prokuristen von einem Notar zum Handelsregister anzumelden.
Der Prokurist zeichnet mit ppa. Die Prokura kann durch Widerruf erlöschen und endet mit Ablauf des Arbeitsverhältnisses.

Provision

Die Provision ist eine Sonderform der Vergütung. Für den Handelsvertreter bzw. Handelsgehilfen, nicht für den Arbeitnehmer, ist sie gesetzlich geregelt im Handelsgesetzbuch. Der Arbeitnehmer ist nicht selbstständig Gewerbetreibender, allerdings werden die für Handlungsgehilfen geltenden Vorschriften auch im Arbeitsverhältnis entsprechend angewandt. Danach sind alle im bestehenden Arbeitsverhältnis abgeschlossenen Geschäfte des Arbeitgebers, welche auf die Tätigkeit des Arbeitnehmers zurückzuführen sind, oder mit Dritten abgeschlossen werden, die der Arbeitnehmer als Kunden für Geschäfte der gleichen Art geworben hat, provisionspflichtig. Wird das Geschäft erst nach Beendigung des Arbeitsvertrages abgeschlossen, kommt ebenfalls ein Provisionsanspruch des Arbeitnehmers in Betracht. Höhe und Berechnung des Provisionsanspruches richten sich nach den vertraglichen Vereinbarungen der Arbeitsvertragsparteien. Wo diese Vereinbarung nicht besteht, gilt der so genannte »übliche« Provisionssatz als vereinbart.

Qualifizierung → *Berufsausbildung*

Qualitätszirkel → *Erfindungen*

Recht auf informationelle Selbstbestimmung

Rechte und Pflichten von Arbeitnehmern und Betriebs- und Personalräten bei der Personaldatenverarbeitung werden besonders geregelt. Maßgeblich sind die Bestimmungen des Bundesdatenschutzgesetzes (BDSG). Sollen personenbezogene Daten der Arbeitnehmer erhoben, verarbeitet oder genutzt werden, wird i.d.R. die Zulässigkeit der Datenverarbeitung aus dem BDSG selbst heraus zu leiten sein, aber auch aus Betriebs- oder Dienstvereinbarungen, die dieses Gesetz konkretisieren. Neben dem BDSG bestehen Datenschutzgesetze der Länder. Das BDSG enthält eine Reihe von Rechtsansprüchen, z.B. auf Information, Unterrichtung, Benachrichtigung, Auskunft, Berichtigung, Löschung und Sperrung von Daten sowie ein Recht auf Widerspruch. Hinzu kommt die Verpflichtung auf das Datengeheimnis und Schadensersatzbestimmungen. Die im BDSG ausgeführten Rechte sind unabdingbar und können durch Arbeitsvertrag weder ausgeschlossen noch beschränkt werden. Das novellierte Bundesdatenschutzgesetz enthält aus der Erfahrung mit der Praxis des Datenschutzes inzwischen einen Hinweis auf das Prinzip der Direkterhebung, nach dem Daten nur direkt beim Betroffenen und nicht über Dritte erhoben werden dürfen, und außerdem ein Informationsrecht. Schon zum Zeitpunkt der Datenerhebung muss die verarbeitende Stelle den Verarbeitungszweck festlegen. Das BDSG enthält auch Regelungen zu mobilen Speicher- und Verarbeitungsmedien. Dies sind Datenträger, die an die betroffenen Arbeitnehmer selbst ausgegeben werden und auf denen personenbezogene Daten über die Speicherung hinaus durch die ausgegebene oder eine andere Stelle automatisiert verarbeitet werden können. Damit sind z.B. Karten gemeint, die mit einem Prozessorchip ausgestattet sind.

Werden erstmals personenbezogene Daten eines Betroffenen gespeichert, ohne dass dieser davon Kenntnis hat, ist der Betroffene zu benachrichtigen. Die Benachrichtigung informiert über

- die Speicherung selbst,
- die Art der gespeicherten Daten,
- die Zweckbestimmung, die Erhebung, Verarbeitung oder Nutzung sowie
- die Identität der verarbeitenden Stelle.

Werden im Laufe eines Beschäftigungsverhältnisses zu einem bestimmten Zeitpunkt neue Qualifikationsdaten gespeichert, muss auch darüber eine Benachrichtigung erfolgen. Das BDSG sieht eine Reihe von Ausnahmen von der Benachrichtigungspflicht vor (§ 32 Abs. 2 BDSG). Die Ausnahmetatbestände sind allerdings eng und im Zweifel zugunsten der Betroffenen und damit auch zugunsten der Benachrichtigungspflicht auszulegen.

Rentenversicherung

Rechtsschutz, gewerkschaftlicher

Der gewerkschaftliche Rechtsschutz ist im Gewerkschaftsbeitrag enthalten. Rechtssekretäre der Gewerkschaften können Mitglieder vor dem → *Arbeitsgericht* vertreten. Der Deutsche Gewerkschaftsbund hat die Vertretung von Mitgliedern der Rechtsschutz GmbH übertragen.

Eine Revision (oder Rechtsbeschwerde oder Nichtzulassungsbeschwerde) beim Bundesarbeitsgericht (BAG) bedarf zwingend der anwaltlichen Vertretung. Verbandsvertreter sind beim BAG auch im Termin nicht zugelassen. Der gewerkschaftliche Rechtsschutz beinhaltet hier aber auch eine Vertretung durch einen kompetenten Anwalt.

Rentenversicherung

Die Rentenversicherung verfolgt das Ziel, den Versicherten einen Einkommensersatz für die Zeit zu sichern, in der sie – insbesondere aus Altersgründen oder etwa wegen Erwerbsminderung – aus dem Erwerbsleben ausscheiden oder nur noch eingeschränkt daran teilnehmen können. Stirbt ein Versicherter, können seine Angehörigen Anspruch auf eine Hinterbliebenenrente haben. Alle Versicherten können wählen, ob sie die Altersrente als Voll- oder zunächst nur als Teilrente erhalten. Im letzteren Fall wird im reduzierten Umfang weiter gearbeitet.

Die Regelaltersgrenze liegt bei 65 Jahren. Bestimmte Personengruppen können jedoch ihre Altersrente schon früher beantragen. Allerdings sind die Regelungen zur Anhebung der Altersgrenze bei vorgezogenen Altersrenten zu beachten. Die Altersgrenze bei der Altersrente wegen Arbeitslosigkeit oder nach Altersteilzeitarbeit wurde in den Jahren 1997 – 2001 von 60 auf 65 Jahre angehoben. Bei der Altersrente für langfristig Versicherte wurde sie in den Jahren 2000 und 2001 von 63 auf 65 Jahre angehoben, bei der Altersrente für Frauen wird sie in den Jahren 2000 – 2004 von 60 auf 65 Jahre und bei der Altersrente für schwerbehinderte Menschen wurde sie in den Jahren 2001 bis 2003 von 60 auf 63 Jahre angehoben. Die Renten können auch nach Anhebung der Altersgrenze ab Vollendung des 60. Lebensjahres (wegen Arbeitslosigkeit oder nach Altersteilzeitarbeit, Frauen, schwerbehinderte Menschen) bzw. ab Vollendung des 63. Lebensjahres (Altersrente für langjährig Versicherte) in Anspruch genommen werden. Wer aber als Angehöriger dieser Personengruppen seinen Ruhestand vorzieht, muss Rentenabschläge in Kauf nehmen. Jedes Jahr, um das die Vollrente vorgezogen wird, führt zu einer Rentenminderung von 3,6 %. Bei

Rentenversicherung

Teilrente ist dies dementsprechend eine Reduktion der späteren Vollrente um 1,8 %.

Der Versicherte kann auch über die 65-Jahres-Grenze hinaus arbeiten und so die spätere Rente erhöhen, indem er z.b. Teilrente und Teilzeiteinkommen kombiniert. Mit jedem Jahr, um das der Bezug der Altersrente ab Vollendung des 65. Lebensjahres verzögert wird, erhöht sich die spätere Vollrente um 6 %. Bei Altersrente nach Vollendung des 65. Lebensjahres können die Rentner unbegrenzt Nebentätigkeiten ausüben. Wird eine Voll- oder Teilrente hingegen vor dem 65. Lebensjahr bezogen, sind Hinzuverdienstgrenzen zu beachten. Die Beschäftigten dürfen neben einer Altersfrührente bis zu 325 € monatlich hinzuverdienen (im Jahre 2002).

Rufbereitschaft

Die Rufbereitschaft ist eine Sonderform der → *Arbeitsbereitschaft*. Der Arbeitnehmer kann dabei seinen Aufenthaltsort frei bestimmen, er ist jedoch verpflichtet, diesen seinem Arbeitgeber mitzuteilen und sich dort abrufbereit zu halten. Die Zeiten der Rufbereitschaft sind gesondert zu vergüten. Üblicherweise gibt es dazu Zusatzleistungen in Höhe von einer Überstundenvergütung. Rufbereitschaft ist allerdings nicht als Überstunde i.S. des Urlaubsrechtes zu werten. Streit gibt es häufig darüber, ob Arbeit die im unmittelbaren Zusammenhang mit der üblichen Arbeitszeit geleistet wird und noch unter die Rubrik »Rufbereitschaft« fällt. Ein Arbeitgeber kann von seinem Direktionsrecht Gebrauch machen und statt der Rufbereitschaft Überstunden anordnen. In Tarifvertrag, Betriebsvereinbarung oder Arbeitsvertrag kann in Branchen, in denen Rufbereitschaft üblich ist, das Direktionsrecht des Arbeitgebers näher definiert werden.

Die während der Rufbereitschaft tatsächlich geleistete Arbeit ist i.S. des Arbeitsschutzrechtes auf die zulässige tägliche Arbeitszeit anzurechnen (→ *Pausen*).

Saisonarbeit

Der Abschluss von so genannten Saisonarbeitsverhältnissen ist rechtlich zulässig. Besonders verbreitet ist dies bei Aushilfskräften im Hotel- und Gaststättengewerbe oder in der Landwirtschaft zum Ernteeinsatz. Ein Saisonarbeitsverhältnis kann auch über mehrere Jahre hintereinander wiederholt bestehen. Ein Anspruch des Saisonarbeiters, auch tatsächlich einge-

stellt zu werden, könnte dann bestehen, wenn der Arbeitgeber Jahr für Jahr die gleichen Arbeitnehmer in der Saison weiterbeschäftigt, die dies verlangen und tatsächlich Arbeit anzubieten hat, was sich darin äußert, dass er weitere Arbeitskräfte sucht bzw. neu einstellt.
Die Saisonarbeit ist eine zeitlich befristete Arbeit i.S. des Gesetzes über Teilzeitarbeit und befristete Arbeitsverträge, das der Umsetzung der EG-Richtlinie über befristete Arbeitsverhältnisse dient. Es soll diskriminierende arbeitsrechtliche Bestimmungen beseitigen.

Schwarzarbeit

Unter Schwarzarbeit versteht man die selbstständige oder unselbstständige Tätigkeit unter Umgehung der gesetzlichen Anmelde- und Anzeigepflichten. Das Gesetz zur Bekämpfung der Schwarzarbeit sieht die Ahndung des Schwarzarbeiters vor.
Eine Ordnungswidrigkeit begeht auch ein Unternehmer, der andere Unternehmen beauftragt, von denen er weiß oder leichtfertig nicht weiß, dass dort nichtdeutsche Arbeitnehmer ohne Arbeitserlaubnis beschäftigt werden.
Schwarzarbeit während der Zeit der Erkrankung in einem Hauptarbeitsverhältnis ist ein gravierender Pflichtverstoß, der eine Kündigung rechtfertigt.

Schweigepflicht des Arbeitnehmers

Der Arbeitnehmer ist zur Verschwiegenheit über interne Informationen, Betriebs- und Geschäftsgeheimnisse verpflichtet, auch wenn dies nicht ausdrücklich in seinem Arbeitsvertrag vereinbart ist. Der Arbeitsvertrag kann eine Verlängerung dieser Verpflichtung auch für die Zeit nach Beendigung des Arbeitsverhältnisses vorsehen. Arbeitnehmer, die regelmäßig Zugang zu Geschäftsgeheimnissen oder Erfindungen haben, wird darüber hinaus ein so genanntes Wettbewerbsverbot vereinbart. Bei Verstoß gegen dieses Wettbewerbsverbot, also bei Übertragung des betrieblichen Know-how auf einen Wettbewerber in einem neuen Arbeitsverhältnis, ist eine so genannte Karenzentschädigung zu zahlen.
Der Beamte ist zur Verschwiegenheit über alle Angelegenheiten verpflichtet, die ihm bei seiner amtlichen Tätigkeit bekannt geworden sind. Eine Ausnahme besteht nur für Mitteilungen im dienstlichen Verkehr und für

Schweigepflicht des Arbeitnehmers

Tatsachen, die offenkundig sind oder ihrer Bedeutung nach keiner Geheimhaltung bedürfen. Ein Beamter benötigt daher eine Aussagegenehmigung seines Dienstvorgesetzten, wenn er vor Gericht aussagen will.

Schwerbehinderte Menschen

Das gesamte Schwerbehindertenrecht ist heute im SGB IX zusammengefasst. Der Arbeitgeber hat eine Pflicht zur Förderung der bei ihm beschäftigten schwerbehinderten Menschen. Schwerbehinderte Menschen haben einen Anspruch auf die behindertengerechte Ausgestaltung ihrer Arbeitsplätze und eine bevorzugte Berücksichtigung bei inner- und außerbetrieblichen Bildungsmaßnahmen. Teilzeitarbeit ist für schwerbehinderte Menschen zu fördern. Arbeitgeber, Schwerbehindertenvertretung und Betriebsrat bzw. Personalrat können alle Maßnahmen zugunsten schwerbehinderter Menschen in einer Integrationsvereinbarung zusammenfassen. Ein Integrationsprojekt kann öffentlich gefördert werden.
Schwerbehinderte Menschen haben Anspruch auf einen Zusatzurlaub von fünf Arbeitstagen im Jahr. Bei Kündigung (→ *Kündigung*) gelten besondere Einschränkungen und Zustimmungspflichten des Integrationsamtes.
Der Arbeitgeber darf den Bewerber nach der Schwerbehinderteneigenschaft fragen.

Sexuelle Belästigung

Sexuelle Belästigung am Arbeitsplatz soll durch das so genannte Beschäftigtenschutzgesetz von 1994 ausgeschlossen werden. Das Gesetz definiert die sexuelle Belästigung als »vorsätzliches, sexuell bestimmtes Verhalten, dass die Würde von Beschäftigten am Arbeitsplatz verletzt«.
Beschäftigte haben ein Beschwerderecht bei den zuständigen Stellen des Betriebes oder der Dienststelle, wenn sie sich vom Arbeitgeber, von Vorgesetzten, von anderen Beschäftigten oder von Dritten am Arbeitsplatz sexuell belästigt fühlen. Der Arbeitgeber oder Dienstvorgesetzte hat die Beschwerde zu prüfen und geeignete Maßnahmen zu treffen, um die Fortsetzung einer festgestellten Belästigung zu unterbinden.
Die sexuelle Belästigung am Arbeitsplatz ist eine Verletzung der arbeitsvertraglichen Pflichten bzw. ein Dienstvergehen.

Sozialplan

Sonderzahlungen

Sonderzahlungen und Einmalzahlungen sind Zuwendungen, die zwar zum beitragspflichtigen Entgelt gehören, aber nicht monatlich ausgezahlt werden. Dies kann das Weihnachtsgeld, das Urlaubsgeld und die variable Vergütung sein. Sozialversicherungsrechtlich gehören diese Zahlungen zu dem Kalendermonat, in dem sie tatsächlich zur Auszahlung gelangen.

Sozialeinrichtung, betriebliche

Zu den betrieblichen Sozialeinrichtungen können Wohnheime und Jugendwohnheime sowie Werkswohnungen gehören. Kantinen, in denen eine Gemeinschaftsverpflegung erfolgt, gehören auf jeden Fall dazu.
Die Förderung der Nutzung von Sozialeinrichtungen ist die → *betriebliche Sozialleistung*.

Sozialleistung, betriebliche

Betriebliche Sozialleistungen sind Unterstützungen des Arbeitgebers zur Nutzung betrieblicher oder überbetrieblicher Sozialeinrichtungen (→ *Sozialeinrichtung, betriebliche*). Von den Sozialleistungen des Unternehmens zu unterscheiden sind Selbsthilfeeinrichtungen, die von den Beschäftigten oder ihren Vertretungen eingerichtet wurden, um für Wechselfälle des Lebens Vorkehrungen zu treffen.

Sozialplan

Der Sozialplan hat die Wirkung einer Betriebsvereinbarung (§112 Abs. 1 Satz 3 BetrVG). Er ist eine Betriebsvereinbarung besonderer Art, wenn er schriftlich abgeschlossen ist. Er soll die wirtschaftlichen Nachteile, die den Arbeitnehmern infolge einer geplanten Betriebsänderung entstehen, ausgleichen oder mildern. I.d.R. werden → *Interessenausgleich* und Sozialplan gemeinsam verhandelt. Die Normen eines Sozialplanes sind aber anders als beim Interessenausgleich wie die einer Betriebsvereinbarung unmittelbar und zwingend gültig.
Der Sozialplan kommt durch Verhandlung oder durch den Spruch einer Einigungsstelle zustande.

Sozialplan

Leistungen aus einem Sozialplan sind rechtlich arbeitsvertragliche Leistungen aufgrund einer Betriebsvereinbarung. Ihre Fälligkeit wird im Sozialplan selbst bestimmt. Der Sozialplan kann eine eigene Ausschlussfrist vorsehen. Sozialplanleistungen sind vererblich, wenn sie wirksam entstanden sind.

Im Sozialplan wird eine Einigung über den Ausgleich oder die Milderung der wirtschaftlichen Nachteile, die den Arbeitnehmern infolge einer geplanten Betriebsänderung entstehen, vorgenommen. Der Sozialplan kann nur die sozialen und personellen Konsequenzen aus einer Unternehmerentscheidung regeln. Anders als im Interessenausgleich gewährt der Sozialplan dem einzelnen Arbeitnehmer einklagbare Ansprüche gegen den Arbeitgeber. Er hat die Wirkung einer Betriebsvereinbarung.
I.d.R. behandelt der Sozialplan die Themen
- Abfindung,
- vorzeitiges Ausscheiden gegen Zahlung eines Ruhegeldes und
- Übergang auf zumutbaren Arbeitsplatz und Kompensationsleistungen

Ein Sozialplan kann Mittel für Maßnahmen der Weiterbildung (»qualifizieren statt entlassen«) vorsehen und kann als Transfersozialplan statt Abfindungsleistungen Einarbeitungszuschüsse bei Arbeitgeberwechsel gewähren.

Abfindungszahlungen nach Sozialplan sind nur in bestimmten Grenzen steuerfrei. Bitte informieren Sie sich über ihre persönliche Situation bei Ihrem Betriebsrat, und nehmen Sie ggf. den Rechtsschutz ihrer Gewerkschaft in Anspruch.

In Großunternehmen können u.U. Rahmensozialpläne die Eckpunkte für betriebliche Sozialpläne markieren. Sie haben den Charakter einer freiwilligen Betriebsvereinbarung.

Sozialplan in der Insolvenz

Der Gesamtbetrag für einen Sozialplan ist in der Insolvenz beschränkt. Nach § 123 Abs. 1 Insolvenzordnung (InsO) darf die Summe von zweieinhalb Monatsgehältern pro betroffenen Arbeitnehmer nicht überschritten werden. Nach § 123 Abs. 2 InsO darf höchstens $1/_3$ der Masse aufgezehrt werden, die ohne einen Sozialplan für die Verteilung an die Insolvenzgläubiger zur Verfügung stehen würde. Nach § 123 Abs. 3 InsO soll der Insolvenzverwalter mit Zustimmung des Insolvenzgerichtes Abschlagszahlungen leisten. Sozialpläne, die nicht länger als drei Monate vor dem Antrag auf Eröffnung des Insolvenzverfahrens aufgestellt wurden, können vom Insolvenzverwalter wie auch vom Betriebsrat widerrufen werden. In einem solchen Fall sind die betroffenen Arbeitnehmer in den während des Insolvenzverfahrens aufzustellenden Sozialplan einzubeziehen. Die Initiative zum Abschluss eines Sozialplans wird i.d.R. beim Betriebsrat liegen. Plant ein Insolvenzverwalter mehrere voneinander unabhängige Betriebsänderungen, so sind ggf. mehrere Sozialpläne aufzustellen. Dies gilt auch, wenn mehrere Betriebe betroffen sind, es sei denn, aufgrund eines einheitlichen Stilllegungsplanes wäre ein Gesamtbetriebsrat für die Aushandlung eines einheitlichen Sozialplanes zuständig.

Der Sozialplan darf nicht in bestehende Arbeitnehmerrechte eingreifen. So ist etwa ausgeschlossen, rückständige Lohnansprüche zu verkürzen.

Sozialversicherungsausweis

Der Arbeitgeber muss grundsätzlich unabhängig vom Umfang der Arbeitszeit die gesetzliche Melde-, Aufzeichnungs- und Nachweispflicht zur Sozialversicherung erfüllen. Die Rentenversicherungsträger sind verpflichtet, für alle Beschäftigten unabhängig vom Arbeitsumfang einen Sozialversicherungsausweis auszustellen. Dieser soll es erleichtern, illegale Beschäftigung, Leistungsmissbrauch und die missbräuchliche Ausnutzung der Geringfügigkeitsgrenze zu bekämpfen. Der Sozialversicherungsausweis ist dem Arbeitgeber bei Beginn der Beschäftigung vorzulegen. In bestimmten Bereichen (z.B. Bau-Branche), in denen u.a. viele geringfügig Beschäftigte tätig sind, hat der Arbeitnehmer den mit einem persönlichen Lichtbild versehenen Ausweis während seiner Tätigkeit mitzuführen und auf Verlangen den zuständigen Behörden vorzulegen. Verletzungen von Melde-, Vorlage- und Auskunftspflichten können mit Bußgeldern bis zu 5000 € geahndet werden.

Sprecherausschuss

Leitende Angestellte haben das Recht, Sprecherausschüsse zu bilden. Der Sprecherausschuss eines Betriebes besteht aus höchstens 7 Mitgliedern (bei über 300 leitenden Angestellten). Der Sprecherausschuss verfügt über Informations- und Beratungsrechte, jedoch nicht – wie der Betriebsrat – über Mitbestimmungsrechte.

Vor der → *Kündigung* eines leitenden Angestellten ist der Sprecherausschuss zu hören. Eine Kündigung ohne Anhörung des Sprecherausschusses ist unwirksam.

Stellenausschreibung → *Personalauswahl*

Streik → *Arbeitskampf*

Streikfreiheit und Streikrecht → *Arbeitskampf*

Tarifpolitik → *Tarifverträge*

Tarifverträge

Tarifverträge können nur von tariffähigen Organisationen abgeschlossen werden. Tariffähig sind auf Arbeitnehmerseite nur die Gewerkschaften. Diese müssen nach der Rechtsprechung des Bundesarbeitsgerichtes folgende Kriterien erfüllen:
- freie Vereinigung von Arbeitnehmern zur Wahrung der Arbeits- und Wirtschaftsbedingungen,
- Bereitschaft zum Arbeitskampf,
- Unabhängigkeit von der Gegenseite,
- Unabhängigkeit vom Staat oder von gesellschaftlichen Gruppen, seien es Parteien oder Kirchen,
- Fähigkeit zur Ausübung eines sinnvollen Drucks auf die Gegenseite,
- überbetriebliche Organisation, die auf Dauer angelegt ist.

Durch den Abschluss von Tarifverträgen treffen die Gewerkschaften Regelungen im Bereich der Arbeits- und Wirtschaftsbedingungen für ihre Mitglieder. Auch für leitende Angestellte können Tarifverträge gelten. Im Entgeltbereich ist es aber so, dass oberhalb einer bestimmten Tarifgrenze außertariflich Gehälter gezahlt werden bzw. einzelne Arbeitsbedingungen definiert werden. Tarifverträge haben einen obligatorischen und einen so genannten normativen Teil. Der Tarifvertrag hat im Wesentlichen drei Funktionen:
- die Schutzfunktion, d.h. das einzelne Arbeitsverhältnis wird geschützt vor Auswirkungen von Rationalisierungsmaßnahmen, vor Belastungen und Beanspruchungen usw.,
- die Ordnungsfunktion, d.h. Tarifverträge typisieren Arbeitsverträge und verhindern eine »Schmutzkonkurrenz« durch Unterbietung von einzelnen beschäftigten Gruppen oder durch besonders exzessive Ausbeutung der Arbeitskraft durch einzelne Arbeitgeber,

- die Friedensfunktion, d. h. für die Laufzeit eines Tarifvertrages sind hinsichtlich eines tarifvertraglich geregelten Arbeitsverhältnisses neue Forderungen und ihre Durchsetzung ausgeschlossen.

Man unterscheidet zwischen Lohn- und Gehaltstarifverträgen, die in der Regel eine kurze Laufzeit haben (meistens ein Jahr), in letzter Zeit aber auch für längere Zeiträume abgeschlossen werden können, Entgelttarifverträge, die die Teilung in Lohn- und Gehaltstarifverträge aufheben, Manteltarifverträge mit längeren Laufzeiten, in denen allgemeine Arbeitsbedingungen geregelt werden, und Rahmentarifverträgen, die wie die Manteltarifverträge eine längere Laufzeit (auf 3 bis 5 Jahre) haben und Grundsätze für die Entgeltfindung aufstellen, auf die dann die einzelnen Entgelt- bzw. Lohn- und Gehaltstarifverträge Bezug nehmen.

Von tariflichen Normen darf nur zu Gunsten der Arbeitnehmer abgewichen werden. Dieses Günstigkeitsprinzip ist für → *Betriebsvereinbarungen* und Individualarbeitsverträge (→ *Arbeitsvertrag*) von Bedeutung.

Tarifvertragsgeschichte

Im Jahre 1873 gelang es den Buchdruckern als erster Gewerkschaftsorganisation, den ersten bedeutenden Tarifvertrag in Deutschland abzuschließen. Die große Mehrheit der Unternehmer zeigte damals allerdings noch keine Bereitschaft, die Gewerkschaften als Verhandlungspartner anzuerkennen. Die rechtliche Anerkennung der Gewerkschaften erfolgte erst im 1. Weltkrieg, diente aber dem Ziel, diese in die Kriegsmaschinerie einzugliedern. Endgültig anerkannt wurden die Gewerkschaften im Zuge der Novemberrevolution von 1918. Unternehmer und Gewerkschaften vereinbarten am 15.11.1918 die so genannte Zentralarbeitsgemeinschaft (→ *Arbeitsrecht, Geschichte*).

Die Weimarer Reichsverfassung aus dem Jahre 1919 garantierte dann die Koalitionsfreiheit.

Das so genannte Zentralarbeitsgemeinschaftsabkommen zwischen Unternehmern und Gewerkschaften vom 15.11.1918 sicherte den Gewerkschaften die Anerkennung durch die Gegenseite.

Mit der Tarifvertragsordnung vom 23.12.1918 wurde die unmittelbare und zwingende Bindung der Tarifverträge für das einzelne Arbeitsverhältnis festgelegt sowie die Möglichkeit der allgemeinen Verbindlichkeitserklärung geschaffen. Im letzteren Fall kann das Arbeitsministerium einen zunächst nur für die Parteien des Tarifvertrags gültigen Vertrag auf alle Arbeitgeber und Arbeitnehmer ausdehnen.

Tarifvertragsgeschichte

In der Weimarer Republik gab es seit 1923 eine staatliche Zwangsschlichtung. Der staatliche Schlichter konnte einen von ihm erlassenen Schiedsspruch für verbindlich erklären.

Der Nationalsozialismus beseitigte die Gewerkschaften als Organisation sowie die Tarifverträge. An die Stelle freier Vereinbarungen trat die Festlegung der Mindestarbeitsbedingungen durch einen vom Reichsarbeitsminister ernannten »Treuhänder der Arbeit«.

Nach der bitteren Erfahrung des Nationalsozialismus und nach der schlechten Erfahrung mit dem Zwangsschlichtungssystem konnte nach 1945 die Tarifautonomie durchgesetzt und im Tarifvertragsgesetz von 1949 verankert werden. Heute gewährleistet das Grundgesetz der Bundesrepublik Deutschland in Art. 9 Abs. 3 für jedermann und alle Berufe »das Recht, zur Wahrung und Förderung der Arbeits- und Wirtschaftsbedingungen Vereinigungen zu bilden«.

Inhalt und Grenzen der Koalitionsfreiheit wurden im Verlauf der Nachkriegsgeschichte der Bundesrepublik nicht durch Gesetz, sondern durch die Rechtsprechung, insbesondere durch die Rechtsprechung des Bundesarbeitsgerichts, bestimmt. Insgesamt hat das Bundesarbeitsgericht ein engmaschiges Netz von Regeln für den gewerkschaftlichen Streik geschaffen, mit dem Tarifverträge notfalls erzwungen werden können. Gegen den Streik ist nach dieser Rechtsprechung grundsätzlich die Aussperrung zulässig (→ *Arbeitskampf*).

Beamte werden als Verhandlungspartei nicht anerkannt, denn der Staat regelt durch Gesetz, Arbeitsbedingungen und Besoldung. Auch in den Kirchen wird den Beschäftigen bis heute der Abschluss von Tarifverträgen verweigert.

Teilzeitarbeit

Das Gesetz über Teilzeitarbeit und befristete Arbeitsverträge (TzBfG), das seit Januar 2001 in Kraft ist, verankert einen grundsätzlichen Anspruch auf Teilzeitarbeit für alle Arbeitnehmer. Der Anspruch muss nicht mit Kinderbetreuung oder der Wahrnehmung anderer familiärer Pflichten begründet werden. Das Arbeitsverhältnis muss allerdings länger als 6 Monate bestanden haben. Der Arbeitgeber muss i.d.R. mehr als fünfzehn Mitarbeiter beschäftigen. Das Gesetz verpflichtet alle Unternehmen, Arbeitsplätze, die teilzeitgeeignet sind, auch als solche auszuschreiben.

Die Formen der Teilzeit sind durchaus unterschiedlich. So wird bei der Arbeit auf Abruf vom Arbeitgeber bestimmt, wann gearbeitet wird. Er ist da-

Teilzeitarbeit

bei lediglich an den Maßstab der Billigkeit gemäß § 315 BGB gebunden, ansonsten ist es die Ausübung seines Direktionsrechts. Es müssen jedoch zwischen dem Abruf der Arbeitsleistung und dem Arbeitsantritt mindestens vier Tage liegen. Wenn sich zwei oder mehr Arbeitskräfte einen Arbeitsplatz teilen, so spricht man von Arbeitsplatzteilung oder Jobsharing. Dabei ist jedes Teilarbeitsverhältnis einzeln verantwortlich für die Einhaltung der Zeiten und die Arbeitsleistung. Niemand darf für Schäden des Jobsharings-Partners zur Verantwortung gezogen werden. Bei Kündigung eines Jobsharingpartners ist das andere (hälftige oder Teil-) Arbeitsverhältnis nicht berührt.

Zulässig sind auch Jahresarbeitszeitverträge mit bedarfsorientierter Arbeitszeitgestaltung. Der Jahresarbeitszeitvertrag unterscheidet sich von gewöhnlicher Teilzeitarbeit dadurch, dass ein festes Arbeitszeitbudget vorab über eine besonders lange Planperiode verteilt wird.

Die Teilzeitarbeit während der Elternzeit ist im Bundeserziehungsgeldgesetz geregelt und anerkannt. Das BErzGG sieht die Gewährung von Erziehungsgeld auch dann vor, wenn neben der Kinderbetreuung eine Teilzeitbeschäftigung im begrenztem Umfang ausgeübt wird.

Arbeitnehmer haben während der Elternzeit auch die Möglichkeit, Teilzeitarbeit bei einem »fremden« Arbeitgeber zu leisten. Dies setzt die Zustimmung des bisherigen Arbeitgebers voraus. Sie darf aber nur verweigert werden, wenn dies durch entgegenstehende betriebliche Interessen gerechtfertigt ist. Wer während der Elternzeit Teilzeitarbeit leistet, hat die gleiche arbeitsrechtliche Stellung wie andere Teilzeitkräfte. Während der gesamten Dauer der Elternzeit genießt die kinderbetreuende Arbeitskraft den besonderen Kündigungsschutz nach § 18 BErzGG. Die befristete Einstellung von Arbeitnehmerinnen und Arbeitnehmern zum Ausgleich des durch die Elternzeit oder die Arbeitszeitreduzierung entstandenen Arbeitsbedarfes ist in § 21 BErzGG ausdrücklich zugelassen und geregelt.

Für ältere Arbeitnehmer bietet sich Teilzeitarbeit auch als gleitender Übergang in den Ruhestand an. Sie können Teilzeitarbeit sowohl nach dem Teilzeit- und Befristungsgesetz als auch nach dem Altersteilzeitgesetz vereinbaren. Nur die Altersteilzeit nach dem Altersteilzeitgesetz wird finanziell gefördert.

Telearbeit

Moderne Kommunikationstechniken ermöglichen es, die Erbringung der Arbeitsleistung vom Arbeitsort Betrieb zu entkoppeln. Telearbeit bietet zahlreiche Vorteile für den Arbeitgeber (Kosteneinsparung durch Reduzierung der Büroräume, Produktivitätssteigerung) als auch für den Arbeitnehmer (höherer Grad von Selbstverantwortung, bessere Vereinbarkeit von Beruf und individueller Lebensführung, z.B. Familie, Wegfall der Pendelzeiten). Telearbeit leistet durch Verringerung des Verkehrsaufkommens auch einen Beitrag zum Umweltschutz.

Eine Form der Telearbeit, bei der nicht zu hundert Prozent im häuslichen Bereich gearbeitet wird, ist die alternierende Telearbeit. Hier bleibt der Arbeitszusammenhang erhalten. Die Arbeitsleistung erfolgt zum Teil am in der Wohnung des Arbeitnehmers eingerichteten Arbeitsplatz und zum anderen Teil im Betrieb.

Eine weitere Sonderform ist die mobile Telearbeit, bei der unterstützt durch Geräte und Einrichtungen der dezentralen Informationsverarbeitungs- oder Kommunikationstechnik die Arbeitsleistung an wechselnden Einsatzstellen erbracht wird. Auch hier kann ein Teil der Arbeitsleistung im Betrieb und/oder im häuslichen Bereich erbracht werden.

Telearbeit wirft für Arbeitnehmer und Arbeitgeber eine Reihe von Fragen auf, die beantwortet werden müssen, bevor ein Arbeitnehmer seine Bereitschaft zur Telearbeit erklärt. Wenn die Haupttätigkeit vom häuslichen Schreibtisch aus erfolgt, kann der Erfüllungsort im Sinne von § 269 BGB nicht mehr der Sitz des Arbeitgebers sein, sondern auch die Wohnung des Arbeitnehmers.

Für die bereitgestellte Technik ist eine Regelung zu treffen.

Die häusliche Arbeitsstätte muss in der Wohnung des Arbeitnehmers, nicht in der Garage oder im Keller eingerichtet werden. Fragen der Datensicherheit müssen geklärt werden und dürfen nicht zu Lasten des Arbeitnehmers formuliert werden.

Die tarifvertraglich bzw. arbeitsvertraglich vereinbarte durchschnittliche regelmäßige Arbeitszeit ist einzuhalten. Die besondere Lage der Arbeitszeit muss geregelt werden. Die Aufteilung der Arbeitszeit auf die häusliche und die betriebliche Arbeitsstätte sind bei alternierender Telearbeit genau festzulegen.

Für Überzeitarbeit muss eine Regelung getroffen werden. Dies gilt auch für Zuschläge für Arbeitsleistung an Feiertagen.

Der Fall der Systemstörung darf nicht zu Entgeltverlusten auf der Seite des Arbeitnehmers führen.

Telearbeit

Mit der Erbringung der Arbeitsleistung in der häuslichen Umgebung sind Kontrollen des Arbeitgebers oder seines Beauftragten nicht ausgeschlossen. Hier muss gesichert werden, dass dies nicht zur privaten Kontrolle missbraucht wird. Auch die Rückkehr des Arbeitnehmers in einen Arbeitsplatz mit fester Arbeitsstätte im Betrieb muss geregelt werden. Am günstigsten ist es, wenn vereinbart wird, dass die Aufnahme der Telearbeit freiwillig erfolgt und eine Rückkehr möglich ist.

Telearbeiter müssen Zugang zur betrieblichen Arbeitsvermittlung (Job-Börse etc.) haben, um auch praktisch von einer Rückkehrmöglichkeit Gebrauch machen zu können.

Telearbeiter dürfen von der betrieblichen Information nicht ausgeschlossen werden. Dies gilt auch für die gewerkschaftliche Information und die Information durch die betriebliche Interessenvertretung.

Der Tarifvertrag über Telearbeit der Deutschen Telekom AG aus dem Jahre 2001 regelt z.B. die hier angesprochenen Fragen.

Auf der europäischen Ebene haben Arbeitgeber- und Arbeitnehmervertreter aus dem Bereich des Handels und der Telekommunikation freiwillige Übereinkommen (Leitlinien) über Telearbeit geschlossen, die als Rahmenregelungen für die nationale Gesetzgebung, die Tarifvertragspraxis und betriebliche Regelungen herangezogen werden können. Darin werden etwa folgende Grundsätze festgehalten

- Freiwilligkeit bei der Einführung der Telearbeit,
- Gleichbehandlung der Telearbeiter,
- Beschäftigtenstatus für Telearbeiter,
- Bereitstellung der Arbeitsmittel durch das Unternehmen,
- alternative Beschäftigungsmöglichkeiten nach Ende der Telearbeit,
- Vorkehrungen gegen Ausgrenzung und Isolierung von Telearbeitern,
- Einhaltung der Datenschutzbestimmungen,
- Unterrichtung des Telearbeiters über Leistungsmessverfahren und technische Arbeitskontrolle,
- Besuche von Führungskräften und Unternehmensvertretern in der Wohnung nur nach Absprache und Anmeldung,
- Einhaltung der tarifvertraglich vereinbarten Rechte auch für Telearbeiter einschließlich des Rechtes Kontaktaufnahme von Betriebsrat und Gewerkschaften.

Durch die Verlagerung von Arbeiten in den häuslichen Bereich ergeben sich erhebliche Haftungsrisiken. Grundsätzlich haftet der Arbeitnehmer im Rahmen der gesetzlichen Bestimmungen gegenüber dem Arbeitgeber für Schäden, die sich aus einer schuldhaften Verletzung seiner Pflichten ergeben (→ *Haftung des Arbeitnehmers*). Die Rechtsprechung hat die Arbeit-

Telearbeit

nehmerhaftung begrenzt, so dass nur noch bei Vorsatz und grober Fahrlässigkeit voll gehaftet wird, bei mittlerer Fahrlässigkeit aber eine Haftungsteilung in Betracht kommt und bei leichter Fahrlässigkeit eine Haftung des Arbeitnehmers ausscheidet. Dies muss auch für den Telearbeiter gelten, denn seine private Haftpflichtversicherung kommt nicht für Schäden auf, die am Eigentum des Arbeitgebers entstehen.

Im Interesse des Arbeitnehmers könnte der Fall eintreten, dass die Haftungsbeschränkungen auch für jene Personen gelten, die im Haushalt des Telearbeiters leben (Familienangehörige, Mitbewohner). Diese haben ja schließlich unter Umständen Zugang zu den Räumlichkeiten, in denen technische Arbeitsmittel des Arbeitgebers ständig aufgestellt sind.

Auch der Fall des Arbeitsunfalls ist zu bedenken. Schäden, die am häuslichen Arbeitsplatz entstehen, sind so wie Schäden im Betrieb zu behandeln. Als versicherter Ort i. S. der §§ 7 und 8 SGB VII muss auch der häusliche Telearbeitsplatz gelten.

Arbeitsschutzvorschriften müssen auch für Telearbeiter gelten. Dies bedeutet, dass § 3 Arbeitsschutzgesetz (Sicherheits- und Gesundheitsschutz) und § 15 Arbeitsschutzgesetz (Unterweisung) sowie § 3 Arbeitsstättenverordnung (Einhaltung der Arbeitsschutz- und Unfallverhütungsvorschriften) auch für Telearbeiter gelten müssen. Dies gilt auch für Vorschriften zu Bildschirmarbeit (Bildschirmarbeitsverordnung) und andere technische Vorschriften.

Schafft der Arbeitgeber die technischen Arbeitsmittel (z.B. Personal Computer) an, so wird er diese in der Regel als Betriebsausgabe absetzen. Überlässt der Arbeitgeber z.B. den PC dem Telearbeiter auch zur privaten Nutzung, so ist dies gemäß § 3 Nr. 45 EStG durchaus steuerfrei möglich. Auch die Erstattung von Kosten für betrieblich veranlasste Telefongespräche des Arbeitnehmers in seiner Wohnung sind gemäß § 3 Nr. 50 EStG steuerfrei.

Arbeitnehmer, bei denen der Arbeitgeber die Aufwendungen für das häusliche Arbeitszimmer nicht trägt, können Werbungskosten geltend machen. Leistet aber der Arbeitgeber einen Zuschuss für das vom Arbeitnehmer beruflich genutzte häusliche Arbeitszimmer, so stellt dies einen zu versteuernden Bestandteil des Arbeitslohnes dar.

Tendenzbetrieb

Tendenzbetriebe oder Tendenzunternehmen sind solche Gesellschaften, in denen es besondere tendenzbezogene Loyalitätsverpflichtungen der Arbeitnehmer (Tendenzträger) gibt. Spezielle gesetzliche Regelungen gibt es bei der Mitbestimmung des Betriebsrates, im Arbeitskampf und in der Unternehmensmitbestimmung. Der Tendenzschutz spielt in Redaktionen (Presse, Funk und Fernsehen) und in Religionsgemeinschaften und ihren karitativen und erzieherischen Einrichtungen eine große Rolle. Tendenzunternehmen sind auch politische Parteien und Gewerkschaften.

Treuepflicht

In der Rechtsprechung galt lange die Treuepflicht des Arbeitnehmers als Gegenstück zur → *Fürsorgepflicht* des Arbeitgebers.

Überstunden → *Arbeitszeit,* → *Arbeitszeitkonto*

Übung, betriebliche

Die betriebliche Übung entsteht dann, wenn ein Arbeitgeber mehrmals hintereinander grundsätzlich freiwillige Leistungen erbringt. Erfolgt bei der erstmaligen Gewährleistung einer freiwilligen Leistung ein ausdrücklicher Vorbehalt, dass es sich um eine freiwillige Leistung handelt, so entsteht keine Bindungswirkung für die Zukunft und damit auch keine Betriebliche Übung. Nach der neueren Rechtsprechung des BAG können auch für den laufenden Bezugszeitraum freiwillige Leistungen des Arbeitgebers überprüft werden. Die wiederholte Zahlung alleine gründet keinen Anspruch. Der Arbeitnehmer muss allerdings den mangelnden Verpflichtungswillen des Arbeitgebers erkennen können. Die alleinige Aufzählung von bestimmten Leistungen unter der Überschrift »freiwillige soziale Leistungen« in einem Arbeitsvertrag ist noch nicht ausreichend, um einen Rechtsanspruch auszuschließen. Eine betriebliche Übung liegt auch dann nicht vor, wenn eine Zahlung ohne erkennbares System jeweils in unterschiedlicher Höhe und zu unterschiedlichem Anlass erfolgt. Wird die Leistung auf ein bestimmtes Kalenderjahr begrenzt, so entsteht ebenfalls keine betriebliche Übung.
Paradoxerweise kann auch die Ablösung einer betrieblichen Übung durch betriebliche Übung erfolgen: Gewährt ein Arbeitgeber mehrere Jahre lang eine bisher als betriebliche Übung betrachtete Leistung nicht, so wird die alte betriebliche Übung einvernehmlich geändert.

Umgruppierung

Umgruppierung ist die Feststellung des Arbeitgebers, dass die Tätigkeit des Arbeitnehmers nicht oder nicht mehr der bisherigen Entgeltgruppe entspricht, sondern den Merkmalen einer anderen höheren oder niedrigeren Vergütungsgruppe (→ auch *Eingruppierung*).

Umschulung

Maßnahmen der beruflichen Umschulung müssen gemäß § 47 BBiG nach Inhalt, Art, Ziel und Dauer den besonderen Erfordernissen der beruflichen Erwachsenenbildung entsprechen. Zum Nachweis der erworbenen Kenntnisse können Prüfungen durchgeführt werden.
Art, Ziel und Dauer einer beruflichen Umschulung können vom Bundesministerium für Bildung und Forschung im Einvernehmen mit dem Bundesministerium für Wirtschaft und Technologie oder dem sonst zuständigen Fachministerium nach Anhörung des ständigen Ausschusses des Bundesinstitutes für Berufsbildung bestimmt werden.

Unfallversicherung

Bei einem Arbeitsunfall oder für die Folgen einer Berufskrankheit haftet i.d.R. nicht der Unternehmer, sondern der Unfallversicherungsträger. Die Beiträge zur Unfallversicherung werden allein von den Unternehmern/Arbeitgebern erbracht. Die Beitragshöhe richtet sich dabei u.a. nach dem Unternehmen und der Höhe des den Arbeitnehmern ausbezahlten Arbeitsentgelts, d.h. der Entgeltsumme.
Bei Eintritt des Versicherungsfalls haben die Arbeitnehmer als Versicherte Anspruch auf Verletztengeld oder auf Verletztenrente, wenn ihre Erwerbsfähigkeit länger als 26 Wochen um mindestens 20% gemindert ist. Die Berechnung orientiert sich am Verdienst der letzten 12 Monate vor dem Versicherungsfall.

Unternehmen

Das Unternehmen oder die Unternehmung ist ein wirtschaftlich-rechtliches organisiertes Gebilde, in dem auf nachhaltig Ertrag bringende Leistung gezielt wird. Das Unternehmen kann aus mehreren Teilunternehmen und Betrieben bestehen.
Das Unternehmen ist eine selbstständige, vom Haushalt des Unternehmers losgelöste Einzelwirtschaft, die sich vom Betrieb dadurch unterscheidet, dass sie eine örtlich nicht gebundene, wirtschaftlich-finanzielle und rechtliche Einheit darstellt.
Im Arbeitsrecht gibt es keinen eigenen Unternehmensbegriff; er wird vielmehr vorausgesetzt. Im betriebsverfassungsrechtlichen Sinne ist das Unternehmen die Einheit, die mehrere eigenständige betriebsverfassungsrechtliche Einheiten umfasst und aus der ein Gesamtbetriebsrat gebildet werden kann.

Verdachtskündigung

Die Verdachtskündigung ist eine sehr umstrittene Form der → *Kündigung*. Verdachtskündigungen werden in der Regel als außerordentliche Kündigungen ausgesprochen. Der Arbeitnehmer hat dann lediglich nach Überzeugung des Arbeitgebers eine Tat bzw. eine strafbare Handlung begangen, die es dem Arbeitgeber unzumutbar macht, das Arbeitsverhältnis fortzusetzen. Für den Arbeitnehmer bedeutet dies, dass gerade dieser Verdacht des Arbeitgebers, ihm eine nicht erwiesene strafbare Handlung vorzuwerfen, es nunmehr ihm unmöglich macht, das Arbeitsverhältnis fortzusetzen. Eine Verdachtskündigung kann nur dann wirksam ausgesprochen werden, wenn der Arbeitnehmer zu dem Verdacht zuvor angehört worden ist. Der Verdacht muss sich auf eine Straftat stützen, und der Sachverhalt muss vom Arbeitgeber möglichst umfassend aufgeklärt werden.

Verfassung

Die Verfassung ist das wichtigste Gesetz eines jeden Staates. In der Bundesrepublik Deutschland ist dies das Grundgesetz von 1949. In der Verfassung wird die Grundordnung des Staates festgelegt, insbesondere die Staats- und Regierungsform sowie der Aufbau und die Organisation des Staatswesens. Im Grundrechtsteil der Verfassung sind neben den allgemeinen

Verfassung

Menschenrechten und Bürgerrechten, d.h. den Rechten aller Menschen und den Rechten deutscher Staatsangehöriger auch die Betätigungsrechte der Arbeitnehmer geregelt. Zentrale Bedeutung hat Art. 9 Abs. 3 GG. Er enthält als Doppelgrundrecht sowohl die individuelle Koalitionsfreiheit als auch den Bestand und die Betätigung der Koalitionen (Gewerkschaften und Arbeitgeberverbände). Für die Gewerkschaften bedeutet die Koalitionsfreiheit auch die Anerkennung des Solidaritätsprinzips, denn nur gemeinsam kann dem strukturbedingten Vorsprung und der wirtschaftlich bedingten Überlegenheit des Arbeitgebers ein Korrektiv entgegengesetzt werden.

In Europa besteht die Notwendigkeit die nationalen Verfassungen in den Prozess der europäischen Einigung einzupassen. Der Vertrag von Maastricht (→ *EG-/EU-Arbeitsrecht*) hat mit der europäischen Sozialcharta und der Gemeinschaftscharta der sozialen Grundrechte der Arbeitnehmer dazu einen wichtigen Beitrag geleistet. Ein auf der Ebene der EU eingerichteter Konvent erarbeitet gegenwärtig europäische Verfassungsstandards.

Vergütung → *Entgelt*

Vermögensbildung → *Mitarbeiterbeteiligung*

Versetzung

Der Arbeitgeber kann dem Arbeitnehmer kraft seines Direktionsrechtes einen Arbeitsplatz zuweisen. In diesem Fall handelt es sich lediglich um eine Umsetzung. Die arbeitsvertragliche Versetzung ist nur dann zulässig, wenn der Arbeitsvertrag dies ausdrücklich erlaubt oder der Arbeitnehmer der Versetzung ausdrücklich zustimmt. In Betrieben mit in der Regel mehr als 20 volljährigen Arbeitnehmern ist darüber hinaus die Zustimmung des Betriebsrates erforderlich.

Die arbeitsvertragliche Versetzung und die betriebsverfassungsrechtliche Versetzung unterscheiden sich. Der betriebsverfassungsrechtliche Begriff ist weiter, so dass auch die Umsetzung eine Versetzung i.S. des BetrVG sein kann. Es empfiehlt sich daher immer, Zweifelsfragen vom Betriebsrat klären zu lassen.

Unter der arbeitsvertraglichen Versetzung versteht man jede nicht nur vorübergehende Änderung des Aufgabenbereiches des Arbeitnehmers nach Art, Ort oder Umfang der Tätigkeit.

Stehen mehrere Arbeitnehmer für eine beabsichtigte Versetzung zur Verfügung, so hat der Arbeitgeber bei einer betriebsbedingten Versetzung aufgrund eines arbeitsvertraglichen Versetzungsvorbehaltes bei der Auswahl unter den betroffenen Arbeitnehmern eine Sozialauswahl durchzuführen.

Die Sozialauswahl besteht aber nicht mehr aus der strikten Vorrangigkeit von Betriebszugehörigkeit, Lebensalter und Unterhaltspflichten, sondern aus den »sozialen Gesichtspunkten«, seit das Gesetz zur Korrektur sozialversicherungsrechtlicher Bestimmungen das Kündigungsschutzrecht modifiziert hat.

Ist eine Arbeitnehmerin während der Schwangerschaft infolge eines Beschäftigungsverbotes gehindert, die vertragliche Arbeitsleistung zu erbringen, darf ihr der Arbeitgeber im Rahmen des billigen Ermessens eine andere zumutbare Tätigkeit zuweisen.

Die betriebsverfassungsrechtliche Versetzung ist als Versetzung definiert, die voraussichtlich die Dauer von einem Monat überschreitet oder mit einer erheblichen Änderung der Umstände verbunden ist, unter denen die Arbeit zu leisten ist.

Die Versetzung darf erst dann durchgeführt werden, wenn der Betriebsrat seine Zustimmung erteilt hat. Der Arbeitgeber hat den Betriebsrat vor jeder betriebsverfassungsrechtlichen Versetzung zwingend zu unterrichten. Will der Betriebsrat seine Zustimmung verweigern, so hat er dies unter Angabe von Gründen innerhalb einer Woche nach Unterrichtung durch den Arbeitgeber diesem schriftlich mitzuteilen.

Wenn es aus sachlichen Gründen dringend erforderlich ist, kann der Arbeitgeber auch vor der Äußerung des Betriebsrates vorläufig versetzen. Er muss dann aber den betroffenen Arbeitnehmer über die Sach- und Rechtslage aufklären und den Betriebsrat unverzüglich von der vorläufigen Versetzung unterrichten.

Vertrauensleute

Die gesetzliche Interessenvertretung – Betriebsrat oder Personalrat – vertritt alle Beschäftigten, also auch diejenigen, die keiner Gewerkschaft angehören. Der Betriebsrat darf niemanden wegen seiner Gewerkschaftszugehörigkeit bevorzugen oder benachteiligen. In zahlreichen Großbetrieben gibt es daher gewerkschaftliche Vertrauensleute. Der gewerkschaftliche Vertrauensleutekörper besteht aus den von den im Betrieb tätigen Gewerkschaftsmitgliedern gewählten Vertretern. Die Existenz eines gewerkschaftlichen Vertrauensleutekörpers wird durch das Grundrecht der Koalitions-

Vertrauensleute

freiheit (Art. 9 Abs. 3 GG) garantiert. In der Regel sind auch Betriebsräte gewerkschaftlich organisiert, so dass die gesetzliche Trennung in der betrieblichen Praxis häufig nicht erlebt wird. Kommt es aber zum Streit über betriebsverfassungsrechtliche Möglichkeiten und gewerkschaftliche Rechte, so sind die originären Gewerkschaftsrechte in der Betriebsverfassung von Bedeutung. So kann die Gewerkschaft Vertreter in eine Betriebsversammlung entsenden und an Betriebsratssitzungen teilnehmen, sofern wenigstens ein Betriebsratsmitglied einer Gewerkschaft angehört. Die Gewerkschaft kann gegen Rechtsverstöße im Betrieb vorgehen und den Arbeitgeber an seine betriebsverfassungsrechtlichen Pflichten erinnern.
→ *Gewerkschaftsrechte* im Betrieb können durch Tarifvertrag abgesichert oder erweitert werden.

Verwaltungsrecht

Rechtssätze, die die Tätigkeit der öffentlichen Verwaltung sowie die Organisation und das Verfahren der Verwaltungsbehörden regeln, sind nicht Gegenstand des Arbeitsrechts. Die Verwaltung ist bei der Ausübung ihrer Tätigkeit nicht frei, sondern muss sich auf eine gesetzliche Grundlage stützen können.

Vollbeschäftigung → *Arbeitsmarktpolitik*

Vorruhestand → *Altersteilzeit*

Vorschlagswesen, betriebliches

Wer als Arbeitnehmer in der Arbeitszeit oder im engen Zusammenhang mit dem Arbeitsverhältnis eine Erfindung macht, fällt unter das Arbeitnehmererfindungsgesetz. Diese Regelung wurde auf Arbeitnehmer des öffentlichen Dienstes, Beamte und Soldaten entsprechend übertragen. Das Arbeitnehmererfindungsgesetz gilt nur für technische Neuerungsvorschläge, die ein Arbeitnehmer macht. Nicht technische Neuerungsvorschläge werden daher im Rahmen des betrieblichen Vorschlagswesens prämiert oder vergütet. Echte Erfindungen müssen patent- oder gebrauchsmusterfähig sein. Verbesserungsvorschläge unterliegen dieser Definition nicht und können in dafür vorgesehenen Verfahren mit eigens eingerichteten Ausschüssen bewertet werden. Im betrieblichen Vorschlagswesen unterliegt die Prämie keinen rechtlichen Regelungen. Für die Erfindung gilt die gesetzliche Erfindervergütung. Setzt der Arbeitgeber die Vergütung zu niedrig an, so hat der Arbeitnehmer ein Widerspruchsrecht nach dem Arbeitnehmererfindungsgesetz. Kommt keine Einigung zustande, so können Arbeitgeber und Arbeitnehmer eine Schiedsstelle anrufen, die beim Patentamt in München errichtet ist. Bleibt auch dieses Schiedsverfahren erfolglos, ist der ordentliche Rechtsweg mit der besonderen Zuständigkeit der in Patentstreitigkeiten zuständigen Gerichte gegeben. Die Arbeitsgerichte sind grundsätzlich nicht zuständig, es sei denn, es handelt sich um Ansprüche auf Leistung einer bereits festgestellten oder festgesetzten Vergütung und betrifft nur ihre Durchsetzung. Nimmt der Arbeitgeber eine Erfindung nicht in Anspruch, so wird sie frei und der Arbeitnehmer kann über sie unbeschränkt verfügen.

Wegeunfall

Wenn der Arbeitnehmer aufgrund der witterungsbedingten Verkehrsverhältnisse nicht oder nicht rechtzeitig zur Arbeit kommen kann, so spricht man vom Wegerisiko. Bei Unmöglichkeit der Arbeitsleistung wird der Arbeitnehmer von seiner Verpflichtung befreit. Er verliert allerdings auch den Anspruch auf die Gegenleistung, d.h. die Vergütung. Die Verhinderung kann aber andere Entgeltfortzahlungsansprüche auslösen (→ *Engeltfortzahlung im Krankheitsfall*).

Wehrdienst

Für alle Beschäftigten, die aufgrund des Wehrpflichtgesetzes Wehrdienst bei der Bundeswehr leisten, gilt das Arbeitsplatzschutzgesetz. Ausländische Arbeitnehmer aus EU-Mitgliedsstaaten sind inländischen Wehrpflichtigen gleichgestellt.
Der Schutz des Arbeitsplatzes bezieht sich auf den verkürzten und den vollen Grundwehrdienst, auf Wehrübungen und Kurzwehrübungen. Im Falle des Wehrdienstes als Soldat auf Zeit gilt die Arbeitsplatzschutzgarantie zunächst für die sechsmonatige Probezeit und dann für eine Dienstzeit von zwei Jahren.
Das Arbeitsverhältnis ruht wegen des Wehrdienstes; von der Zustellung des Einberufungsbescheides bis zur Beendigung des Grundwehrdienstes

darf der Arbeitgeber nicht ordentlich kündigen. Das Recht des Arbeitgebers zur außerordentlichen → *Kündigung* bleibt unberührt.

Weihnachtsgeld

Das Weihnachtsgeld ist eine so genannte Sondervergütung, die der Arbeitgeber zusätzlich zum laufenden Arbeitsentgelt erbringt. Eine gesetzliche Verpflichtung zur Leistung von Sondervergütungen besteht nicht. Soweit eine Sondervergütung auf einem Tarifvertrag beruht, ist sie gesichert; Betriebsvereinbarungen über Sondervergütungen sind unwirksam, da sie gegen den Tarifvorbehalt verstoßen. Wird die Sondervergütung freiwillig gewährt, so entsteht kein Rechtsanspruch (→ *Übung, betriebliche*).

Weisungsrecht des Arbeitgebers

Das Weisungsrecht (oder auch Direktionsrecht) des Arbeitgebers gehört zum wesentlichen Inhalt des Arbeitsverhältnisses. Das Weisungsrecht ist eingeschränkt durch Gesetze, Tarifverträge und Bestimmungen des Einzelarbeitsvertrages (→ auch *Gleichbehandlungsgebot, arbeitsrechtliches; Grundrecht auf informationelle Selbstbestimmung; schwerbehinderte Menschen*).
Bei der → *Telearbeit* unterliegt der Telearbeiter einer indirekten Weisung. Das Weisungsrecht wird online ausgeübt durch Vorgaben und technische Kontrollmöglichkeiten. Nach § 611 BGB verpflichtet sich der Arbeitnehmer im Arbeitsvertrag zur Leistung der versprochenen Dienste, der Arbeitgeber zur Gewährung der vereinbarten Vergütung. Die konkrete Arbeit in dem vertraglich vereinbarten Rahmen bestimmt der Arbeitgeber bzw. in der hierarchische Stufenleiter der Hauptabteilungsleiter, Werksleiter, Abteilungsleiter usw.
Der Arbeitgeber kann Arbeitsabläufe ändern, Arbeitsziele neu bestimmen und den Arbeitsbereich verändern. Das Weisungsrecht des Arbeitgebers besteht nur innerhalb der Grenzen, die das Grundgesetz, sonstige Gesetze und Verordnungen, Tarifverträge, Betriebs- und Personalvereinbarungen, Einzelarbeitsverträge, betriebliche Übung und der Gleichbehandlungsgrundsatz setzen.
Auch die Rechtsprechung hat eine Reihe von Schranken aufgestellt. So sind z.B.
- Weisungen hinsichtlich des Freizeitverhaltens i.d.R. unwirksam (z.B. in einem bestimmten Ort zu wohnen, seine ganze Arbeitskraft dem Unter-

nehmen zur Verfügung zu stellen, eine bestimmte Sportart nicht zu betreiben, bestimmte Lokale nicht aufzusuchen);
- Weisungen hinsichtlich der Vergütungsseite unwirksam, es sei denn die Höhe der Vergütung hängt von der Art der zu leistenden Arbeit ab, und der Arbeitnehmer hat sich mit der Zuweisung anderer Arbeit einverstanden erklärt, oder der Tarifvertrag enthält die Aussage »Lohn nur für die tatsächlich geleistete Arbeit« und »Zuweisung anderer Arbeit ist möglich«;
- sittenwidrige und gesetzeswidrige Weisungen unwirksam (Verstöße gegen das Arbeitszeitrecht);
- unzumutbare Weisungen nicht zu befolgen (z.B. Streikbrecherarbeiten, Durchführung von Hilfsarbeitertätigkeiten durch Facharbeiter, Zuweisung eines Arbeitsplatzes mit einer niedrigeren Tarifgruppe auf Dauer).

Hier ist allerdings zu beachten, dass in Not- und Ausnahmefällen und bei vorübergehender Vertretung dem Arbeitnehmer auch diese Arbeiten zugemutet werden können. Der Arbeitnehmer sollte sich im Einzelfall beim Betriebsrat informieren, wenn Fragen auftauchen.

Der Arbeitnehmer trägt das Recht einer unrechtmäßigen Arbeitsverweigerung selbst. Prüfen Sie also genau, ob Sie eine zugewiesene Arbeit als unzumutbar ablehnen können. Nehmen Sie u.U. die zugewiesene Arbeit vorübergehend an und machen Sie klar, dass Sie die Zuweisung ggf. gerichtlich überprüfen lassen, und wenden Sie sich an ihre Gewerkschaft.

Im Falle eines Rechtsstreites ist die neue Aufgabe zu erledigen, wenn das Gericht der Rechtsauffassung des Arbeitgebers folgt. Folgt das Gericht dem Arbeitnehmer, bleiben die alten arbeitsvertraglichen Rechte und Pflichten bestehen. Das Risiko einer Kündigung gegen beharrliche Arbeitsverweigerung sollte unbedingt bedacht werden.

Weiterbildung

Ständige Veränderungen in Wirtschaft und Technik, Änderungen der Qualifikationsanforderungen und der Prozesse in Betrieben und Unternehmen verlangen eine permanente berufliche Weiterbildung. Tarifverträge und Betriebsvereinbarungen können die betriebliche Weiterbildung strukturieren, wobei immer mehr darauf geachtet wird, dass nicht »Bildung auf Vorrat« erfolgt, sondern spezifische Kenntnisse für künftige Tätigkeiten erworben werden. Der Arbeitgeber muss den Bedarf an Qualifikation ermitteln und ihn mit dem Betriebsrat beraten. Auf der Grundlage der Beratung wird ein Qualifizierungsbedarf festgelegt. Die Qualifizierungsmaßnahmen sind im

Weiterbildung

Betrieb in betriebsüblicherweise zu veröffentlichen, Sie sollten darauf achten, dass Sie bei elektronischer Ankündigung, z.B. in einem firmeneigenen Intranet, Zugang zu diesen Qualifizierungsangeboten bekommen.

Qualifizierungsmaßnahmen sollen den Beschäftigten ermöglichen, eine andere gleichwertige Arbeitsaufgabe, eine zusätzliche gleichwertige Arbeitsaufgabe oder einen höherwertigen Arbeitsplatz auszuführen bzw. auszufüllen.

Qualfizierungsmaßnahmen werden in der Regel als Arbeitszeit behandelt, einzelne Tarifverträge und Betriebsvereinbarungen können aber eine bestimmte Quote vorsehen, nach der auch Freizeit bzw. Sonderurlaub anzusetzen ist.

Die persönliche Weiterbildung des Arbeitnehmers zählt nicht als Arbeitszeit – allerdings sind die Grenzen häufig fließend.

In einzelnen Bundesländern gibt es Weiterbildungsansprüche nach besonderen Ansprüchen auf Bildungsurlaub.

In einem gut geführten Unternehmen existiert eine ständige Qualifikationsbedarfermittlung. Ausgangspunkt für diese Bedarfsermittlung sind die heute und künftig zu bewältigenden Aufgaben, die daraus abgeleiteten Anforderungen an die fachliche, methodische und soziale Kompetenz sowie die damit heute und künftig benötigten Qualifikationen der Mitarbeiter.

Zu den Kompetenzen und Qualifikationen zählen

- Fachkompetenz bzw. die fachliche Qualifikation,
- Methodenkompetenz bzw. die methodische Qualifikation und
- Sozialkompetenz oder die soziale Qualifikation.

Fachliche, methodische und soziale Qualifikation zusammen bilden die berufliche Handlungskompetenz. Qualifikationen aus den Bereichen Methodenkompetenz und Sozialkompetenz werden auch als »Schlüsselqualifikationen« bezeichnet. Bei gleichbleibender Bedeutung der Fachkompetenz ist in den vergangenen Jahren der Stellenwert der Sozialkompetenz deutlich angestiegen. Dazu zählen z.B. die Kommunikationsfähigkeit, die Fähigkeit zur Zusammenarbeit im Team und das Konfliktmanagement.

Die organisatorische Anbindung der Weiterbildung hängt im Wesentlichen von der Größe des Unternehmens ab. Während Großunternehmen auf eigene Trainingscenter und auf externe Weiterbildungsmaßnahmen setzen, verlassen sich Klein- und Mittelbetriebe auf externe Seminaranbieter. Über interne Bildungsmaßnahmen informieren i.d.R. Mitarbeiterzeitungen und – soweit vorhanden – das unternehmenseigene Intranet.

Neben der beruflichen Erstausbildung ist auch die Weiterbildung im Berufsbildungsgesetz (BBiG) erwähnt. § 1 Abs. 3 BBiG nennt als Ziel der beruflichen Fortbildung, die beruflichen Kenntnisse und Fertigkeiten zu erhal-

ten, zu erweitern, der technischen Entwicklung anzupassen oder beruflich aufzusteigen. Arbeitnehmer und Arbeitgeber können die konkreten Einzelmaßnahmen für einen Arbeitnehmer im so genannten Fortbildungsvertrag regeln. Der Betriebsrat kann die Initiative zur Einführung von Maßnahmen der beruflichen Bildung ergreifen – dies schließt die Weiterbildung ein. Für die Weiterbildung im Interesse des Unternehmens gewährt der Arbeitgeber Freistellung und Übernahme der Kosten. Es ist möglich und auch zulässig, dass der Arbeitgeber den Arbeitnehmer an den Kosten beteiligt oder Rückzahlung der aufgewandten Beträge vereinbart, wenn der Arbeitnehmer durch neue berufliche Qualifikation erhebliche Vorteile für seine berufliche Laufbahn hat und anerkannte Abschlüsse (Meistertitel, Hochschuldiplom) ihm auch in jedem anderen Betrieb eine Beschäftigung in einer Position ermöglichen, die verantwortlicher als seine derzeitige ist.
Aus dem Arbeitsverhältnis hat der Arbeitnehmer keinen Anspruch auf unbezahlte oder bezahlte Freistellung für Fortbildung. Der Arbeitgeber hat allerdings die in Landesgesetzen verankerten Ansprüche auf Bildungsurlaub (→ *Bildungsurlaub*) zu beachten, nach denen er den Arbeitnehmer für die Teilnahme an anerkannten Bildungsmaßnahmen bezahlt freistellen muss. Dieser Bildungsurlaub ist i.d.R. auf 5 Werktage begrenzt.

Werkswohnung

Der Arbeitgeber kann dem Arbeitnehmer eine Werkswohnung zur Verfügung stellen und zwar als
- Werkdienstwohnung, deren Überlassung Entgeltbestandteil ist oder
- Werkmietwohnung, für die Miete zu zahlen ist.

In diesen zwei Formen der Unterbringung des Arbeitnehmers am Dienstort im Interesse des Arbeitgebers gibt es die Werkwohnung als betriebliche Sozialleistung. Hier ist i.d.R. die Miete im Vergleich zu anderen Wohnungen auf dem Wohnungsmarkt niedriger.
Mit der Beendigung des Arbeitsverhältnisses endet das Nutzungsrecht an einer Werkwohnung. Bei der gewöhnlichen Werkmietwohnung kann der Mieter allerdings verlangen, dass das Mietverhältnis fortgesetzt wird. Bei der Kündigung einer Werkmietwohnung muss der Arbeitgeber die Gründe der Kündigung im Kündigungsschreiben angeben und den Betriebsrat beteiligen. Viele Unternehmen, insbesondere im Bergbau, Stahl-, Eisen- und Metallbereich, bieten ihren Beschäftigten traditionell Werkswohnungen zur Miete oder zum Eigentumserwerb zu Preisen an, die erheblich unter den ortsüblichen liegen. Diese Minderpreise sind für die Beschäftigten ein

Werkswohnung

Teil ihres Arbeitsentgelts. Neben dem gesetzlichen Mieterschutz werden ihre Interessen durch das Mitbestimmungsrecht des Betriebsrates bei der Zuweisung und Kündigung der Wohnräume sowie der Festlegung der Nutzungsbedingungen, insbesondere der Mietpreise vertreten.

Ein Mitbestimmungsrecht besteht auch dann, wenn der Arbeitgeber an den Wohnungen nur ein Belegungsrecht hat. Ist der Arbeitgeber nicht selbst Vermieter, so reicht das Mitbestimmungsrecht des Betriebsrates nur so weit, wie die Rechte des Arbeitgebers gegenüber dem Vermieter. Wohnraum jeder Art, gleichgültig ob es sich um abgeschlossene Wohnungen, einzelne Zimmer oder Massenunterkünfte handelt, und Überlassungen zum nur vorübergehenden kurzfristigen Gebrauch, unterliegen der Mitbestimmung. Unerheblich ist, ob die Werkswohnung im Einzelfall einem leitenden Angestellten oder einem Betriebsfremden überlassen wird oder werden soll, es sei denn, der Arbeitgeber hat bestimmte Wohnungen ausschließlich für leitende Angestellte oder Betriebsfremde vorgesehen und regelmäßig an diese vergeben.

Der Betriebsrat entscheidet mit beim Mustermietvertrag, der Hausordnung sowie der generellen Festlegung des Mietzinses sowie der Mietnebenkosten. Die individuelle Festlegung des Mietzinses ist mitbestimmungsfrei, kann jedoch nach § 80 Abs. 1 BetrVG auf Einhaltung der Grundsätze überprüft werden. Eine ohne Zustimmung des Betriebsrats ausgesprochene Kündigung von Werkswohnungen ist unwirksam. Kündigungen sind auch dann mitbestimmungspflichtig, wenn sie nach Beendigung des Arbeitsverhältnisses ausgesprochen werden, da das Mitbestimmungsrecht nicht personen-, sondern primär objektbezogen ist.

Im Gegensatz zur Überlassung einer Werkdienstwohnung ist die Vermietung einer Werkmietwohnung zu einem verbilligten Mietzins ein steuer- und sozialabgabepflichtiger Sachbezug. Der Arbeitgeber kann eine Werkmietwohnung überlassen und die Miete bei der Entgeltzahlung einbehalten. Diese Aufrechnungsvereinbarung ist kein Verstoß gegen das so genannte Truckverbot, nachdem der Arbeitgeber seine Beschäftigten nicht in Naturalien ausbezahlen darf.

Werkvertrag

Arbeitsleistungen können nicht nur im Arbeitsverhältnis, sondern auch gemäß Werkvertrag erbracht werden. Durch einen Werkvertrag verpflichtet sich jemand zur Herstellung eines versprochenen Werkes oder zur Reparatur eines Werkes, und der Besteller sichert die vereinbarte Vergütung zu.

Beispiele für Werkverträge sind Bau eines Hauses, Reparatur einer Brücke, Fertigen von Kleidung, aber auch Herstellung eines Films oder Komponierung eines Liedes. Anders als bei einem Arbeitsvertrag steht nicht die Arbeitsleistung an sich, sondern lediglich der Erfolg, also das Werk im Vordergrund. Die Umstände der Erstellung, insbesondere die dafür erforderliche Zeit sind dann unbeachtlich.

Wettbewerbsverbot → *Schweigepflicht*

Wirtschaftsausschuss

Der Wirtschaftsausschuss ist ein besonderes Organ der Arbeitnehmer innerhalb von Unternehmen mit mehr als 100 Beschäftigten. Er setzt zwingend das Bestehen mindestens eines Betriebsrats im Unternehmen voraus. Während der Betriebsrat auf Betriebsebene gewählt wird, wird der Wirtschaftsausschuss auf Unternehmensebene errichtet. Über die Zusammensetzung des Wirtschaftsausschusses entscheidet allein der Betriebsrat. Dieser kann auch leitende Angestellte nach § 5 Abs. 3 BetrVG in den Wirtschaftsausschuss berufen. Die Nichterrichtung eines Wirtschaftsausschusses muss als grobe Pflichtverletzung des Betriebsrates angesehen werden. Die Mitglieder des Wirtschaftsausschusses können vom Betriebsrat bzw. Gesamtbetriebsrat jederzeit abberufen werden. Der Betriebsrat kann die Aufgaben des Wirtschaftsausschusses einem eigenen Ausschuss übertragen. Dies ist zu empfehlen, da nur Betriebsratsmitglieder einen absoluten Kündigungsschutz und Weiterbildungsmöglichkeiten haben. Neben der generellen Notwendigkeit eines laufenden Informationsaustausches unter den verschiedenen Arbeitnehmervertretungen ist dies beim Wirtschaftsausschuss deshalb besonders wichtig, weil dieser nur ein Unterrichtungs- und Beratungsorgan ist, während die Mitbestimmungsrechte allein dem Betriebsrat bzw. der Gewerkschaft zustehen. Bei der Auswahl der Wirtschaftsausschussmitglieder sollte der Betriebsrat darauf achten, dass bereits grundlegende wirtschaftliche Kenntnisse vorhanden sind. In besonders begründeten Fällen kann der Wirtschaftsausschuss zusätzlich Sachverständige hinzuziehen.

Der Unternehmer hat den Wirtschaftsausschuss rechtzeitig und umfassend über die wirtschaftlichen Angelegenheiten des Unternehmens und der Vorlage der erforderlichen Unterlagen zu unterrichten. Er hat die Auswirkungen auf die Personalplanung darzustellen und diese mit dem Wirtschaftsausschuss zu beraten. Die Unterrichtung muss so frühzeitig erfolgen, dass noch eigene Vorschläge des Wirtschaftsausschusses und des Betriebsrates und Initiativen des Betriebsrates und Initiativen des Betriebsrates sozialen und personellen Angelegenheiten möglich sind. Gelingt dies nicht, können Geldbußen verhängt werden.

Der Unternehmer kann die Unterrichtung und Beratung verweigern, wenn dadurch Betriebs- und Geschäftsgeheimnisse gefährdet werden. Dieses Verweigerungsrecht darf aber nicht über Gebühr ausgedehnt werden. Meinungsverschiedenheiten über das Vorliegen eines Geschäftsgeheimnisses entscheidet die → *Einigungsstelle*.

Zahlungsunfähigkeit des Arbeitgebers

Bei Zahlungsunfähigkeit des Arbeitgebers sind die Arbeitnehmer nicht gänzlich schutzlos. Zwar ist der Arbeitsplatz nicht gesichert, doch die Ansprüche auf Betriebsrenten und auf entgangenes Entgelt sind durch Insolvenzsicherung der betrieblichen Altersversorgung und durch gesetzliche Regelungen geschützt, die eine Auszahlung des Insolvenzgeldes durch die Arbeitsämter vorsehen. Dies Geld wurde zuvor arbeitgeberseitig über die Berufsgenossenschaft finanziert.

Einen Entgeltanspruch gibt es für die letzten drei Monate des Arbeitsverhältnisses, die allerdings nicht länger als sechs Monate vor Insolvenzeröffnung bzw. vor Abweisung des Insolvenzantrages mangels Masse zurückliegen dürfen. Der Arbeitnehmer besitzt einen Anspruch auf Insolvenzgeld nach § 183 SGB III. Es wird gelegentlich noch als Insolvenzausfallgeld entsprechend der Sprachregelung im alten Arbeitsförderungsgesetz bezeichnet. Dieses Insolvenzgeld deckt die Differenz zwischen dem tatsächlich ausbezahlten und dem zu beanspruchenden Nettobetrag und bezieht auch Schadensersatzansprüche gegen den Arbeitgeber ein. Nicht eingeschlossen sind Ansprüche aus einem Sozialplan. Sollten sie im Falle der Zahlungsunfähigkeit des Arbeitgebers in eine solche Situation geraten, haben sie gemäß § 186 SGB III einen Anspruch auf Vorschuss. Der Anspruch auf Insolvenzausfallgeld bzw. Insolvenzgeld ist vererbbar. Vergütungsansprüche, die vor nicht mehr als sechs Monaten entstanden sind, besitzen nach § 59 Abs. 1 Nr. 3 Konkursordnung (KO) den Rang von Masseschulden. Masseschulden sind grundsätzlich vor allen anderen Forderungen aus der Konkursmasse zu befriedigen. Sind die Rückstände älter als sechs Monate, aber nicht älter als ein Jahr, so handelt es sich um eine so genannte privilegierte Konkursforderung nach § 61 Abs. 1 Nr. 1 KO, die an erster Stelle hinter

den Masseschulden zu berücksichtigen ist. Weiter als ein Jahr zurückliegende Ansprüche sind so genannte einfache Konkursforderungen nach § 61 Abs. 1 Nr. 6 KO.
Arbeiten die Beschäftigten nach Konkurseröffnung weiter, so sind ihre Lohnansprüche Masseschulden nach § 59 Abs. 1 Nr. 1 KO.

Zeitarbeit

Arbeitnehmer in Zeitarbeitsfirmen, nach dem gesetzlichen Sprachgebrauch Leiharbeitnehmer, verpflichten sich dem Entleiher als praktischen Arbeitgeber auf Zeit zur Verfügung zu stehen. Die Arbeitnehmerüberlassung wird in einem Arbeitnehmerüberlassungsvertrag geregelt. Der Verleiher ist i.d.R. ein Zeitarbeitsunternehmen. Zumeist unterhält er keine eigenen Produktions- oder Dienstleistungsbetriebe. Er schließt Arbeitsverträge mit Arbeitnehmern ab, um sie an andere Unternehmen (Entleiher) auf Zeit zur Verfügung zu stellen. Als Entleiher bezeichnet man das Unternehmen, das von einem Verleiher (dem Zeitarbeitsunternehmen) aufgrund eines Arbeitnehmerüberlassungsvertrages einen Arbeitnehmer zur Verfügung gestellt bekommt, ohne mit diesem Arbeitnehmer direkt einen Arbeitsvertrag abzuschließen.
Auch die Zeitarbeit oder das Leiharbeitsverhältnis ist ein unbefristetes Dauerarbeitsverhältnis. Befristungen sind nur im eingeschränkten Umfang zulässig.
Eine gewerbliche Arbeitnehmerüberlassung ist nur dann zulässig, wenn sich der Verleiher im Besitz einer besonderen Erlaubnis der Bundesanstalt (künftig Bundesagentur) für Arbeit befindet. Der Verleiher ist im Übrigen verpflichtet, dem Arbeitnehmer, der ein solches Vertragsverhältnis begründen will, ein Merkblatt der Erlaubnisbehörde zu überreichen (in der jeweiligen Muttersprache des Arbeitnehmers). Auch ein Leiharbeitsverhältnis kann Bezug auf einen Tarifvertrag nehmen, teilweise sind für die Zeitarbeitsbranche bereits Tarifverträge abgeschlossen.
Im schriftlichen Arbeitsvertrag sind alle wesentlichen Arbeitsbedingungen schriftlich zu dokumentieren (bei ausländischen Arbeitnehmern in deren Muttersprache).
Aufgrund der Verpflichtung, die Arbeit bei unterschiedlichen Entleihern zu erbringen, folgt, dass der Zeitarbeitnehmer verpflichtet ist, in unterschiedlichen Betriebsstätten und an verschiedenen Arbeitsorten zu arbeiten. Die näheren Einzelheiten, insbesondere räumliche Grenzen bei der Verpflichtung zur auswärtigen Arbeit, sind im Arbeitsvertrag festzuhalten.

Zeitarbeit

Arbeitsvertragliche Beziehungen bestehen aufgrund des Leiharbeitsvertrages ausschließlich zwischen dem Verleiher als Vertragsarbeitgeber und dem Leiharbeitnehmer als Vertragspartner. Durch die Übertragung des Weisungsrechtes des Arbeitgebers auf den Entleiher erlangt der Entleiher jedoch faktisch alle Rechte, die einem Arbeitgeber gegenüber einem Arbeitnehmer bei der Ausführung der Arbeit zustehen.

Zeugnis

Bei Beendigung des Arbeitsverhältnisses hat der Arbeitnehmer einen Anspruch auf ein Zeugnis. Das einfache Arbeitszeugnis gibt Auskunft über die Dauer des Arbeitsverhältnisses und die Arbeitsaufgaben. Ein qualifiziertes Arbeitszeugnis enthält zudem eine Beurteilung der Leistungen und des Sozialverhaltens des Arbeitnehmers. Der Arbeitnehmer kann wählen, ob er ein einfaches oder ein qualifiziertes Zeugnis ausgestellt haben möchte. Neben dem Endzeugnis gibt es jederzeit die Möglichkeit, ein Zwischenzeugnis zu verlangen (z.B. beim Wechsel in eine andere Abteilung oder bei Wechsel des zuständigen Vorgesetzten). Der Anspruch auf ein Zwischenzeugnis ist allerdings nicht gesetzlich geregelt. Häufig enthalten Tarifverträge entsprechende Bestimmungen. Ein Zwischenzeugnis empfiehlt sich auf bei Antritt einer Elternzeit (bis 2001: Erziehungsurlaub) oder bei Unterbrechungen durch längerfristige Weiterbildungsmaßnahmen oder Langzeiturlaube (so genannte *sabbaticals*). Das Zeugnis muss wahrheitsgemäß erstellt sein und darüber hinaus vollständig sein. Sind einzelne Angaben nicht zutreffend, so hat der Arbeitnehmer die Möglichkeit der Korrektur seines Zeugnisses. Das Zeugnis soll darüber hinaus »wohlwollend« sein, d.h. einer Aufnahme einer neuen beruflichen Tätigkeit nicht im Wege stehen. Aus diesem Grundsatz ergibt sich gelegentlich, dass die Kritik des Arbeitgebers verklausuliert, ggf. sogar in positiver Umschreibung versteckt ausgedrückt wird. Immer wieder wird vermutet oder in der populären Beraterliteratur sogar »entschlüsselt«, dass sich im Lob des Sozialverhaltens die Kritik verstecken könnte, dass der Mitarbeiter es mit seinen Pflichten nicht so genau nahm. So soll sich hinter der Formulierung »war beliebt im Kollegenkreis« der versteckte Vorwurf ausdrücken, dass dieser Arbeitnehmer häufig bei Betriebsfesten »über den Durst« trank. Eine solche codierte Kritik, die vom neuen Arbeitgeber auf Anhieb verstanden wird, existiert sicher nicht. Es ist immer auf den Gesamtzusammenhang zu achten und er lässt es zu, dass nach einer genauen Beschreibung der Aufgaben und den individuellen Leistungen des Arbeitnehmers auch das Verhalten zu Vorgesetzten und Kollegen zur Sprache kommt und unter Umständen gelobt wird. Der Arbeitnehmer sollte insbesondere auf die Vollständigkeit seiner Positions- und Aufgabenbeschreibung achten und bei der Beurteilung der Leistung und seines persönlichen Erfolges die Wertungen wiederfinden, die in Leistungsbeurteilungen und Mitarbeitergesprächen schon vorgenommen worden sind. Die Selbstständigkeit des Arbeitnehmers bei der Aufgabenerledigung sollte unbedingt zum Ausdruck kommen. Aktive Aussagen zur Tätigkeit sind immer passiven Beschreibungen (»wurde eingesetzt« oder »fand Verwendung«) vorzuziehen.

Eine Mitgliedschaft und Tätigkeit im Betriebs- oder Personalrat sollte für die Sozialkompetenz sprechen und eigentlich auf die Positivliste gehören, aber dies wird nicht von jedem neuen Arbeitgeber so gesehen. Hinweise darauf dürfen deshalb nur auf Wunsch des Arbeitnehmers in ein Zeugnis aufgenommen werden. Dies gilt auch für die Jugend- und Ausbildungsvertretung.

Krankheits- und Fehlzeiten dürfen zwar erwähnt, nicht jedoch zu einer Gesamtsumme addiert werden. Ein gutes Zeugnis schließt mit der so genannten Zufriedenheitsformel, in der der bisherige Arbeitgeber seine Anerkennung ausdrückt und ggf. auch ein Bedauern über den beruflichen Wechsel ausspricht. Wenn der Arbeitnehmer dies verlangt, muss ausdrücklich aufgenommen werden, dass der Wechsel auf Wunsch des Arbeitnehmers erfolgt. Der Arbeitnehmer kann verlangen, dass bei Beendigung des Arbeitsverhältnisses durch Vergleich oder Aufhebungsvertrag die Formel aufgenommen wird, dass das Arbeitsverhältnis »einvernehmlich« beendet wurde.

Zielvereinbarung

Zielvereinbarungssysteme (häufig auch Management by objective oder MBO) sind ein Führungsinstrument. In der Regel werden Ziele von oben nach unten (top down) definiert, so dass in der Hierarchie die nachgelagerte Hierarchiestufe Teilziele des Vorgesetzten erfüllt. Ziele sollen vereinbart werden und definieren Aktivitäten, für die der Mitarbeiter verantwortlich ist. Ein Zielkorridor legt die Zeit fest, in der das Ziel erreicht wird. Unterschiedliche Ziele können einen unterschiedlichen Anteil an den zu erreichenden Gesamtzielen haben, daher können Ziele unterschiedlich gewichtet sein (üblicherweise in Prozent). Der Zielvereinbarungsprozess ist eng mit dem → *Mitarbeitergespräch* verbunden. Vorgesetzter und Mitarbeiter definieren gemeinsam ein Ziel und einen Weg dahin. In mehrstufigen Hierarchien kann dies eine erneute Delegation von Zielen zur Folge haben.

Zielvereinbarung

Bei Änderung der Unternehmensziele kann es unterjährige Zielkorrekturen geben. Es empfiehlt sich daher, die Zielerreichung etappenmäßig zu kontrollieren.
Unternehmen entscheiden sich in der Regel für bestimmte Zielvereinbarungssysteme, die auf die strategische Planung des Unternehmens abgestimmt sind. Verschiedene Managementmethoden, z.B. die »balanced scorecard«, geben Hilfestellung bei der Anlage eines Zielvereinbarungssystems. Ausgangspunkt eines solchen Systems ist die unternehmerische Vision, aus der strategische Ziele abgeleitet werden. Die Gewichtung und Priorisierung ist Aufgabe der strategischen Planung. Messgrößen und Meilensteine müssen einheitlich vorgegeben werden.
Neben qualitativen Zielen, d.h. Erreichen eines bestimmten definierten Zieles gibt es quantitative Ziele, z.B. im Vertrieb (Absatzzahl).

Zivildienst

Anerkannte Kriegsdienstverweigerer, d.h. Wehrpflichtige, die aus Gewissensgründen den Kriegsdienst mit der Waffe verweigert haben und einen Zivildienst ableisten, sind wie Wehrpflichtige (→ *Wehrdienst*) vor Kündigung im Hauptarbeitsverhältnis geschützt. Von den Zivildienstleistenden zu unterscheiden sind so genannte Totalverweigerer, die nicht nur den Dienst mit der Waffe, sondern auch einen Ersatzdienst aus Gewissensgründen ablehnen, aber u.U. zu einer Tätigkeit im Kranken- oder Pflegebereich bereit sind. Für sie fehlt ein besonderer Kündigungsschutz.
Der Zivildienst wird entweder in einer anerkannten Beschäftigungsstelle oder in einer Zivildienstgruppe geleistet. Der Zivildienstleistende hat keinen Anspruch auf Zuweisung einer bestimmten Tätigkeit.
Zivildienstleistende stehen in ihrem Einsatzbetrieb in einem öffentlich-rechtlichen Beschäftigungsverhältnis (nicht so die so genannten Totalverweigerer, sie gehen u.U. ein Arbeitsverhältnis in einer Heil- oder Pflegeeinrichtung ein).
Die Arbeitszeit des Zivildienstleistenden richtet sich nach den Vorschriften, die an dem ihm zugewiesenen Arbeitsplatz für einen vergleichbaren Beschäftigten gelten oder gelten würden. Die Genehmigung zur Ausübung einer Nebentätigkeit darf für Zivildienstleistende nur versagt werden, wenn sie die eigentliche Dienstleistung gefährdet oder den dienstlichen Erfordernissen zuwiderläuft.

Zulagen, übertarifliche

Übertarifliche Zulagen sind tarifvertraglich nicht abgesicherte Bestandteile des Entgelts. Über- oder außertarifliche Leistungen können unter Widerruf gezahlt werden. Der Widerrufsvorbehalt muss ausdrücklich erklärt werden, sonst kann eine betriebliche Übung (→ *Übung, betriebliche*) entstehen. Auch die Ausübung des Widerrufsrechts durch den Arbeitgeber unterliegt der gerichtlichen Kontrolle. Für die Arbeitgeberentscheidung muss ein sachlicher Grund sprechen.

In vielen Unternehmen werden in mehr oder weniger großem Umfang über den tariflichen Mindestlohn hinaus Zulagen gezahlt. Oft gibt es Systeme der variablen Vergütung, nach denen zusätzliche Einkommensbestandteile möglich sind, die aber auf einer Systematik beruhen, die nicht unbedingt der des Tarifvertrages entspricht. Diese Zulagen haben eine geringere rechtliche Absicherung als das tarifliche Entgelt. Das Tarifentgelt kann erst nach Zeitablauf des Tarifvertrages und auch dann nur bei Vorliegen bestimmter Gründe abgesenkt werden, während sich der Arbeitgeber von übertariflichen Zulagen schneller trennen kann. Beruht die übertarifliche Zulage allein auf einer Vereinbarung zwischen Arbeitgeber und Arbeitnehmer, so kann der Arbeitgeber auch die Voraussetzungen, unter denen er sie wieder entziehen kann, alleine bestimmen. Der Arbeitgeber kann sich das Recht zum jederzeitigen Widerruf vorbehalten, den Rechtsanspruch ganz ausschließen oder, falls er dies alles nicht getan hat, aus betrieblichen Gründen kündigen. Der Widerruf muss aus sachlichen Gründen erfolgen. Dabei reicht es nicht, dass der Betriebsrat über die gleiche Materie eine Betriebsvereinbarung abschließen will oder der individuelle Arbeitnehmer mehrfach fehlte oder häufig erkrankt war.

Es ist möglich, die übertariflichen Entgelte voll auf eine Tariferhöhung anzurechnen. Dies gilt jedoch dann nicht, wenn dem Arbeitnehmer nach vertraglicher Abrede die Zulage als selbstständiger Lohnbestandteil neben dem Tariflohn zustehen soll. Informieren Sie sich bei Ihrer Gewerkschaft, welche Auswirkung eine neue tarifliche Leistung auf bestehende übertarifliche Zulagen hat.

Die Gewerkschaften haben versucht, in so genannten Effektivklauseln das tatsächliche Entgelt zu sichern und nicht nur den Anspruch auf ein Tarifgehalt. Diese Effektivklauseln sind nach der Rechtsprechung des Bundesarbeitsgerichtes unwirksam.

Von den übertariflichen Zulagen sind die nichttariflich vereinbarten Sonderzahlungen oder Gratifikationen zu unterscheiden, die der Arbeitgeber zusätzlich gewährt – wie z. B. Urlaubsgeld, Weihnachtsgeld, Treueprämie

Zulagen, übertarifliche

usw. Diese können durch Kündigung oder im gegenseitigen Einvernehmen abgeändert oder abgebaut werden, jedoch nicht für den laufenden Bezugszeitraum.

Der Betriebsrat kann übertariflichen Zulagen einen stärkeren Schutz geben, indem er Betriebsvereinbarungen abschließt. Zwar sind auch diese mit einer Frist von drei Monaten kündbar, jedoch wird der Arbeitgeber nur ungern eine Betriebsvereinbarung kündigen, weil dadurch Solidarisierungsprozesse eingeleitet werden könnten, die ihm nicht in das Konzept passen. Es ist umstritten, ob und in welchem Umfang der Betriebsrat vertragliche Einheitsregelungen zum Nachteil der Arbeitnehmer durch Betriebsvereinbarung abändern kann. Dies spielt u.U. bei betrieblichen »Bündnissen für Arbeit« eine Rolle.

Zusammenarbeit, vertrauensvolle

Vertrauensvolle Zusammenarbeit bedeutet in erster Linie ein Arbeitskampfverbot für den Betriebsrat als Organ (→ *Arbeitskampf*). Arbeitgeber und Betriebsrat sind auf den Verhandlungsweg verwiesen und können – ggf. über die Einigungsstelle – Vereinbarungen abschließen. Sie sind gehalten, bestehende Tarifverträge zu beachten, die dann aber ggf. unter Streikdrohung oder mit Hilfe eines Streiks erzwungen werden können. Zum Gebot der vertrauensvollen Zusammenarbeit gehört auch die Bindung des Betriebsrates an das »Wohl des Betriebes«. Der Betriebsrat bleibt aber ein Organ der Interessenvertretung von Arbeitnehmerinteressen.

Zwischenzeugnis

Ein Arbeitnehmer, der innerhalb seines Betriebes wechselt oder bei Wechsel des Vorgesetzten des Vorgesetzten die bisherige Arbeitsleistung dokumentieren möchte, kann ein Zwischenzeugnis verlangen. Das Zwischenzeugnis wird meist wohlwollend formuliert. Von einem Zwischenzeugnis geht eine Bindungswirkung auf das Endzeugnis aus. Der Arbeitgeber kann beim Endzeugnis von einem guten Zwischenzeugnis, das zeitlich einen großen Teil des Arbeitsverhältnisses abdeckt, nur mit triftigem Grund abweichen (→ *Zeugnis*). Bei Wechsel in ein anderes Unternehmen des gleichen Konzerns gibt es einen Anspruch auf ein Endzeugnis.

B. Checklisten, Muster, Formulare

1. Bewerbung und Lebenslauf

Checkliste für Bewerbung

Zur Bewerbung gehören
- das Anschreiben (s. Muster),
- der Lebenslauf, evtl. Lichtbild (s. Muster) und
- Zeugnisse und Dokumente

Die Bewerbungsunterlagen geben Auskunft über
- die Stelle, auf die sich der Bewerber bewirbt,
- die Person des Bewerbers; im Einzelnen
- Name, Vorname,
- Anschrift,
- Telekontakte (Telefon, wenn vorhanden auch Telefax und/oder E-Mail-Adresse),
- Geburtstag,
- Familienstand, Kinder,
- Nationalität, ggf. Aufenthaltserlaubnis,
- gesetzlicher Vertreter bei minderjährigen Bewerbern,
- Ausbildung (schulische und berufliche),
- Kenntnisse und Fähigkeiten, z.B. Sprachen,
- Tätigkeiten bei anderen Arbeitgebern, ggf. auch Praktikum,
- Krankenversicherung,
- Wehr- oder Zivildienst,
- frühester Zeitpunkt der Arbeitsaufnahme,
- evtl. Angaben zu den Gehaltsvorstellungen und zu Beschränkungen des Einsatzortes
- auf Anfrage durch den Arbeitgeber: Einverständnis zu evtl. ärztlichen und/oder psychologischen Eignungsuntersuchungen
- graphologische Gutachten und gentechnische Analysen bedürfen der Zustimmung des Bewerbers

Checklisten, Muster, Formulare

> Chronische Krankheiten, Schwerbehinderteneigenschaft, Grad der Behinderung etc. gehören nur dann zu den persönlichen Verhältnissen, die den Arbeitgeber oder Dienstherren interessieren, wenn ein Bezug zur angestrebten Tätigkeit besteht. Vorstrafen, Lohnpfändungen sind ebenfalls nur dann relevant, wenn ein Bezug zur angestrebten Tätigkeit existiert

Muster für Anschreiben

> Name (Vor- und Zuname)
> Adresse (Straße, Hausnummer, PLZ, Wohnort, evtl. Land)
> Telefonnummer, evtl. Telefaxnummer, E-Mail-Adresse
>
> Anschrift des Arbeitgebers (Achtung: Einzelunternehmer?, Firma?, Gesellschaftsform?, Behörde oder sonstige Einrichtung?)
> Name eines Ansprechpartners (z.B. aus Stellenanzeige)
>
> Ort, Datum
>
> *Betreff:* angestrebte Stelle oder Position
> *Bezug:* Fundstelle der Stellenanzeige (Zeitung, Internet, firmeninterner Aushang)
> *Anrede:* wenn bekannt persönliche Anrede; evtl. aus zugänglichen Quellen (Internet, Branchenführer »Gelbe Seiten«) heraussuchen

1. Bewerbung und Lebenslauf

Muster für Bewerbungstexte

Karola Meier
…
…

An die
Globus GmbH

Bewerbung als Fremdsprachenkorrespondentin
Ihre Anzeige in der Rundschau vom 29. Februar d.J.

Hiermit bewerbe ich mich um die Position als Fremdsprachenkorrespondentin in Ihrem Hause. Ich bin z. Zt. als Fremdsprachenkorrespondentin bei der Firma World Wide AG in London in ungekündigter Stellung tätig und möchte mich gerne verändern.

Mit freundlichen Grüßen
gez. Karola Meier

<u>Anlage</u>

Lebenslauf
Zeugnisse

Checklisten, Muster, Formulare

Kerstin Küster
...
...

An die
Poseidon Reederei
z.H. Herrn Leo Leonidas
...
...

Bewerbung als Fremdsprachenkorrespondentin
Unser Telefongespräch am 15.3. d.J.

Sehr geehrter Herr Leonidas,

vielen Dank für das informative Telefonat. Sie haben auf jeden Fall mein Interesse geweckt. In der Anlage übersende ich Ihnen, wie aufgefordert meine Bewerbungsunterlagen.

...

...

1. Bewerbung und Lebenslauf

Fridolin Fahrenkamp
...
...

An das
Hotel Edelweiss
Goethestr. 15
11111 Hauptstadt

Chefkoch
Ihre Anzeige in der »Gourmet«, Heft 3, 2003

Sehr geehrter Herr Hundertmark,

in Ihrer Anzeige vom 1. April beschreiben Sie eine berufliche Aufgabe, die mich sehr interessiert. Ich glaube, dass ich mit meinen Erfahrungen in der Schweizer Gastronomie und der österreichischen Hotellerie der richtige Mann für Sie bin.

Mit freundlichen Grüßen
Fridolin Fahrenkamp

Anlage

Lebenslauf
Zeugnisse

Checklisten, Muster, Formulare

Muster für E-Mail-Bewerbung

> Thorsten Schneidewind (schneidewind@t-online.de)
>
> Mut zum Risiko?
>
> Im Internet fand ich einen Hinweis auf die Vakanz in der Werbeabteilung Ihres Unternehmens. Ich war bisher ausschließlich im Controlling tätig, suche aber neue Herausforderungen. Ich würde mich freuen, Ihnen meine Motive, aber auch meine Ideen für Ihr Unternehmen in einem persönlichen Gespräch vorzustellen. Über eine Rückäußerung würde ich mich freuen.
>
> Mit freundlichen Grüßen
> Thorsten Schneidewind

Hinweise
Die Bewerbungsunterlagen müssen auf jeden Fall Hinweise auf die jetzige Tätigkeit enthalten. Dies kann im ausführlichen Lebenslauf geschehen, wird aber auch als Übersicht beigelegt. Je nach den Besonderheiten des Berufes können Arbeitsproben übersandt werden. Was eine Arbeitsprobe ist, kann durchaus unterschiedlich sein. Für den Grafiker ist es ein Prospekt, auf das er besonders stolz ist. Für die Wissenschaftlerin ihr ausführliches Literaturverzeichnis, für die Sängerin ein Demo-Band bzw. eine Demo-CD, für den Artdirector ein von ihm gestaltetes Titelbild etc. etc.

Die Hinweise auf die jetzige Tätigkeit enthalten im Einzelnen folgende Punkte:
- Bezeichnung der Stelle,
- inhaltliche Verantwortung,
- externe Kontakte (z.B. Kunden, Behörden ...),
- ggf. Anzahl der unterstellten Mitarbeiter,
- ggf. Budgetverantwortung,
- ggf. abgeschlossene Projekte, die für den neuen Arbeitgeber von Interesse sein könnten,
- berufliche Erfahrung aus der Zeit vor dem letzten Arbeitgeber oder be-

1. Bewerbung und Lebenslauf

rufliche Situation, die zu einem Interesse für die ausgeschriebene Stelle führt,
- im jetzigen Arbeitsverhältnis **nicht** abgefragte Qualifikationen (z.B. Sprachen).

Bei Berufsanfängern sind auch von Interesse:
- Thema der Abschlussarbeit,
- Diplome, Examina,
- Workshops, Lehrgänge, Seminare (z.B. Schweißer-Lehrgang oder Moderatoren-Ausbildung).

Wenn es passt, kann man anführen:
- Hobbies,
- ehrenamtliche Tätigkeit.

Aber Vorsicht: Bei der Bewerbung um eine Stelle als Bademeister ist der DLRG-Schein von Vorteil. Ein unaufgeforderter Hinweis auf das Golf-Handicap, nur weil der mögliche zukünftige Chef in der Lokalzeitung als Golfer abgebildet war, kann recht aufdringlich wirken. Hinweise auf Risikosportarten, exotische Reisen, spezielle Sammelgebiete können spontan gefallen, aber auch abstoßen – je nach Situation und Person.

Sonstiges:
- Auslandsaufenthalte, Studium im Ausland sollen angegeben werden, erworbene Sprachkenntnisse sowieso.
- Computerprogramme, die Sie beherrschen, sollten auf jeden Fall angegeben werden.
- Hinweise auf Mobilität/Einschränkung der Mobilität, soweit sie nicht im Anschreiben erwähnt sind.
- Hinweise zum Arbeitsstil können von Interesse sein, wenn die Firmenkultur oder die Eigenheiten der Stelle es erfordern. Unbedingt vorher in Erfahrung bringen, sonst droht Blamage! Die Hervorhebung der Teamorientierung unterstreicht nicht Ihr Interesse für die Stelle als Leuchtturmwärter.

Bevor Sie formulieren, schließen Sie die Augen und stellen sich die Selbstdarstellung der Firma vor, entwickeln Sie ein unterschiedliches »Feeling« z.B. für die schwedische Möbelkette für Abholer von Möbelteilen, die zu Hause selbst zusammengeschraubt werde, für das alteingesessene Lodenmantel-Kaufhaus in der Prinzregenten-Straße, für den Weinhandel am Rat-

Checklisten, Muster, Formulare

haus und die Abfüllanlage der weltweit tätigen Herstellerfirma von koffeinhaltigen Limonaden. Stellen Sie sich den Ton in einem Logistikunternehmen an der Laderampe und in der Bank in der Beratungsecke vor und formulieren Sie dann!

Vorsicht auch bei der äußeren Form der Bewerbung: Eine Werbeagentur »liest« die Bewerbungsmappe anders als das Straßenverkehrsamt! Lax zusammengestellte Bewerbungsunterlagen oder gar Rechtschreibfehler fallen dagegen **immer** unangenehm auf.

Beim **Lebenslauf** (Checkliste s. unten) kommt es – anders als im Bewerbungsschreiben – auf absolute Vollständigkeit an. Schon eine einzige »Lücke« führt u.U. zu Nachfragen. Der Lebenslauf ist – wenn nicht ausdrücklich ein ausformulierter, dann i.d.R. **handschriftlicher** Lebenslauf gefordert ist **tabellarisch** und **chronologisch** gegliedert. Der deutsche Lebenslauf beginnt mit der ersten beruflichen Station und endet mit der letzten. Der englisch/US-amerikanische Lebenslauf beginnt mit der letzten Tätigkeit (»last job first«). Der Vorschlag für einen EU-Lebenslauf der EU-Kommission orientiert sich am anglo-amerikanischen Vorbild.

Handgeschriebene Lebensläufe sind heute selten geworden. Werden sie verlangt, so steht dahinter i.d.R. die Absicht, ein graphologisches Gutachten erstellen zu lassen (Einverständnis des Bewerbers, s.o.). Im öffentlichen Dienst wird dies gelegentlich verlangt, es soll aber auch den Wünschen einzelner Firmenvorstände in der privaten Wirtschaft entsprechen.

Das Foto gehört auf die rechte obere Ecke des Lebenslaufes. Inzwischen werden auch eingescannte Fotos akzeptiert. Der Lebenslauf sollte datiert und unterschrieben werden.

1. Bewerbung und Lebenslauf

Checkliste für Lebenslauf

- persönliche Angaben,
- Name, Adresse und Telekontakt wiederholen, obwohl sie bereits auf dem Anschreiben stehen,
- Geburtsdatum,
- evtl. Nationalität,
- Angaben zur Ausbildung:
  Schule (Grundschule, weiterführende Schule),
  mit Zeitangabe Lehre/berufliche Erstausbildung,
  mit Zeitangabe Ausbildungsfirma und Abschluss,
  Hochschule/Universität/Akademie mit Beginn des ersten Semesters und Ende durch Abschluss dokumentiert,
  Abschluss als Diplom/Examen etc.,
  ggf. Dissertation,
  evtl. Themen von Examensarbeiten und Dissertation,
  ggf. Aufbaustudium (postgraduate) mit Anbieter und Examen,
  ggf. Auslandsstudium (Zeit, Ort, Abschluss),
  Weiterbildung mit Zertifikat; hier alle Kurse/Seminare/Lehrgänge/Workshops anführen, die mit der angestrebten Stelle in Verbindung gebracht werden können.

Allen Angaben müssen Anlagen (Zeugniskopien) entsprechen. Die Daten müssen übereinstimmen.

- Angaben zur jetzigen beruflichen Situation,
- Berufsbezeichnung, Position, Firma, Ort, Zeitangaben,
- Lücken erklären! (z.B. Weltreise, Haushalt, Erziehungszeiten),
- Namen und Adressen der jeweiligen Arbeitgeber/Dienstherren/Einsatzorganisationen,
- genaue Bezeichnung der Tätigkeiten und Verantwortungsbereiche in Übereinstimmung mit den Zeugnissen als Anlage,
- Angabe zu sonstigen Qualifikationen (Computerprogramme, Sprachen – mit Zertifikat in der Anlage!),
- evtl. auch auf Funktionen in der ehrenamtlichen Arbeit eingehen, wenn dort Kenntnisse und Fertigkeiten erworben wurden, die für die angestrebte Stelle von Belang sind,
- evtl. Hobbies erwähnen (wenn es passt, s.o.).

Der Lebenslauf ist gewissermaßen das Übersichtsblatt für die Dokumente und Arbeitsproben in der Anlage. Unbedingt alle Ausbildungsstationen und beruflichen Stationen durch Zeugnisse dokumentieren. Die Beglaubigung von Zeugnissen ist heute unüblich geworden, wird aber gelegentlich verlangt. Dann bitte von einer öffentlichen Stelle (Einwohnermeldeamt) oder einem Notar die Übereinstimmung des Dokumentes mit dem Original bestätigen lassen.

1. Bewerbung und Lebenslauf

Wie geht es weiter nach Absendung der Bewerbungsunterlagen?

Halten Sie eine Kopie Ihrer Bewerbungsunterlagen bereit, damit Sie im Zweifel wissen, was in welcher Form übersandt worden ist.

Der Eingang der Bewerbungsunterlagen wird von ordentlichen Arbeitgebern bestätigt, davon soll es aber immer weniger geben! Rechnen Sie nicht unbedingt mit einer Bestätigung. Wenn eine Bestätigung kommt, achten Sie darauf, ob Ihre Bewerbungsunterlagen so akzeptiert worden sind oder ob zusätzliche Informationen, Zeugnisse, Fotos erwartet werden.

Mit der Bestätigung des Eingangs der Bewerbungsunterlagen oder in einem gesonderten Schreiben, immer häufiger auch durch einen einfachen Anruf oder bei E-Mail durch eine Rückmail werden Sie u.U. zu einem Vorstellungsgespräch eingeladen.

Vorstellungsgespräche können zwei- oder gar dreistufig aufgebaut sein, d.h. im Erstkontakt begegnet Ihnen jemand, der eine Vorauswahl trifft. Erst in einem späteren Stadium werden Sie möglicherweise Ihrem zukünftigen Chef vorgestellt. Richten sie dann Ihre eigene »Taktik« auf die Taktik des Arbeitgebers ein. Seien Sie souverän, aber verschießen Sie nicht Ihr Pulver. Fallen Sie nicht mit der Tür ins Haus, z.B. mit dezidierten Gehaltsvorstellungen in der ersten Runde (bei mehrstufigen Bewerbungsgesprächen).

Achten Sie bei der Einladung darauf, ob Reisekosten, ggf. Übernachtungs- und Verpflegungskosten übernommen werden. Der Arbeitgeber ist nach den §§ 662, 670 BGB zur Übernahme der Vorstellungskosten verpflichtet. In der unsicheren Situation des Bewerbungsgespräches fällt es dem Bewerber häufig schwer, an so profane Dinge wie Auslagenersatz zu erinnern.

Informieren Sie sich in der Personalstelle oder im Vorzimmer des künftigen Vorgesetzen über die Modalitäten. Wenig aussichtsreich ist es, die Übernachtung im 5-Sterne-Parkhotel ersetzt zu bekommen, wenn die Führungskräfte des Unternehmens, bei dem sie sich bewerben, im 2-Sterne-Bahnhofshotel übernachten! Achten Sie darauf, ob in einem Stadium des Bewerbungsverfahrens Personalberater eingeschaltet sind. Seien Sie u.U. darauf vorbereitet, dass Einstellungstest oder Assessment-Center veranstaltet werden.

Lassen Sie sich Ihre ambivalente Haltung (entweder ... oder; einerseits ... andererseits) nicht in der Bewerbungssituation anmerken. Sie wollen den Job! Registrieren Sie gleichwohl alles genau, was Störgefühle verursacht. Bei Interesse des Arbeitgebers: »Überschlafen« Sie noch einmal Ihre Entscheidung und denken Sie daran, dass ein diplomatischer Rückzieher in jeder Situation noch möglich ist, wenn Störgefühle bleiben.

Eine **Absage** ist kein Unglück, sicher klappt es beim nächsten Mal.

Checklisten, Muster, Formulare

2. Arbeitsvertrag

Checkliste für Arbeitsverträge

> Der Arbeitsvertrag hat entsprechend der gesetzlichen Nachweispflicht folgende Angaben zu enthalten:
> - Name und Anschrift der Vertragsparteien,
> - Zeitpunkt des Beginns des Arbeitsverhältnisses,
> - Dauer des Arbeitsverhältnisses bei befristetem Arbeitsvertrag,
> - Arbeitsort (bzw. Hinweis bei wechselndem Arbeitsort oder Montagetätigkeit etc.),
> - Stellenbeschreibung/Tätigkeitsbeschreibung,
> - Höhe des Arbeitsentgelts (pro Monat oder pro Jahr),
> - Arbeitszeit (pro Tag oder pro Woche),
> - Dauer des Erholungsurlaubs (pro Jahr),
> - Kündigungsfristen bzw. Hinweis auf die gesetzlichen Bestimmungen,
> - Hinweis auf anzuwendende Tarifverträge, Betriebsvereinbarungen oder Dienstvereinbarungen,

Fehlen Angaben im Arbeitsvertrag, so hat der Arbeitgeber sie dem Arbeitnehmer binnen eines Monats nach Beginn des Arbeitsverhältnisses auszuhändigen. Bei Einstellung eines Arbeitnehmers ist in Betrieben mit mehr als 20 Arbeitnehmern der Betriebsrat zu beteiligen. Im öffentlichen Dienst ist der Personalrat zu beteiligen.

Seit dem 1. Januar 2002 gilt die **Inhaltskontrolle** wie bei **allgemeinen Geschäftsbedingungen** auch für **Arbeitsverträge**. Missbräuchliche oder nur missverständliche Klauseln in Formulararbeitsverträge können danach unwirksam sein.

- Der Arbeitsvertrag kann Bezug nehmen auf einen Tarifvertrag und dann die konkreten Angaben lediglich wiederholen oder auch verkürzen.
- Der Arbeitsvertrag kann als **außertariflicher** Arbeitsvertrag abgeschlossen werden, dann sind die Angaben über Entgelt, Arbeitszeit, Jahresurlaub unbedingt konkret und detailliert aufzunehmen, weil der eigentlich im Betrieb geltende Tarifvertrag auf das individuelle Arbeitsverhältnis keine Anwendung findet.
- Der Arbeitsvertrag kann für leitende Angestellte abgeschlossen sein, dem ggf. Prokura (mit Eintrag ins Handelsregister), Handlungsvollmacht oder Vertretungsvollmacht erteilt wird. Ein leitender Angestellter wird allerdings nicht dadurch zum leitenden Angestellten, dass der Arbeit-

2. Arbeitsvertrag

geber ihn im Arbeitsvertrag so bezeichnet. Es müssen bestimmte gesetzliche Kriterien erfüllt sein, die sich im Wesentlichen aus § 5 Absatz 3 BetrVG ergeben.

Dies sind z.B.:
- Der leitende Angestellte stellt selbstständig Arbeitnehmer ein und darf sie auch entlassen.
- Ihm wurde Prokura oder Generalvollmacht erteilt.
- Er nimmt Leitungsaufgaben wahr, die von Bedeutung sind für den Bestand und die Entwicklung des Unternehmens.
- Er trifft seine Entscheidungen im Wesentlichen frei von Weisungen oder kann Entscheidungen maßgeblich beeinflussen.
- Er war bei der letzten Wahl des Betriebsrates, des Sprecherausschusses oder des Aufsichtsrates der Gruppe der leitenden Angestellten zugeordnet.
- Er gehört einer Führungsebene im Unternehmen an, in der überwiegend (d.h. mehr als die Hälfte) leitende Angestellte vertreten sind (z.B. Führungskreise).
- Der leitende Angestellte erhält ein regelmäßiges Jahresentgelt, das in dem betreffenden Unternehmen für leitende Angestellte als üblich betrachtet wird.
- Versagen diese Kriterien, so ist ein weiteres Kriterium ein Jahresgehalt, das größer ist als das dreifache der Bezugsgröße nach § 18 SGB IV.
- Für den leitenden Angestellten gilt das BetrVG nicht. Bei allen anderen Arbeitnehmern ist es möglich, dass der Betriebsrat der Einstellung widerspricht, dann kann der Arbeitgeber ein Zustimmungsersetzungsverfahren betreiben und vom Arbeitsgericht die fehlende Zustimmung des Betriebsrates ersetzen lassen.

Für die Arbeitnehmer bedeutet das, dass sie vorläufig eingestellt sind. Der Arbeitsvertrag selbst kann befristet sein. Er kann die Zusage einer betrieblichen Altersversorgung enthalten, diese kann
- beitragsbezogen (defined contribution)
- oder entgeltbezogen (defined benefit) sein

Vom Bruttogehalt kann eine Direktversicherung abgeführt werden, die das steuerliche Brutto vermindert. Aufgeschobene Vergütung (deferred compensation) beruht auch auf diesem Prinzip.

Arbeitsverträge sind auch mit Minderjährigen möglich, wenn der gesetzliche Vertreter zustimmt.

Checklisten, Muster, Formulare

Muster Arbeitsvertrag

Anstellungsvertrag

zwischen der

<u>Muster AG</u>

vertreten durch

Herrn

Emil Mustermann

und

Frau

Gesine Musterfrau

nachstehend »Muster AG« genannt

und

Frau

<u>Isabella Musterfrau</u>
<u>geb. 1. Januar 1970</u>

wohnhaft in

Musterstraße 47
47110 Musterstadt

wird folgender Anstellungsvertrag geschlossen:

2. Arbeitsvertrag

Inhaltsübersicht:

- § 1 Tätigkeit
- § 2 Beginn und Ende des Vertrages
- § 3 Pflichten
- § 4 Nebentätigkeit
- § 5 Vergütung
- § 6 Arbeitsverhinderung
- § 7 Leistungen im Krankheitsfall: Gehaltsfortzahlung
- § 8 Unfallversicherung
- § 9 Betriebliche Altersversorgung
- § 10 Leistungen im Todesfall: Gehaltsfortzahlung
- § 11 Ersatzansprüche gegen Dritte
- § 12 Erholungsurlaub
- § 13 Reisekosten
- § 14 Zuwendungen und Geschenke
- § 15 Verschwiegenheit, Rückgabe von Unterlagen
- § 16 Datenschutzklausel
- § 17 Versteuerung
- § 18 Schlussbestimmungen

§ 1 Tätigkeit

1. Frau Musterfrau wird in einem außertariflichen Anstellungsverhältnis als XXXXX bei der Muster AG in Musterstadt tätig.
2. Aufgaben, Tätigkeiten und Ressortzuständigkeiten werden im Einzelnen durch die Muster AG bestimmt. Die Muster AG behält sich vor, Frau Musterfrau eine andere zusätzliche zumutbare Tätigkeit zu übertragen, die ihrer Eignung und ihrem Fähigkeiten entspricht. Eine Verminderung der Vergütung darf damit nicht verbunden sein.

§ 2 Beginn und Ende des Vertrags

1. Der Anstellungsvertrag beginnt am XX.XX.2003 und ist unbefristet.
2. Die ersten sechs Monate gelten als Probezeit, innerhalb der der Vertrag von beiden Seiten mit einer Frist von vier Wochen zum Monatsende gekündigt werden kann.
3. Das Anstellungsverhältnis endet durch ordentliche Kündigung unter Beachtung einer Frist von sechs Monaten zum Monatsende.

4. Das Recht zur Kündigung aus wichtigem Grund bleibt unberührt.
5. Die Kündigung bedarf zu ihrer Wirksamkeit der Schriftform. Eine Verlängerung der Kündigungsfristen aufgrund gesetzlicher Bestimmungen gilt für beide Vertragspartner.
6. Während des Kündigungszeitraums ist die Muster AG berechtigt, Frau Musterfrau von der Pflicht zur Erbringung ihrer Arbeitsleistung unter Fortzahlung ihrer jeweiligen regelmässigen Vergütung und unter Anrechnung eventueller Ansprüche auf Urlaub freizustellen.
7. Das Anstellungsverhältnis endet spätestens mit Ablauf des Monats, in welchem Frau Musterfrau das 65. Lebensjahr vollendet, ohne dass es einer Kündigung bedarf.

§ 3 Pflichten
Frau Musterfrau ist verpflichtet, nach dem Grundsatz der Rentabilität und Wirtschaftlichkeit zu arbeiten sowie ihr ganzes Wissen und Können und ihre volle Arbeitskraft in den Dienst der Muster AG zu stellen. Die Wochenarbeitszeit beträgt 38,0 Stunden.
Beginn und Ende der täglichen Arbeitszeit werden in Absprache mit dem Vorgesetzten festgelegt.
Frau Musterfrau verpflichtet sich, auf Verlangen der Muster AG in angemessenem Umfang Mehrarbeit zu leisten.

§ 4 Nebentätigkeit
Frau Musterfrau wird ohne vorherige schriftliche Zustimmung der Muster AG keine Nebentätigkeit ausüben, sofern hierdurch die Interessen der Muster AG berührt werden, oder eine unmittelbare oder mittelbare Beteiligung an einem Unternehmen, das auf gleichem oder ähnlichem Gebiet wie die Muster AG tätig ist, eingehen bzw. fortführen.

§ 5 Vergütung
1. Frau Musterfrau erhält für ihre gesamte Tätigkeit ein festes Jahresgrundgehalt.
2. Das feste Jahresgrundgehalt wird in zwölf gleichen Teilen unter Berücksichtigung der gesetzlichen Abzüge jeweils am 15. eines Monats gezahlt. Das feste Jahresgrundgehalt vermindert sich anteilig entsprechend für die Zeiten des Nichtbestehens des Anstellungsvertrags sowie für Zeiten ohne Entgeltanspruch.

2. Arbeitsvertrag

3. Das feste Jahresgrundgehalt wird einmal jährlich überprüft und regelmäßig entsprechend der prozentualen Besoldungsanpassung für Bundesbeamte erhöht.
4. Frau Musterfrau nimmt am System der Muster AG zur Gewährung einer jährlichen Variablen Vergütung teil.
5. Die variable Vergütung beträgt bei 100 %iger Erreichung der Ziele XXX % des jeweiligen Grundgehalts gemäß § 5 Ziffer 1.
6. Grundsätzlich ist die variable Vergütung abhängig von der Erreichung festgelegter Ziele. Des Weiteren ist die Höhe abhängig vom Grad der Erreichung individuell vereinbarter sowie definierter Kollektivziele.
7. Die Muster AG behandelt Erfindungen und technische Verbesserungsvorschläge nach dem Gesetz über Arbeitnehmererfindungen vom 30.7.1957 in der jeweils gültigen Fassung sowie den hierzu ergangenen Richtlinien für die Vergütung von Arbeitnehmererfindungen im privaten Dienst. Erfindungen und technische Verbesserungsvorschläge sind daher unverzüglich zu melden.
8. Die Muster AG leistet alle Zahlungen aus diesem Vertrag auf ein von Frau Musterfrau benennendes Konto.

§ 6 Arbeitsverhinderung

Frau Musterfrau verpflichtet sich, der Muster AG jede Arbeitsverhinderung und ihre voraussichtliche Dauer unverzüglich anzuzeigen. Die Gründe der Arbeitsverhinderung sind mitzuteilen.

Im Falle der Erkrankung verpflichtet sich Frau Musterfrau zusätzlich, spätestens nach Ablauf des 3. Kalendertags nach Beginn der Arbeitsunfähigkeit eine ärztliche Bescheinigung über die Dauer vorzulegen und ggf. unmittelbar anschließend eine Anschlussbescheinigung beizubringen. Die Muster AG behält sich vor, den Nachweis der Erkrankung bereits für den ersten Kalendertag einzufordern.

§ 7 Leistungen im Krankheitsfall: Gehaltsfortzahlung

1. Frau Musterfrau erhält einen Zuschuss der Muster AG zur Krankenversicherung. Dieser beträgt die Hälfte des jeweils zu zahlenden Krankenkassenbeitrags (§ 257 Sozialgesetzbuch V). Ferner erhält Frau Musterfrau seitens der Muster AG den gesetzlich festgeschriebenen Beitragszuschuss des Arbeitgebers zur sozialen Pflegeversicherung (§ 16 Sozialgesetzbuch XI).
2. Im Falle unverschuldeter Arbeitsunfähigkeit durch Krankheit oder Unfall ist während der Arbeitsunfähigkeit das Arbeitsent-

gelt wie folgt vereinbart: die Muster AG zahlt Frau Musterfrau für die Dauer bis zu 12 Monaten das anteilige Jahresgrundgehalt gemäss § 5 Abs. 1 fort. Für die Berechnung der 12-Monatsfrist gelten die Bestimmungen des Entgeltfortzahlungsgesetzes sinngemäß.
Die Gehaltsfortzahlung ende mit dem Tag der Zurruhesetzung und bei Beendigung des Arbeitsverhältnisses.

§ 8 Unfallversicherung
Die Muster AG schließt zugunsten von Frau Musterfrau eine Unfallversicherung mit folgenden Deckungssummen ab:
Für den Todesfall   EUR XX.XXX,XX
Für den Invaliditätsfall   EUR XX.XXX,XX
Der Versicherungsschutz besteht für berufliche und außerberufliche Unfälle. Die weiteren Einzelheiten sind in dem abzuschließenden Versicherungsvertrag geregelt. Die Versicherung erlischt mit der Beendigung des Arbeitsverhältnisses zwischen Frau Musterfrau und der Muster AG.

§ 9 Betriebliche Altersversorgung
Frau Musterfrau werden Leistungen der betrieblichen Altersversorgung gewährt. Hierüber erfolgt eine gesonderte Vereinbarung.

§ 10 Leistungen im Todesfall: Gehaltsfortzahlung
Im Falle ihres Todes erhalten ihre Hinterbliebenen (Witwer und unterhalts-berechtigte Kinder) oder zu Benennende das anteilige feste Jahresgrundgehalt gemäß § 5 Abs. 1 und des variablen Gehalts gemäß § 5 Abs. 4 noch für die Dauer von drei Monaten, beginnend mit dem Ablauf des Sterbemonats weiter. Versorgungsleistungen sind bei der Gehaltsfortzahlung gem. Satz 1 abzuziehen.

§ 11 Ersatzansprüche gegen Dritte
1. Wird Frau Musterfrau körperlich verletzt oder getötet, so gehen gesetzliche Schadensersatzansprüche, die ihr oder ihren Hinterbliebenen in Folge der Körperverletzung beruhenden Arbeitsunfähigkeit zur Gewährung von Gehalt oder in Folge der Körperverletzung oder Tötung zur Gewährung anderer Leistungen verpflichtet ist und diese erbringt.
2. Der Anspruchsübergang kann nicht zum Nachteil von Frau Musterfrau oder ihren Hinterbliebenen geltend gemacht werden.

2. Arbeitsvertrag

§ 12 Erholungsurlaub
1. Frau Musterfrau hat Anspruch auf Erholungsurlaub. Der Urlaubsanspruch beträgt 30 Arbeitstage pro Urlaubsjahr. Das Urlaubsjahr bestimmt sich nach den jeweils geltenden betrieblichen Regelungen.
2. Frau Musterfrau wird den Urlaub unter Berücksichtigung der betrieblichen Belange und nach Genehmigung durch den Vorgesetzten nehmen. Den persönlichen Wünschen wird die Muster AG nach Möglichkeit Rechnung tragen.

§ 13 Reisekosten
Die Erstattung der Kosten für geschäftliche Reisen richtet sich nach den jeweils geltenden betrieblichen Regelungen.

§ 14 Zuwendung und Geschenke
Von Dritten angebotene Zuwendungen und Geschenke, die in unmittelbarem oder mittelbarem Zusammenhang mit der Tätigkeit stehen, dürfen nur nach Genehmigung des Vorgesetzten angenommen werden. Gebräuchliche Gelegenheitsgeschenke von geringem Wert sind davon ausgenommen. Höherwertige Geschenke, die im Einzelfall nicht zurückweisbar sind, sind dem Vorgesetzten anzuzeigen, der über ihre Verwendung entscheidet.

§ 15 Verschwiegenheitspflicht, Rückgabe von Unterlagen
1. Frau Musterfrau verpflichtet sich, bis zu ihrem letzten Arbeitstag alle in ihrem Besitz befindlichen Unterlagen, die im Zusammenhang mit ihrer Tätigkeit stehen, an die Muster AG zurückzugeben. Ein Zurückbehaltungsrecht steht ihr an diesen Unterlagen nicht zu.
2. Die Verschwiegenheitspflicht erstreckt sich auch auf den Inhalt dieses Vertrags.
3. Frau Musterfrau verpflichtet sich, bis zu ihrem letzten Arbeitstag alle in ihrem Besitz befindlichen Unterlagen, die im Zusammenhang mit ihrer Tätigkeit stehen, an die Muster AG zurückzugeben. Ein Zurückbehaltungsrecht steht ihr an diesen Unterlagen nicht zu.
4. Das vorgesetzte Vorstandsmitglied ist bei Veröffentlichungen, Vorträgen und Interviews rechtzeitig zu beteiligen.

Checklisten, Muster, Formulare

§ 16 Datenschutzklausel
Die persönlichen Daten werden für Zwecke der Personalverwaltung entsprechend den Vorschriften des Bundesdatenschutzgesetzes erfasst, gespeichert und verarbeitet.

§ 17 Versteuerung
Eventuelle geldwerte Vorteile sind vom Arbeitnehmer zu versteuern. Die Versteuerung wird im Rahmen des monatlichen Lohnsteuerabzugsverfahrens der Muster AG vorgenommen werden.

§ 18 Schlussbestimmungen
1. Änderungen dieses Vertrags und Nebenabreden bedürfen zu ihrer Rechtswirksamkeit der Schriftform; das gilt auch für diesen Absatz.
2. Die Unwirksamkeit einzelner Bestimmungen dieses Vertrags lässt die Wirksamkeit des übrigen Vertrags unberührt. Anstelle der unwirksamen Bestimmung tritt eine entsprechende, ihrem wirtschaftlichen Zweck unter Zugrundelegung des mutmaßlichen Parteiwillens angemessene Regelung.

Muster AG
Musterstadt, den

Arbeitnehmer/in
_____, den

_____
Emil Mustermann
ppa. Gesine Musterfrau

_____
Isabella Musterfrau

Der Arbeitsvertrag selbst muss nicht unbedingt **schriftlich** geschlossen sein, wenn es keinen Tarifvertrag gibt, der das erforderlich macht. Gleichwohl gelten für den Arbeitgeber die gesetzlichen Nachweispflichten, so dass die schriftliche Fassung des Arbeitsvertrages häufig die Regel ist. Der Arbeitsvertrag muss nicht als formularmäßig formulierter zweiseitiger Vertrag abgeschlossen sein. Es reicht auch ein Schreiben des Arbeitgebers und eine Bestätigung durch den Arbeitnehmer.

2. Arbeitsvertrag

Muster für einen einfachen Arbeitsvertrag

> Herrn
> Winfried Winzig
> ...
> ...
>
> Unser Einstellungsgespräch am 3.7. d.J.
>
> Sehr geehrter Herr Winzig,
>
> wir teilen Ihnen mit, dass wir mit Ihrer Einstellung zum 1.1. des nächsten Jahres einverstanden sind. Ihr monatliches Gehalt beträgt € ... Die Arbeitszeit beginnt um ... Uhr und endet um ... Uhr. Ihnen steht ein Jahresurlaub von ... Tagen zu.
> ...
> ...
> Für die Firma Groß
>
> _____
>
> Karl Groß
>
>
> Einverstanden:
>
> _____
>
> Winfried Winzig

Der Arbeitsvertrag kann ein Wettbewerbsverbot enthalten, das vorsieht, dass der Arbeitnehmer dem Arbeitgeber keinen Wettbewerb machen darf, d.h., er darf nicht für einen Wettbewerber tätig werden oder selbst als solcher auftreten. Er darf auch keiner Nebentätigkeit nachgehen, die seine Arbeitspflichten beeinträchtigt. Er sollte Unterlagen, die ihm dienstlich/beruflich überlassen worden sind, nach Beendigung des Arbeitsverhältnisses unbedingt an den Arbeitgeber zurückgeben.
Bei Verstoß gegen ein Wettbewerbsverbot kann eine sog. Karenzentschädigung fällig werden.

Checklisten, Muster, Formulare

Muster für Wettbewerbsvereinbarung

> Zwischen der Firma Innovation AG, nachfolgend Firma genannt und Herrn Daniel Düsentrieb wird Folgendes vereinbart:
> Herr Düsentrieb verpflichtet sich für die Dauer von ... Jahren nach Beendigung des Arbeitsverhältnisses ohne schriftliches Einverständnis der Firma in keiner Weise für ein Unternehmen tätig zu sein, das als Konkurrenzunternehmen der Firma anzusehen ist. Das Arbeitsgebiet der Firma umfasst folgende Bereiche:
> Für die Dauer des Wettbewerbsverbotes zahlt die Firma Herrn Düsentrieb eine Entschädigung von ... Prozent der zuletzt gewährten Bezüge, die jeweils zum Ende des Kalendermonats auf das Konto ... überwiesen wird.
> Herr Düsentrieb ist verpflichtet, für jeden Fall der Verletzung des Wettbewerbsverbots an die Firma eine Vertragsstrafe in Höhe von ... € zu zahlen.

Arbeitsverträge können auch bzw. werden auch für geringfügig Beschäftigte abgeschlossen.
Bei einem befristeten Arbeitsverhältnis sind die Gründe für die Befristung (z.B. Vertretung oder Saisonarbeit) aufzunehmen.
Seit dem In-Kraft-Treten des Teilzeitbefristungsgesetzes (TzBfG) am 1.1. 2001 können alle Arbeitnehmer einschließlich der leitenden Angestellten einen Anspruch auf Teilzeitarbeit geltend machen. Ist der Arbeitgeber mit dem Wunsch nach Teilzeit oder mit der vom Arbeitnehmer vorgeschlagenen Regelung **nicht** einverstanden, so hat er dies spätestens einen Monat vor Beginn der gewünschten Teilzeitarbeit **schriftlich** mitzuteilen.
Eine problematische Form des Arbeitsvertrages ist der sog. **Bedarfsarbeitsvertrag**, nach dem der Arbeitnehmer eine kapazitätsorientierte variable Arbeitszeit vereinbart. Danach findet die Arbeit auf Abruf statt, und allein der Arbeitgeber entscheidet darüber, wann und in welchem Umfang der Arbeitsanteil den Einsatz des Mitarbeiters erforderlich macht. Hier ist darauf zu achten, dass unbedingt eine Anzahl von Arbeitstagen als Mindestarbeitszeit festgehalten wird.
Neben dem Anstellungsverhältnis als Arbeitnehmer gibt es die Möglichkeit, als freier Mitarbeiter tätig zu werden. Gelegentlich wechseln Arbeitnehmer aus dem festem Arbeitsverhältnis nach Aufhebung des Arbeitsvertrages in eine Tätigkeit als freier Mitarbeiter. Der Vertrag ist dann ein Beratervertrag. Der freie Mitarbeiter ist in der Bestimmung seiner Arbeits-

2. Arbeitsvertrag

zeit und seines Arbeitsortes frei. Er erhält für seine Tätigkeit kein Arbeitsentgelt, sondern ein Honorar und einen Ersatz der Kosten, die bei Erfüllung des Vertrages fällig werden (Reisen, Unteraufträge).

Bei Tätigkeitsbeginn wird der Arbeitnehmer in seine Tätigkeit unterwiesen. Dazu gehört auch die Arbeitsschutz-Unterweisung (besonders wichtig im gewerblichen Bereich).

Zu dieser Erstunterweisung gehören:
- Allgemeine Informationen über den Betrieb
- Überblick über die Organisation des betrieblichen Arbeitsschutzes (Fachkräfte für Arbeitssicherheit, Betriebsärzte, Ersthelfer, Mtglieder des Betriebsrates bzw. Personalrates, die sich den Arbeitsschutzfragen widmen)
- Hinweise auf allgemeine Gefahren und Gefahrstoffe
- Gebote und Verbote
- Regeln für Rettungsmaßnahmen
- Meldepflichten bei Betriebsunfällen und Wegeunfällen

Zu diesen allgemeinen Hinweisen kommen die konkreten betrieblichen Hinweise und eine Vorstellung der handelnden Personen. Nach erfolgter Erstunterweisung können Arbeitgeber und Arbeitnehmer (in diesem Falle der Unterwiesene) einen Laufzettel unterschreiben, der die genauen Angaben enthält.

Das Arbeitsverhältnis im konkreten Betrieb kann durch Versetzungen, Umsetzungen, Beförderungen, Annahme von anderen Arbeitsplatzangeboten ständig verändert und modifiziert werden. Wichtige Änderungen sollten in einem Anhang zum Arbeitsvertrag festgehalten werden. Ändern sich die Arbeitsbedingungen, so ist ein Änderungsvertrag möglich. Will der Arbeitgeber einseitig Änderungen erzwingen, so kann er eine Änderungskündigung aussprechen, gegen die sich der Arbeitnehmer mit Kündigungsschutzklage wehren kann.

Ist die inländische Tätigkeit durch einen Auslandseinsatz unterbrochen, der mehr ist als eine Anreihung von Dienst- oder Geschäftsreisen zu einem ausländischen Standort von längerer Dauer ist (i.d.R. über drei Monate), so können die Modalitäten des Auslandseinsatzes und die spätere Reintegration in den Betrieb zwischen Arbeitgeber und Arbeitnehmer vertraglich vereinbart werden (Muster s.unten).

Checklisten, Muster, Formulare

Muster für Auslandsdelegationsvertrag

Auslandsdelegationsvertrag

als Zusatzvereinbarung zum bestehenden Anstellungsvertrag

zwischen der

Muster AG

mit Sitz in Musterstadt

und

Herrn

Klaus Mustermann

Auslandsdelegationsvertrag
zwischen der Muster AG, vertreten durch den Vorstand,

und

Herrn Klaus Mustermann,

§ 1 Beginn und Dauer des Vertrages:
(1) Herr Mustermann wird im Interesse der Muster AG ab ....
als .... bei .... in .... tätig.
Dieser Delegationsvertrag wird erst zu dem Zeitpunkt wirksam, an dem die .... Arbeits- und Aufenthaltsgenehmigung erteilt wird, da ansonsten eine dauerhafte Tätigkeit bei .... aus rechtlichen Gründen unzulässig ist. Die Probezeit beträgt 3 Monate.

2. Arbeitsvertrag

(2) Der Vertrag tritt mit dem in § 1 Abs. 1 genannten Ereignis in Kraft und gilt befristet bis .... Es gelten im Übrigen die Regelungen nach § 11 dieses Vertrages.
(3) Mit Ablauf der Befristung endet der Vertrag, es sei denn, dass der Vertrag in beiderseitigem Einvernehmen verlängert wird. Die Entscheidung hierüber wird spätestens vier Monate vor Ablauf der Befristung des Vertrages getroffen.

§ 2 Tätigkeit:
(1) Herr Mustermann hat bei der Muster AG die in Anlage 1 beschriebenen Aufgaben, er unterliegt den Weisungen des ....
(2) Die Wahrnehmung der Aufgaben bei .... erfolgt im Rahmen der gesellschaftsrechtlich zulässigen Regularien in Abstimmung mit ....
(3) Erweiterungen, Ergänzungen oder Veränderungen des Aufgabengebietes können vom .... der .... vorgenommen werden.

§ 3 Vergütung:
(1) Unter entsprechender Berücksichtigung der am 1.9.00 in Kraft getretenen »Rahmenrichtlinie über die Zahlung einer variablen Vergütung/Managementbonus an die Leitenden Angestellten der Muster AG (Richtl. MB)« erhält Herr Mustermann für seine Tätigkeit in .... für die Dauer dieses Vertrages eine **Gesamtbarvergütung** in Höhe von € ....,– **netto p.a.**
Die Gesamtbarvergütung setzt sich aus einem festen **Jahresgrundgehalt** in Höhe von € ....,– **netto** und einem variablen **Managementbonus** in Höhe von € ....,– **netto p.a. bei 100 % Zielerreichung** zusammen. Bei einem unterstellten Zielerreichungsgrad von 100 % ergibt sich ein Verhältnis zwischen Jahresgrundgehalt und Managementbonus von 80 % zu 20 %.
Das feste Jahresgrundgehalt wird in zwölf monatlichen Raten (bezogen auf das Kalenderjahr) in € auf ein von Herrn Mustermann zu benennendes Konto in Deutschland ausgezahlt.
(2) Die Auszahlung des erfolgsabhängigen Bonus erfolgt nach Feststellung der Zielerreichung in € (Euro) einmal pro Kalenderjahr auf ein von Herrn Mustermann zu benennendes Konto in Deutschland.
(3) Alle auf die **Gesamtbarvergütung** anteilig zu entrichtenden Steuern und sonstigen Abgaben werden von der Muster AG getragen.
(4) Gemäß § 7 »Richtlinie für den internationalen Personaleinsatz inner-

halb des Muster Konzerns« erfolgt eine regelmäßige Vergütungsüberprüfung.

(5) Über-, Mehrarbeits-, Sonn- und Feiertagsstunden sind mit der Gesamtbarver-gütung abgegolten.

(6) Die Wohnkosten im Ausland werden entsprechend der »Richtlinie für den internationalen Personaleinsatz innerhalb des Konzerns Muster AG« von der Muster AG übernommen. Sollte die Muster AG die Kosten der Wohnung in .... übernehmen, so ersetzt dies die Verpflichtung der Muster AG auf diesen Anspruch.

(7) Die Kosten für eine Auslandskrankenversicherung werden entsprechend der »Richtlinie für den internationalen Personaleinsatz innerhalb des Muster-Konzerns« von der Muster AG übernommen.

§ 4 Steuern:

(1) Herr Mustermann ist für die Abführung der persönlichen Steuern sowie sonstiger staatlicher Abgaben auf die Vergütung bzw. sonstigen Bezüge grundsätzlich selbst verantwortlich. Ihm wird zur Unterstützung bei der Erstellung der Jahressteuer-erklärung ein Steuerberater zur Verfügung gestellt.

(2) Soweit die Voraussetzungen für eine Besteuerung der Vergütung in .... vorliegen, wird die Vergütung von der deutschen Besteuerung freigestellt. Herr Mustermann ist verpflichtet, bei der Stellung eines entsprechenden Antrages bei dem zuständigen deutschen Finanzamt mitzuwirken.

(3) Übersteigt die im Einsatzland zu entrichtende Steuer den Betrag, der Herrn Mustermann gemäß § 3 Abs. 2 gezahlt worden ist, so wird die Differenz gegen Nachweis durch die Muster AG gezahlt. Über die Höhe der Steuern muss Herr Mustermann am Ende des Steuerjahres eine Bescheinigung vorlegen.

(4) Soweit die Muster AG die Abführung von Steuern sowie sonstigen staatlichen Abgaben für Herrn Mustermann übernimmt, wird der hierauf entfallende Teil der Vergütung durch die Muster AG nicht an Herrn Mustermann ausgezahlt, sondern direkt auf dessen Schuld bei den Finanzbehörden und sonstigen Stellen gezahlt.

(5) Mögliche Steuererstattungsansprüche tritt Herr Mustermann mit einer diesem Vertrag beigefügten Erklärung an den Arbeitgeber ab.

§ 5 Urlaub, Feiertage:

(1) Herr Mustermann erhält für den Zeitraum der Delegation pro Kalenderjahr 30 Arbeitstage Erholungsurlaub.

(2) Der Erholungsurlaub wird Herrn Mustermann unter Fortzahlung der Vergütung gemäß § 3 Abs. 2 dieses Vertrages gewährt.
(3) Im Fall der vorzeitigen Beendigung des Arbeitsverhältnisses wird der Erholungsurlaub anteilig gewährt.
(4) Es gelten die landesüblichen Feiertage.

§ 6 Heimreise:
Für Urlaubsheimreisen in das Heimatland gelten die Regelungen der »Richtlinie für den internationalen Personaleinsatz innerhalb des Konzerns Muster AG«. Die entstandenen Kosten werden im Rahmen der genannten Richtlinie von der Muster AG gegen Nachweis erstattet.

§ 7 Umzug:
Für den Hin- und Rückumzug gelten die Regelungen der »Richtlinie für den internationalen Personaleinsatz innerhalb des Konzerns Muster AG«. Die entstandenen Kosten werden im Rahmen der genannten Richtlinie von der Muster AG gegen Nachweis erstattet.

§ 8 Reisekosten:
Für die Erstattung von Kosten anlässlich genehmigter Dienstreisen im Auftrag der Muster AG gelten die Reisekostenregelungen der Muster AG in ihrer jeweiligen Fassung. Die entstandenen Kosten werden im Rahmen der genannten Reisekostenregelungen von der Muster AG gegen Nachweis erstattet
Für Dienstreisen im Auftrag von .... gelten die Reisekostenregelungen der .... in ihrer jeweiligen Fassung. Hierfür erfolgt keine Kostenerstattung seitens der Muster AG.

§ 9 Krankheit, Unfall, Invalidität:
(1) Ist Herr Mustermann infolge auf Krankheit beruhender Arbeitsunfähigkeit an der Erbringung der Arbeitsleistung verhindert, so erhält er Vergütungsfortzahlung, ggf. unter Anrechnung von Krankengeldzahlungen der gesetzlichen Krankenversicherung.
(2) Sofern nach 6 Wochen seit Beginn der Erkrankung weiterhin Arbeitsunfähigkeit besteht, ist durch eine ärztliche Untersuchung feststellen zu lassen, ob mit einer Wiederherstellung der vollen Arbeitsfähigkeit zu rechnen ist. Die Muster AG veranlasst die entsprechende ärztliche Untersuchung. Bei negativer ärztlicher Zukunftsprognose kann die Muster AG den Delegationsvertrag beenden.

(3) Sollte es bereits vor Ablauf von 6 Wochen erkennbar werden, dass nach Art und Schwere der Erkrankung mit einer Wiederherstellung der vollen Leistungsfähigkeit des Herrn Mustermann nicht zu rechnen ist, veranlasst die Muster AG bereits zu einem früheren Zeitpunkt eine ärztliche Untersuchung. Bei entsprechender negativer ärztlicher Zukunftsprognose kann der Delegationsvertrag durch die Muster AG beendet werden.

(4) Herr Mustermann ist verpflichtet, beim Abschluss einer Auslandskrankenversicherung durch den Arbeitgeber für sich sowie seine mitreisenden Familienangehörigen mitzuwirken.

(5) Die Muster AG schließt zugunsten des Herrn Mustermann eine Unfallversicherung in Höhe von 614 000,– € bei Invalidität und 307 000,– € im Todesfall ab. Die Unfallversicherung erlischt mit der Beendigung dieses Delegationsvertrages.

§ 10 Ausbildung der Kinder

Die Kostenerstattung für die Ausbildung der Kinder erfolgt nach den Regelungen der »Richtlinie für den internationalen Personaleinsatz innerhalb des Konzerns der Muster AG«.

§ 11 Kündigung

(1) Das Arbeitsverhältnis kann von jedem Vertragsteil aus wichtigem Grund ohne Einhaltung einer Kündigungsfrist gekündigt werden, wenn Tatsachen vorliegen, aufgrund derer dem Kündigenden unter Berücksichtigung aller Umstände und unter Abwägung aller Interessen die Fortsetzung des Arbeitsverhältnisses bis zu seiner vereinbarten Beendigung nicht zugemutet werden kann. Als wichtiger Grund ist insbesondere anzusehen, wenn ein Vertragspartner seine ihm durch diesen Vertrag auferlegten Pflichten gröblich verletzt.

(2) Die ordentliche Kündigung ist möglich. Die Kündigungsfrist beträgt drei Monate zum Ende eines Kalendermonats. Im übrigen gelten die gesetzlichen Kündigungsbestimmungen.

(3) Insbesondere kann der Arbeitgeber das Arbeitsverhältnis mit einer Frist von drei Monaten zum Ende eines Kalendermonats unter Berücksichtigung der persönlichen Situation kündigen, wenn politische oder wirtschaftliche Umstände im Gastland eintreten, die dem Arbeitgeber eine weitere Geschäftstätigkeit überhaupt, in bisheriger Form oder im bisherigen Umfang unmöglich oder unzumutbar machen oder die Grundlage für die Entsendung wegfällt.

(4) Dasselbe Recht steht dem Arbeitgeber zu, wenn Herr Mustermann

aus gesundheitlichen oder sonstigen Gründen die Anforderungen seiner Tätigkeit nicht mehr in vollem Umfang erfüllen kann.

§ 12 Verhalten im Beschäftigungsland:
Herr Mustermann hat die Gesetze, Kultur und Religion des Beschäftigungslandes zu achten und sich politisch neutral zu verhalten. Er hat insoweit auch auf seine Familienangehörigen einzuwirken.

§ 13 Verschwiegenheit:
(1) Herr Mustermann ist verpflichtet, über alle Betriebs- und Geschäftsgeheimnisse sowie alle betriebsinternen vertraulichen Angelegenheiten während und auch nach Beendigung des Arbeitsverhältnisses Stillschweigen zu bewahren. Diese Verpflichtung gilt nicht gegenüber der Muster AG.
(2) Die Verschwiegenheitspflicht gilt auch für den Inhalt dieses Vertrages, insbesondere für die Höhe der Vergütung.

§ 14 Exportkontrollrichtlinie:
(1) Herr Mustermann ist verpflichtet, die Exportkontrollrichtlinie der Muster AG in ihrer jeweiligen Fassung zu beachten. Diese kann bei der jeweiligen Auslandstochter- bzw. Beteiligungsgesellschaft oder beim zuständigen Personalbereich eingesehen werden. Herrn Mustermann wurde darüber hinaus ein hierzu erstelltes Merkblatt ausgehändigt.
(2) Herr Mustermann wurde darauf hingewiesen, dass Verstöße gegen die Richtlinie nicht nur strafrechtliche Folgen, sondern auch arbeits- und disziplinarische Schritte nach sich ziehen können.

§ 15 Richtlinie für den internationalen Personaleinsatz innerhalb des Konzerns Muster AG
Die »Richtlinie für den internationalen Personaleinsatz innerhalb des Muster-Konzerns« findet in der jeweils geltenden Fassung ergänzende Anwendung.

§ 16 Personaldaten:
Die persönlichen Daten werden für Zwecke der Personaladministration entsprechend den Vorschriften des Bundesdatenschutzgesetzes erfasst, gespeichert und verarbeitet.

Checklisten, Muster, Formulare

§ 17 Vertragsänderungen:
(1) Änderungen dieses Vertrages und Ergänzungen desselben bedürfen zu ihrer Rechtswirksamkeit der Schriftform.
(2) Die Unwirksamkeit einzelner Bestimmungen dieses Vertrages lässt die Wirksamkeit der übrigen Vertragsbestimmungen unberührt.

§ 18 Gerichtsstand:
(1) Dieser Vertrag unterliegt deutschem Recht, soweit es sich nicht um Vorgänge handelt, die zwingend dem Recht des Beschäftigungsortes unterliegen. Soweit die deutschen Gesetze und Regelungen des internationalen Privatrechts sowie deutsches Kollisionsrecht oder Kollisionsrecht des Beschäftigungsortes auf das Recht des Beschäftigungsortes zurückverweisen, gelten diese Vorschriften nicht. Ansprüche aus dem Recht des Beschäftigungsortes können nicht geltend gemacht werden.
(2) Als Gerichtsstand wird für beide Parteien dieses Vertrages der Sitz der Muster AG in Musterstadt vereinbart.

Musterstadt, den ....

ppa. .... ppa. ....
Muster AG Muster AG

Klaus Mustermann

2. Arbeitsvertrag

Anhang zum Delegationsvertrag vom ....
zwischen dem Arbeitgeber Muster AG
und Herrn Mustermann

Abtretungserklärung
Aus der Einkommensteuerveranlagung der Steuerbehörden in Deutschland oder in .... resultierende Steuerverbindlichkeiten des Herrn Mustermann übernimmt die Muster AG soweit diese sich auf die Einkünfte des Herrn Mustermann aus nichtselbständiger Tätigkeit für den vorgenannten Arbeitgeber während des Delegationszeitraumes beziehen.
Mögliche Steuererstattungsansprüche des Herrn Mustermann gegen die Steuerbehörden in Deutschland oder in ...., die sich auf die Einkünfte des Herrn Mustermann aus nichtselbständiger Tätigkeit für die Muster AG für die Dauer des Delegationsvertrages beziehen, stehen insoweit dem vorgenannten Arbeitgeber zu und werden hiermit an diesen abgetreten.
Diese Vereinbarung ist vollinhaltlicher Bestandteil des Delegationsvertrages vom .... zwischen den Vertragsparteien

Musterstadt, den ....

----

ppa............
Muster AG

ppa. ....
Muster AG

Klaus Mustermann

Checklisten, Muster, Formulare

Betriebsübergang und Arbeitsvertrag
Die Arbeitsverträge können zusammen mit dem Betrieb nach § 613a BetrVG auf einen anderen Betrieb und damit auf einen anderen Arbeitgeber übergehen.
Veräußerer oder Erwerber müssen dann allerdings die Arbeitnehmer des Betriebes zeitlich vor dem Betriebsübergang unterrichten, und zwar über den Zeitpunkt oder den geplanten Zeitpunkt des Betriebsüberganges
- den Grund des Überganges,
- die rechtlichen, wirtschaftlichen und sozialen Folgen des Überganges,
- die hinsichtlich der Arbeitnehmer in Aussicht genommenen Maßnahmen,
- schließlich ist der Arbeitnehmer auf sein Widerspruchsrecht hinzuweisen, das allerdings dann eine betriebsbedingte Kündigung zur Folge hat, wenn der Veräußerer des Betriebes nach dem Betriebsübergang selbst keinen Geschäftsbetrieb mehr unterhält.

Geschäftsfahrzeug und Arbeitsvertrag
Arbeitsverträge von Arbeitnehmern im Außendienst oder von außertariflichen Angestellten und leitenden Angestellten können als Zusatz eine Vereinbarung über die Überlassung eines Geschäftsfahrzeuges/Dienstfahrzeuges (Firmenwagen) enthalten. Die Überlassung eines Geschäftsfahrzeuges ist für viele Unternehmen in ihrer Philosophie ein Teil der Vergütungspolitik. I.d.R. fußt eine solche Vereinbarung im Arbeitsvertrag oder als Zusatz zum Arbeitsvertrag auf einer Geschäftsfahrzeug- oder Dienstfahrzeugregelung im Unternehmen. Diese sieht i.d.R. vor, dass ein Berechtigtenkreis erfasst wird. Dies kann geknüpft werden an die Position des Arbeitnehmers, aber auch an die häufig wechselnden Einsatzorte, d.h. es kann statusbezogen oder funktional Anspruch auf ein Firmenfahrzeug bestehen.
Es ist festzuhalten
- der Wagentyp oder nach einem Cafeteria-Modell die Wahl einer – auch kleineren – Wagenklasse bei Wahl von bestimmten Ausstattungsmerkmalen (Cafeteria-Prinzip)
- Kostenübernahme des Arbeitgebers für private Nutzung ja/nein
- Eigenbeteiligung des Arbeitnehmers ja/nein
- Nutzungsdauer
- Reparaturen/Inspektionen/Treibstoff

Unter Umständen hat das Unternehmen selbst im Rahmen des full-service-leasing seinerseits einen Vertrag mit einer Leasingfirma abgeschlossen
- der Arbeitsvertrag kann insbesondere bei gefahrengeneigter Tätigkeit vorsehen, dass der Arbeitgeber für den Arbeitnehmer Versicherungen abschließt.

3. Arbeitszeugnis

Checkliste für Arbeitszeugnis

Nach Kündigung des Arbeitsverhältnisses oder nach einvernehmlicher Aufhebung des Arbeitsverhältnisses (in einem Aufhebungsvertrag) ist dem Arbeitnehmer ein Arbeitszeugnis auszustellen. Bei Wechsel des Vorgesetzten oder wenn der Arbeitnehmer andere Gründe dafür vorbringt, kann die Ausstellung eines Zwischenzeugnisses von Bedeutung sein. Folgende Punkte sind bei einem Arbeitszeugnis zu beachten:
- Verwendung von Geschäftspapier der Firma mit allen üblichen Angaben im Briefkopf
- Im fließenden Text die Personalien des Arbeitnehmers, evtl. akademische Titel, Positionsbezeichnungen im Unternehmen mit der Beschäftigungsdauer und dem Umfang der Beschäftigung,
- Aufgabengebiete, besondere herausragende Leistungen, Bemerkungen zu Fachkenntnissen und im Beruf erfolgter Weiterbildung, Bemerkungen zu Führungsstil und Kompetenz. Bemerkung zur Zusammenarbeit mit anderen (Sozialverhalten).
- Initiative und Motivation,
- Kundenorientierung und selbstständiges Arbeiten,
- Verhalten gegenüber Vorgesetzten; Kollegen, Mitarbeitern, Kunden,
- Wechsel des Verantwortungsbereiches.
- Abschließend allgemeine Formeln zur Zufriedenheit und Wunsch für künftige Tätigkeiten.

Eine gewisse Abstufung in der Zeugnissprache wird i.d.R. durch folgende Formulierungen ausgedrückt, die etwa folgenden »Schulnoten« entsprechen
- stets zu unserer vollsten Zufriedenheit 1
- volle Zufriedenheit 2
- Zufriedenheit 3
- durchaus Anerkennung 4
- Bemühen, den Anforderungen gerecht zu werden 5
- stets bemüht 6

Für die Floskelsprache des Zeugnisses gibt es keine standardisierten Formulierungen. Gemeinsame Merkmale, die durchaus erkennbar sind, werden immer wieder in Hitlisten und Zeitungsberichten verarbeitet, es gibt aber trotz anderslautender Gerüchte bisher kein gehei-

> mes Lexikon der Arbeitgeber, in denen ganz genau jede Formulierung eine Entsprechung in einer »Benotung« hat. Sprachliche Eskapaden, die den Superlativ noch einmal zu steigern trachten, gehören ebenso zur Welt der Zeugnissprache wie die Betonung außerdienstlicher Qualifikationen an Stellen, wo Bemerkungen über die Qualifikationen am Platze wären. Hier gilt das Prinzip »Nachtigall, ick' hör dir trapsen«.
> Der Arbeitnehmer hat einen Anspruch auf ein richtiges Zeugnis, d.h. er kann Angaben berichtigen lassen, die seiner Ansicht nach falsch sind. Der Berichtigungsanspruch unterliegt aber allgemeinen tarifvertraglichen oder einzelvertraglichen Ausschlussfristen. Die Zeit beginnt mit der Ausstellung des Zeugnisses zu laufen!

4. Kündigung/Änderungskündigung

Eine **Kündigung** muss eindeutig sein, d.h. der Beendigungswille muss erkennbar werden. Es ist lediglich erforderlich, dass mitgeteilt wird, dass das bestehende Arbeitsverhältnis zum Termin XY aus den Gründen Z gekündigt wird und der Betriebsrat vor der Kündigung angehört wurde. Die **Änderungskündigung** erhält darüber hinaus das Angebot, das Arbeitsverhältnis zu den geänderten Bedingungen fortzusetzen, die genau beschrieben sein müssen.

Der Kündigung kann eine oder können mehrere Abmahnungen vorausgehen. Auch hier gilt das Prinzip »Klarheit und Wahrheit«: die Abmahnung muss neben dem Hinweis auf gerügte Sachverhalte, die auch eine Ermahnung ausmachen dazu den zweifelsfreien Hinweis enthalten, dass im Wiederholungsfalle arbeitsrechtliche Konsequenzen, (d.h. eine Kündigung) drohen.

Nach Beendigung des Arbeitsverhältnisses erfolgt eine Aushändigung der Arbeitspapiere. Zu den Arbeitspapieren gehören:
- eine Arbeitsbescheinigung,
- ein einfaches oder qualifiziertes Arbeitszeugnis,
- eine Entgeltbescheinigung für die Zeit von ... bis ..., bzw. Ersatz- oder Zwischenbescheinigungen,
- die Lohnsteuerkarte,
- eine Übersicht über den Urlaub und
- das Nachweisheft für die Sozialversicherung einschließlich der Abmeldung

Der Arbeitgeber verlangt i.d.R. vom Arbeitnehmer, den Erhalt der Arbeitspapiere zu quittieren.

Literaturverzeichnis

Altvater/Bacher u.a., Bundespersonalvertretungsgesetz, 5. Auflage, Frankfurt 2003

Arbeitslosenprojekt TuWas, Leitfaden für Arbeitslose, Der Rechtsratgeber zum SGB III, 19. Auflage, Frankfurt am Main 2002

Bäcker/Bispinck/Hofemann/Naegele, Sozialpoitik und soziale Lage in Deutschland, 2 Bde., 3. Auflage, Wiesbaden 2000

Battis, Bundesbeamtengesetz, 2. Auflage, München 1997

Becker/Etzel/Bader/Fischermeier/Friedrich/Lipke/Pfeiffer/Rost/Spilger/Vogt/Weigand/Wolff, KR, Gemeinschaftskommentar zum Kündigungsschutzgesetz und zu sonstigen Kündigungsschutzrechtlichen Vorschriften, 6. Auflage, Neuwied 2002

Berg/Heilmann/Schneider, Wahl des Betriebsrats, 3. Auflage, Düsseldorf 2001

Bichlmeier/Engberding/Oberhofer, Insolvenzhandbuch, 2. Auflage, Frankfurt am Main 2003

Buschmann/Dieball/Stevens-Bartol, Das Recht der Teilzeitarbeit, Kommentar für die Praxis, 2. Auflage, Frankfurt am Main 2001

Buschmann/Ulber, Arbeitszeitgesetz, 3. Auflage, Frankfurt am Main 2000

Calliess/Ruffert, Kommentar zu EU-Vertrag und EG-Vertrag, 2. Auflage, Neuwied 2002

Däubler, Arbeitsrecht, 4. Auflage, Frankfurt am Main 2002

Däubler, Das Arbeitsrecht 1, 15. Auflage, Reinbeck 1998

Däubler, Das Arbeitsrecht 2, 11. Auflage, Reinbeck 1998

Däubler/Fischer/Zwanziger, Kündigungsschutz von A–Z, Handwörterbuch für die Praxis, Frankfurt am Main 2001

Däubler/Kittner/Klebe (Hrsg.), Betriebsverfassungsgesetz, Kommentar für die Praxis, 8. Auflage, Frankfurt am Main 2002

Däubler/Klebe/Wedde, Bundesdatenschutzgesetz, Basiskommentar, Köln 1996

Denninger/Hoffmann-Riem/Schneider/Stein, (Alternativ-)Kommentar zum Grundgesetz für die Bundesrepublik Deutschland, 3. Auflage, Neuwied 2002

Literaturverzeichnis

DGB (Hrsg.), 111 Tipps für Arbeitslose, 8. Auflage, Frankfurt am Main 2002

Dieterich/Hanau/Schaub (Hrsg.), Erfurter Kommentar zum Arbeitsrecht, München 1998

Etzel (Hrsg.), Gemeinschaftskommentar zum Kündigungsschutzgesetz (KR), 6. Auflage, Neuwied 2002

Fangmann/Blank/Hammer, Grundgesetz, Basiskommentar, 2. Auflage, Frankfurt am Main 1996

Feldes/Kamm/Peiseler/von Seggern/Westermann/Witt/Unterhinninghofen, Schwerbehindertenrecht, Basiskommentar, 7. Auflage, Frankfurt am Main 2002

Fitting/Kaiser/Heitner/Engels/Schmidt (Hrsg.), Betriebsverfassungsgesetz, Handkommentar, 21. Auflage, München 2002

Franke/Boden (Hrsg.), Personal Jahrbuch 2003, Neuwied 2003

Fricke/Grimberg/Wolter, Die Kleine Betriebsratsbibliothek, z. Zt. 11 Bände, 5., 6. und 7. Auflage, Neuauflagen z.T. im Erscheinen, Frankfurt am Main 2002/2003

Gussone/Huber/Morschhäuser/Petrenz, Ältere Arbeitnehmer, Frankfurt am Main 1999

Gussone/Voelzke, Altersteilzeitrecht, Kommentar, Frankfurt am Main 2000

Hanau/Adomeit, Arbeitsrecht, 12. Auflage, Neuwied 2000

Hartz, Das atmende Unternehmen, Jeder Arbeitsplatz hat einen Kunden, Frankfurt am Main/New York 1996

Hartz, Jeder Arbeitsplatz hat ein Gesicht, Die Volkswagen-Lösung, Frankfurt am Main/New York 1994

Hartz, Job Revolution, Wie wir neue Arbeitsplätze gewinnen können, Frankfurt am Main 2001

Heilmann, Urlaubsrecht, Frankfurt am Main 1999

Henn, Handbuch des Aktienrechts, 5. Auflage, Heidelberg 1994

Hjort, Aufhebungsvertrag und Abfindung, Strategien, Tipps und Musterverträge, Frankfurt am Main 2001

Kerschbaumer, Altersteilzeit im Betrieb, 2. Auflage, Frankfurt am Main 2003

Kerschbaumer/Gottschar/Kossens/Rubberk/Tiefenbacher, 111 Tipps zur Teilzeitarbeit, 2. Auflage, Frankfurt am Main 2002

Kittner/Zwanziger, Arbeitsrecht, Handbuch für die Praxis, 2. Auflage, Frankfurt am Main 2003

Kittner, Arbeits- und Sozialordnung. 28. Auflage, Frankfurt am Main 2003

Kittner/Däubler/Lörcher, Internationale Arbeits- und Sozialordnung, 2. Auflage, Köln 1994

Literaturverzeichnis

Kittner/Pieper, Arbeitsschutzrecht, Kommentar für die Praxis, Frankfurt am Main 1999

Kittner/Däubler/Zwanziger, Kündigungsschutzrecht, Kommentar für die Praxis, 6. Auflage, Frankfurt am Main 2003

Klebe/Ratayczak/Heilmann/Spoo, Betriebsverfassungsgesetz, Basiskommentar, 11. Auflage, Frankfurt am Main 2003

Klinkhammer (Hrsg.), Personalstrategie, Neuwied 2002

Koberski/Sahl/Hold, Arbeitnehmer-Entsendegesetz, Kommentar, München 1997

Köstler/Kittner/Zachert, Aufsichtsratspraxis, 7. Auflage, Frankfurt am Main 2002

Küttner (Hrsg.), Personalbuch 2003, München 2003

Kunz/Wedde, Entgeltfortzahlungsrecht, Kommentar für die Praxis, Frankfurt am Main 2000

Leinemann (Hrsg.), Kasseler Handbuch zum Arbeitsrecht, 2 Bde, 2. Auflage, Neuwied 2000

Meinel/Heyn/Herms, Teilzeit- und Befristungsgesetz, Kommentar, München 2002

Ossenbühl/Rittgen, Beamte in privaten Unternehmen, Baden-Baden 1999

Palandt, Bürgerliches Gesetzbuch, 62. Auflage, München 2003

Perreng/Kerschbaumer, Private und betriebliche Altersvorsorge, Frankfurt am Main 2000

Schaub, Arbeitsrechts-Handbuch, 10. Auflage, München 2002

Schieck, Zweites Gleichberechtigungsgesetz für die Privatwirtschaft, Textausgabe mit Kurzkommentierung, Köln 1996

Schieck/Dieball/Horstkötter/Seidel/Viethen/Wankel, Frauengleichstellungsgesetze des Bundes und der Länder, Kommentar für die Praxis, 2. Auflage, Köln 2002

Schoof, Betriebsratspraxis von A–Z, 6. Auflage, Frankfurt am Main 2003

Schoof, Rechtsprechung zum Arbeitsrecht von A–Z, 4. Auflage, Frankfurt am Main 2003

Schwerdtner (Hrsg.), Handbuch der Personalpraxis, 11. Auflage, Neuwied 2002

Silberberger, Veränderungsprozesse im Betrieb, Unternehmen und Konzern, Arbeitsrecht bei Übertragung und Umstrukturierung, Frankfurt am Main 2000

Söllner, Grundriß des Arbeitsrechts, 12. Auflage, München 1998

Ulber, Arbeitnehmerüberlassungsgesetz, Kommentar für die Praxis, 2. Auflage, Frankfurt am Main 2002

Ulber, Arbeitnehmer in Zeitarbeitsfirmen, Frankfurt am Main 2001

Sozialrecht von A bis Z

Heribert Lassner

Lexikon Sozialrecht
2002. 316 Seiten, kartoniert

Das Lexikon liefert Erläuterungen zu etwa 350 alphabetisch geordneten Stichwörtern.

- Wie hoch wird das Krankengeld sein?
- Welche Absicherung besteht bei Arbeitslosigkeit und im Alter?
- Was leistet das Sozialamt und wann nimmt es die Kinder in Regress?
- Wie können Zuzahlungen zu Arzneimitteln, Kuren und Krankenhausaufenthalt vermieden oder minimiert werden?

Zu diesen und vielen anderen Themen enthält das praxisbezogene Lexikon wertvolle Tipps. Übersichtliche Tabellen, zahlreiche Berechnungsbeispiele und eine allgemeine Einführung ergänzen das Buch auf sinnvolle Weise.

Besuchen Sie uns im Internet: www.bund-verlag.de

Bund-Verlag

Stets aktuell, zuverlässig, rechtssicher!

Michael Kittner

Arbeits- und Sozialordnung
Ausgewählte und eingeleitete Gesetzestexte
28., überarbeitete Auflage
2003. 1.563 Seiten, kartoniert

Die bewährte, jährlich neu aufgelegte Textsammlung benötigen alle, die über das gesamte Arbeits- und Sozialrecht auf aktuellstem Stand informiert sein müssen.

Profitieren Sie vom doppelten Nutzen des erfolgreichen Konzepts vom »Buch im Buch«: Da ist zum einen die stets aktuelle Textsammlung von über 80 für die Unternehmenspraxis wichtigen Gesetzestexten. Zum anderen sind es präzise Einleitungen, die die Gesetzestexte ergänzen. Praxisorientierte Hinweise, die über Gesetzesentwicklung, Gesetzesinhalt, Rechtspraxis und Anwendungsproblem informieren, sind den Gesetzestexten vorangestellt. Der Band enthält sämtliche einschneidenden Gesetzesänderungen sowie zentrale Entscheidungen der Rechtsprechung.

Besuchen Sie uns im Internet: www.bund-verlag.de

Bund-Verlag

Arbeitsrecht verständlich

Wolfgang Däubler

Arbeitsrecht
Ratgeber für Beruf, Praxis und Studium
4., überarbeitete Auflage
2002. 384 Seiten, kartoniert

Der Ratgeber vermittelt allgemein verständlich Informationen zu arbeitsrechtlichen Problemen. Er gibt Antworten auf viele wichtige Fragen, wie z.B.:

- Wo findet man die »einschlägigen« Gesetze?
- Welche Befugnisse hat ein Betriebsrat?
- Wann gilt das Kündigungsschutzgesetz?
- Welche Rechte gibt ein Tarifvertrag?

Die vierte Auflage berücksichtigt die neueste Gesetzgebung und Rechtsprechung, insbesondere die betriebliche Altersvorsorge und »Riester-Rente«, die Neufassung des Betriebsverfassungsgesetzes, das Job-Aqtiv-Gesetz sowie das Schuldrechtsmodernisierungsgesetz, das viele Klauseln in Arbeitsverträgen korrigiert. Das Buch setzt keine Rechtskenntnisse voraus. Wegen des ausführlichen Stichwortregisters kann es auch als Nachschlagewerk benutzt werden.

Besuchen Sie uns im Internet: www.bund-verlag.de

Bund-Verlag